JN219423

JILPT 海外調査シリーズ 2

ミャンマー
の労働・雇用・社会
—日系進出企業の投資環境—

独立行政法人 **労働政策研究・研修機構**

Labour and Employment Society in Myanmar:
Investment Environment for Japanese Companies
JILPT Overseas' Research Series
The Japan Institute for Labour Policy and Training
4-8-23, Kamishakujii, Nerima-ku, Tokyo, Japan 177-8502

刊行序文

　労働政策研究・研修機構では、わが国の海外進出企業の動向等を踏まえ、アジア地域における労働問題に関する調査を実施している。本書は、調査で入手した情報をもとに「JILPT海外調査シリーズ」としてとりまとめたものである。本シリーズは、当機構の前身である日本労働協会および日本労働研究機構において刊行していた(旧)「海外調査シリーズ」(1977年〜2003年)の流れをくむものであるが、激動する新しい時代のアジアの実像を描き出そうという趣旨により、新たなシリーズとして内容を刷新し再スタートすることとなった。新シリーズの核心は、進出日系企業の視点から現地の労働・雇用・社会を見つめ直すことを試みた点にある。

　「JILPT海外調査シリーズ」の第二作目としてお届けするのは、「ミャンマーの労働・雇用・社会」。「アジア最後のフロンティア」と呼ばれ、地理的優位性などから極めて高いポテンシャリティを持つといわれるミャンマーの、ダイナミックな発展に向けた胎動を感じとっていただければ幸いである。ミャンマーにおける調査にあたっては、大阪女学院大学の香川孝三教授を主査に、東亜大学の西澤信善教授に研究会委員として加わっていただいた。この他、SAGA国際法律事務所の堤雄史弁護士(日本法)にご協力いただいた。また現地調査に際しては、多くの現地政府関係者、研究機関及び研究者、労使団体関係者、企業の労務担当の方々にひとかたならぬご支援をいただいた。ここに本調査の実施に際してご協力いただいたすべての関係者の方々に心から謝意を表したい。

　平成29年2月

労働政策研究・研修機構

はしがき

　本書はミャンマーに進出している日系企業がかかえる問題点を分析して、円滑な企業経営を行うために必要な情報を提供することを目的としている。

　最近ミャンマーは「最後のフロンティア」と呼ばれ、企業進出する対象国として世界中から注目を浴びるようになった。だが、ミャンマーに対する日本人一般の関心を振り返ってみると、この数十年で紆余曲線を経ている。1962年ネーウィンによる一国社会主義政策が採用されて以降、次第にミャンマーへの関心が日本では薄れていった。1988年の民主化運動と、それに対する政府の弾圧、軍事政権に対する国際社会からの制裁によって、日本との経済関係は20年以上の間、ほとんど絶たれてしまった。しかし、2012年の民政移管後、再び脚光を浴び始めたのである。この時期にミャンマーの労働事情に関する情報を整理するのは意味のある仕事である。

　実際に2015年9月にヤンゴンとネピドーを訪問して、様々な機関で調査をさせていただいた。ミャンマーに進出している日系企業、労働組合、ジェトロ・ヤンゴン事務所、労働・入国管理・人口省（訪問当時は、労働・雇用・社会保障省）、ILOヤンゴン事務所、ヤンゴン大学等々を訪問して、人事労務や労働立法の動きなどを調査させていただいた。我々のグループを受け入れていただいたことに感謝申し上げる。

　ミャンマーの労働関連の法制度、労働市場や企業の労務管理に関する本が、最近出版されるようになった。弁護士や実務家の方々が中心になって、ミャンマーの投資環境をまとめた本の中で、取り上げられているケースが多い。ただ、ミャンマーの労働事情というタイトルを掲げて、労働に関する諸問題に特化した書籍は、アジア経済研究所によって1962年に刊行された『ビルマの労働事情』（高橋武編　調査研究報告双書第27集）以降、出版されていないようである。最近出版されている文献を参照させていただきつつ、労働問題に注力して、もう一歩掘り下げた文献のニーズが高まっていると判断し、今回このような書籍を出版することになった。

　本書は以下のような構成となっている。第1章で歴史的な背景を振り返り、

第2章で2012年の民政移管後の動向を概観している。第3章と第4章では、労働市場と人的資源に焦点を当てている。第5章では、実際にミャンマーでビジネスを行う上で知っておく必要のある労働に関する法令の解説を行っている。次いで、第6章では企業における人事労務管理の動向について概観した上で、第7章では労使関係に関する制度と現状を明らかにしている。さらに、第8章と第9章では労働災害および社会保障、第10章では労働行政を取り上げている。最後に第11章では現地での日系企業調査結果に基づき、人事労務管理の事例を紹介している。

　2011年3月民政化に移行してから、それまで規制を受けてきた情報が入手しやすくなったものの、軍による支配が長く続いたこともあって、ミャンマーについての情報入手が支障なくできるわけではないという制約が否めない。また、2016年3月に政権が交代したこともあって、政府による政策運営や法制度の整備・改正が、今後どのような方向に向かっていくのかはっきりしない段階での本の出版となった。だがそのような過渡期的な時期だからこそ、このような書籍を世に出すことに意義があると考えている。今後、この本がミャンマーに進出しようとする日系企業や労働組合、国際協力に携わる人々に役に立つことができれば、大変喜ばしいことである。

執筆者を代表して

香川　孝三

目次

凡例

・人名は、原則として、役職を入れるかたちで表記した。敬称を略したもの
　も含まれている。

・「ビルマ」「ミャンマー」の表記については、原則として「ミャンマー」を
　用いたが、歴史的な時代背景をふまえつつ固有名詞や名称が定まっている
　場合に、慣例に従い「ビルマ」を用いたものもある。

ミャンマー連邦略地図

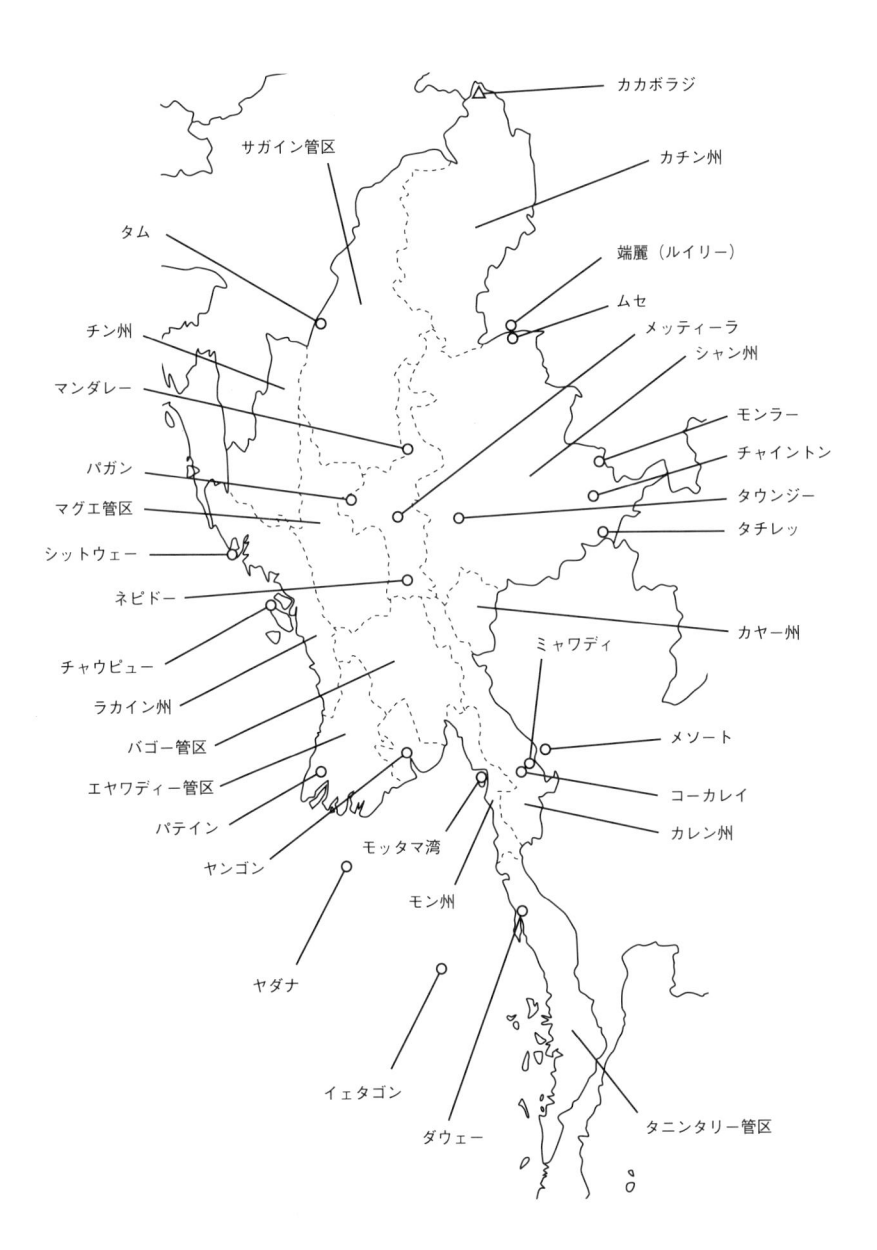

カカボラジ

カチン州

端麗（ルイリー）

ムセ

メッティーラ

シャン州

モンラー

チャイントン

タウンジー

タチレッ

カヤー州

メソート

コーカレイ

カレン州

タニンタリー管区

ダウェー

イェタゴン

ヤダナ

モン州

モッタマ湾

ヤンゴン

パテイン

エヤワディー管区

バゴー管区

ラカイン州

チャウピュー

ネピドー

シットウェー

マグエ管区

パガン

マンダレー

チン州

タム

サガイン管区

ミャワディ

第1章

ミャンマー概観
～歴史、国土そして産業～

（国会議事堂）

（国会議事堂前の片側10車線道路）

●はじめに

　ミャンマーの19世紀以降の時代区分は、植民地支配を受けていた時代と独立後の時代とにまず大きく分類できる。さらに、独立後は四つの時期に分けることができよう。ミャンマーの独立から今日までおよそ70年の歳月が流れた。独立後のミャンマーを時代区分する一つの視点は社会主義である。独立後のミャンマーが掲げた国家目標は社会主義の実現であり、少なくとも1988年までは社会主義を志向していた。議会制民主主義の時代において社会主義はスローガン的に唱道されていた面が強く、経済の実態は社会主義経済とはほど遠いものであった。ミャンマーが本格的な社会主義建設に乗り出したのは、ネーウィン将軍が軍事クーデターで権力を奪取した1962年以降のことといってよい。しかし、生産手段を国有化し新植民地主義に則り経済を閉鎖的にするなど、社会主義的政策をとればとるほど経済は悪化の一途を辿った。他方、外資を積極的に導入し輸出志向工業化政策を採用した近隣のASEAN加盟諸国はこの間飛躍的に発展し、ミャンマーと大きな経済格差が生じてしまった。こうして国民の不満が爆発したのが1988年の反政府運動であった。しかし、国軍は同年9月18日燃え上がる民主化運動を弾圧し、権力を掌握した。軍は社会主義を放棄するという政策の根本的な転換を図ったが、欧米諸国から経済制裁を科され経済のテイクオフはならなかった。そして、2010年に20年ぶりに選挙を実施し、2011年1月議会を招集して権力の移譲をはかった。こうして同年3月民政移管が実現し、テインセイン政権が誕生した。

　さて、上記のレヴューから独立後のミャンマーを時代区分すると下記のように大きく四つの時期に分けることができるであろう。

　　第1期　議会制民主主義の時代（1948 〜 62年）
　　第2期　ビルマ式社会主義の時代（1962 〜 88年）
　　第3期　軍事政権の時代（1988 〜 2011年）
　　第4期　民政移管後の時代（2011 〜現在）

関連年表

1824年	第1次英緬戦争（〜1826年、ヤンダボー条約に基づき、ビルマ王国はテナセリムとアラカンを失い、多額の賠償金を支払う。）
1852年	第2次英緬戦争（下ビルマ全域が英領となり、ビルマ王国は内陸国化）
1885年	第3時英緬戦争
1886年	1月イギリスがビルマ全土をイギリス領土に併合することを宣言（コンバウン朝滅亡）。3月、英領インド帝国の一州となる（準州扱い）。
1897年	ビルマ州、準州から正規の州に格上げ。
1937年	ビルマ統治法施行により英領インド帝国から分離、英領ビルマとなる。
1944年	抗日組織として「反ファシスト人民自由連盟」（AFPFL）を結成。
1946年	AFPFLはイギリスに行政参事会の発足を認めさせ、その代表にアウンサンが就任。
1947年	イギリス政府と行政参事会代表との会談がロンドンで行われ、その結果、アウンサン＝アトリー協定を締結。 7月、アウンサンは政敵のウ・ソーらによって暗殺。 10月、ヌー＝アトリー協定協定締結。主権の移譲と独立の細目が取り決められた。
1948年	1月4日、ビルマ連邦として独立。ウ・ヌー、初代首相に就任。
1950年	ビルマ労働者・農民党（BWPP）が結成される。BWPPは正義党と組んで国民統一戦線（NUF）を結成。
1951年	独立後初めての総選挙実施。AFPFLは圧倒的な勝利を得て、ウ・ヌーが再び首相に就任。
1962年	3月2日、ネーウィン将軍、クーデターを決行し権力を掌握。国軍による革命評議会発足。ビルマ社会主義計画党が結成される。ネーウィンが党議長を兼任。
1963年	ビルマ社会主義計画党（BSPP）を除く全政党に解散命令。
1968年	日本の有償資金協力（円借款）はじまる。
1974年	ウ・タント事件。
1981年	ネーウィンが大統領職をサンユに譲り、以後BSPP議長に専念。
1988年	3月、ささいなことで学生たちと警官の衝突事件起こる。7月頃から反政府民主化運動は大きな盛り上がりをみせ、大規模な反政府運動に発展。ネーウィンは同月、計画党議長を辞任し、「ネーウィン体制」は崩壊。しかし、この反政府民主化運動も9月18日、軍によって鎮圧される。国家法秩序回復評議会（SLORC）が発足。「ビルマ社会主義計画党」は、「国家統一党」（NUP）と名称を変えて再出発。国民民主連盟（NLD）発足。アウンサンスーチーが書記長に。
1990年	5月、総選挙実施。国民民主連盟（NLD）が圧勝。6月、軍政、NLDへの政権移譲を拒否。

1992年	タンシュエ上級大将が議長就任。
1997年	5月、アメリカ、経済制裁開始。 7月、ASEAN加盟。 11月、SLORC、国家平和発展評議会(SPDC)へ改組。
2003年	8月31日、「真の規律ある民主的なシステムを作るプロセス」と「近代的な先進民主国家」に向けての「ロードマップ」(行程表)を発表。
2006年	10月、ヤンゴンからネピドーへの遷都を公式発表。
2007年	8月、燃料費大幅値上げを発端とする大規模デモ発生。
2008年	5月、巨大サイクロン・ナルギス被災。 軍政による新憲法、国民投票で承認。
2010年	11月、総選挙実施。政権与党のUSDP圧勝(NLDは選挙をボイコット) 11月、スーチー、2003年5月からの3度目の自宅軟禁から解放される。
2011年	1月、連邦議会召集。 3月、軍事政権(SPDC)解散、テインセイン、大統領(国家元首)に就任。23年間にわたる軍事政権が終わり、民政がスタート。 9月、ミッソン・ダム建設、大統領令による凍結発表。 10月、1926年労働組合法を全面改正して労働組織法制定(2012年3月9日から施行)。 11月、改正外国投資法施行。
2012年	3月、改正労働争議解決法制定。 4月、補欠選挙実施。スーチー率いるNLDが圧勝。 4月から、多重為替レートが廃止され、実勢レートへ一本化された(管理変動相場制へ移行)。 5月、ラカイン州でのロヒンギャの男性による仏教徒の女性暴行事件をきっかけに暴動が発生し、6月に非常事態宣言の発動。 8月、1954年社会保障法改正(2014年4月1日から施行。施行細則は同年4月2日に施行)。 8月、新聞などメディアを発行前に検閲してきた制度を廃止。 11月、アメリカ・オバマ大統領がヤンゴン訪問。
2013年	4月、50年ぶりに民間の日刊新聞発行が許可。 5月、安倍首相がミャンマー訪問。
2014年	1月、改正経済特区法制定。 2月、憲法改正実現委員会設置。
2015年	11月8日の総選挙でNLDが圧勝。
2016年	3月、ティンチョー新大統領が就任。

　以下、本節では、ミャンマー独立の経緯と独立後の最初の三つの時期について概観する。第4期は次節で詳しく取り上げる。

●1　ミャンマー独立後の歩み[1]

（1）ミャンマーの独立

　ミャンマーは、19世紀における3回にわたるイギリスとの戦争によってミャンマー最後の王朝であるコンバウン王朝が滅び、イギリスの植民地となった。イギリスは1937年までミャンマーを英領インドの一つの州として、それ以降はイギリスの直轄地として支配した。1937年7月7日、盧溝橋事件の勃発で日中戦争が始まり、1939年9月1日にはドイツのポーランド侵攻により第2次世界大戦の幕が切って落とされた。また、1941年12月8日には日本の真珠湾攻撃によって日本は米英と戦闘状態に入った。日本軍は日中戦争の膠着した状態を打開するため1942年ミャンマーに侵攻し、イギリス軍を追い払い1945年8月まで日本の統治下においた。他方、英領下でのミャンマーでは1930年代頃からアウンサンらの民族主義者達による独立闘争が展開されていた。彼らは反英の立場から侵攻した日本軍に協力的であったが、日本占領下の独立は真の独立ではないとして次第に離反していく。そして1944年に抗日組織として「反ファシスト人民自由連盟」(AFPFL)を結成する。以降、AFPFLは独立に主導的役割を果たすことになる。インドに避難していたイギリスは、日本の敗戦により再びミャンマーに戻り、同国を支配下においた。民族主義者による独立闘争は、イギリスに対して展開されることになる。

　独立運動の主導権を握ったAFPFLのリーダー、アウンサンはイギリスとの独立交渉に入る。AFPFLは1946年、イギリスに行政参事会の発足を認めさせ、その代表にアウンサン自身が就任した。AFPFLの4項目にわたる要求を受けて、イギリス政府と行政参事会代表との会談が1947年1月ロンドンで行われ、その結果、アウンサン＝アトリー協定が締結された。この協定により、英連邦を離脱するか否かはミャンマーの選択によること、4月に選挙を実施すること、行政参事会が臨時政府になること、および周辺地域の統合

1　本節は、渡辺利夫編(2009)『アジア経済読本』東洋経済新報社および西澤信善(2000)『ミャンマーの経済改革と開放政策—軍政10年の総括—』勁草書房に基づき、新たに書き下ろしたものである。

は住民の許可を得ることなどが取り決められた。選挙に先立って、2月にア
ウンサンはシャン州のパンロンで少数民族の代表者と会い、完全な自治を保
証する見返りに連邦参加の要請を行った。4月の選挙はAFPFLが182議席中
173議席を獲得し、圧倒的な勝利を得た。その結果、6月に召集された最初
の議会で、ミャンマーの英連邦からの離脱、連邦共和国としての独立、憲法
の基本原則の承認などの重要事項が決せられた。だが、翌7月、アウンサン
は政敵のウ・ソーらによって暗殺された。後を引き継いでAFPFLの総裁に
就任したのがウ・ヌーである。9月の制憲議会で新憲法が制定され、10月のヌー
＝アトリー協定によって主権の移譲と独立の細目が取り決められた。こうし
てミャンマーは1948年1月4日、ビルマ連邦として独立した。

(2) 議会制民主主義の時代（1948 〜 62年）

(a) 不安定であったウ・ヌー政権

　ミャンマーが独立した1940年代後半から50年代にかけては、世界的に社
会主義、共産主義が隆盛になり冷戦が激化した時期であった。他方、大戦後
独立した国々が第三勢力として台頭してくる時期でもある。すなわち、東欧
でソ連の後押しを受けた共産主義政権が次々と誕生し、また、中国では国共
内戦を制した毛沢東率いる中国共産党が1949年10月中華人民共和国を樹立
した。共産主義の隆盛に危機感を抱いたのは、アメリカ、イギリス、フラン
スなどの西側諸国である。アメリカのトルーマン大統領は1947年共産主義
の封じ込め政策を開始し、さらに1949年には北大西洋条約機構（NATO）を
結成し、軍事的に共産主義の浸透に対抗した。1955年西ドイツがNATOに
加盟すると、ソ連および東欧7カ国はワルシャワ条約機構を結成し、冷戦体
制が確立した。他方、南アジアおよび東南アジアではイギリス、フランス、
オランダなどの列強の支配下にあった植民地が次々と独立を達成した。これ
らの国々は冷戦体制に組み込まれることを好まず、東西両陣営いずれにも属
さない第三勢力としての道を選んだ。1954年には中国とインドとの間で領
土と主権の尊重、内政不干渉などを謳った平和五原則が発表された。翌55
年4月にはインドネシアのバンドンで第1回アジア・アフリカ会議が開かれ、

平和十原則が採択された。ミャンマーは第三国の立場に立ってその推進に主導的な役割を果たした。バンドン会議の精神は非同盟主義となり、1961年には非同盟諸国首脳会議が開かれた。この非同盟主義はミャンマーの外交路線となる。

　独立を達成したミャンマーの初代首相に就任したのが、独立運動の指導者の一人であるウ・ヌーである。新興独立国ミャンマーは植民地時代の負の遺産を払拭するという大きな課題を背負ってのスタートであった。しかし、新政権は独立前後から共産党の攻撃や少数民族の反乱にさらされた。2万5千人程度の兵力を有する（白旗）共産党は1948年3月には地下に潜り、武力闘争を開始した。少数民族の中で最も強力な抵抗を試みたのが、新生ミャンマーでの地位の低下に危機感を抱くカレン族であった。軍隊の中で多数を占めるカレン人兵士も反乱を起こした。1949年の前半は新政府が最も追い込まれた時期であるが、その年の後半にはようやく政府側が反撃に出て勢力を盛り返した。このときミャンマー国軍を建て直し、治安回復に功績があったのがネーウィン司令官である。ネーウィンは国軍の最高司令官としてその後政府内に重きをなした。

　1950年6月、朝鮮戦争が勃発すると、AFPFL内の社会主義左派グループが中立的な立場をとった執行部に不満を抱いてAFPFLを離脱し、ビルマ労働者・農民党（BWPP）を結成した。BWPPは正義党と組んで国民統一戦線（NUF）を結成した。国内の治安状況がようやく安定してきたのは1950年代に入ってからのことである。国内情勢が落ち着きを取り戻したことを受けて、1951年に独立後初めての総選挙が実施された。この選挙でAFPFLは圧倒的な勝利を得て、ウ・ヌーが再び首相に選ばれた。だが、AFPFLはもともと寄り合い所帯で思想的には決して一枚岩ではなかった。以降、派閥抗争が激化していった。

　1956年に第2回の総選挙が実施されたが、AFPFLは150議席、NUFは45議席をそれぞれ獲得した。しかし、ウ・ヌーは党務に専念するために一時的に首相職を退いた。1年後の1957年6月、ウ・ヌーは再び首相に復帰したが、AFPFL内の派閥抗争が激化し、分裂の様相を呈していた。結局、AFPFL

は1958年3月、ウ・ヌー派の清廉AFPFLとウ・バスェー、ウ・チョーネインらが率いる安定AFPFLに分裂した。数の上では安定AFPFLが上回っていたために、ウ・ヌーはNUFに接近せざるをえなかった。混乱した政局を収拾するため、ウ・ヌーはネーウィンに選挙管理内閣の組閣を依頼する。管理内閣の目的は、法と秩序を回復し総選挙実施のための環境を整えることであった。結局、ネーウィンは半年の予定を大きく超えて1958年10月から1960年4月までの約1年半権力の座にあった。1960年に第3回総選挙が実施されたが、ウ・ヌーの率いる清廉AFPFLが圧倒的な勝利を収めた。ウ・ヌーは党を再編成し、連邦(ピッタウンズ)党と名前を変更した。しかし、ウ・ヌー政権には難問が待ち受けていた。清廉AFPFLが大勝した一つの理由は仏教国教化の公約であったが、キリスト教徒の多いカチン、チン、カレンの諸族から反対の声が上がった。また、モン州やアラカン州の新設など少数民族に対する融和的な対応は、分離主義者を勢いづかせ、連邦分裂の危機が高まった。また、ウ・ヌーの党内指導力の低下は、政府機能を麻痺させた。こうした状況下において、1962年3月2日、ネーウィン将軍はクーデターを決行し権力を掌握した。

(b) 経済再建の課題

　ウ・ヌーは独立の日(1948年1月4日)、議会で演説し、大企業を国有化し社会主義国家の樹立をめざすことを明らかにした。ウ・ヌー政権の当面の課題は、第2次大戦で大きな打撃を受けたミャンマー経済を早急に立て直すこと、植民地時代にできあがったモノカルチャー型の経済構造を高度化すること、社会主義経済の制度的基礎を作り出すこと、などであった。その実現のために、①土地改革と農業発展、②基幹産業の国有化、③国家による大規模な投資、④工業の設立、⑤工業化における民間企業に対する国家援助、⑥外国投資の促進、⑦社会事業の推進などの具体的行動計画を決定した。

　社会主義を掲げるウ・ヌー政権が取り組んだ最初の課題は土地改革であった。主要米作地帯では1930年代の恐慌を通じて、土地が金貸しなどの非農業者や地主に集中した。すなわち、農地の約半分に相当する500万エーカー

もの土地が非農業者によって保有され、また、その半分がチェティエ（植民地時代、インドから来た金貸し）に集中していた。1947年に制定された憲法では、「国家はすべての土地の究極の所有者」であり、「大土地所有は認めず、私的保有の上限は法律で定める」としていた。この憲法の規定を受けて1948年、「土地国有化法」が制定された。この法律の狙いは不在地主から土地を収用し、小作人ないしは土地をもたない農業労働者に分配することにあった。土地保有の上限は50エーカーとされた。しかし、内乱、地主の抵抗、巧妙な収用逃れ、それに政府の低い実行能力などが重なって改革の実をあげることはできなかった。政府は1955年までに1,000万エーカーの土地を再配分すると公約していたが、実際上は1958年までに国有化された土地は336万エーカーで、そのうち再配分されたのは146万エーカーに過ぎなかった。しかし、1930年代の恐慌時に大量の土地を取得したチェティエは第二次大戦中にその多くが本国に帰国し、戦後もミャンマーに戻らなかったことから彼らの土地の多くは実質的にはミャンマー人の保有に帰した。その結果、植民地時代、小作地の比率は50％に及んでいたが、1962年には30％にまで減っていた。

　新政府は、社会主義経済の基盤を作り出すために生産手段の国有化に取り組んだ。しかし、国有化された企業は、ビルマ鉄道、イラワジ・フロティラ会社、ゼヤワディ砂糖工場、タイェミョ・セメント工場、マンダレー・ダイヤメーキン醸造業などごく限られたものであった。実際、国有化の対象となるような企業はそれほど多くなく、大半の小零細企業はそのまま存続を認められた。このように一部の企業が国有化の対象となっただけで実質的には計画経済を実行できるような実態は創出されなかった。ウ・ヌー政権時代の計画として独立後まもなく公表された「2カ年計画」や1952年に公表された「ピドータ8カ年計画」があるが、これらは社会主義体制下の厳格な計画というよりも、むしろ誘導型計画とみるべきであろう。なお、前者は共産党やカレン族の反乱でほとんど実施されなかったし、後者は政府の大規模な投資を予定していたが、財源不足で目標をほとんど達成することができなかった。この時期、外国資本に対しては独立直後から現実的かつ開放的な姿勢をとり、積極的に受け入れようとしていた。「ピドータ8カ年計画」では総投資資金

の3分の1程度を外資で調達する予定であった。1955年6月には外資歓迎の声明を出し、また、1959年には「ビルマ連邦投資法」を制定した。この時期、外国資本に対して排他的でなかったことは、ネーウィン時代のそれとは大きく異なる。

　流通過程の改革として重要なものは、国家農業流通庁（SAMB）を設立し、植民地時代、最も収益性に富んだ米の流通過程を国家の支配下においたことであろう。植民地時代の経済発展は主として米輸出に牽引されたものであるが、その輸出収益はもっぱら米輸出を取り扱ったヨーロッパ人、インド人、中国人らの流通精米業者の手中に帰した。ミャンマーが独立と同時に米輸出の国家独占に踏み切ったのも、外国人に支配された経済を自らの手に取り戻す民族主義的な動きといえよう。SAMBは農民から籾を買い上げ精米してそれを輸出に回したのである。米の国際市場価格とSAMBの買い上げ価格とは大きな開きがあり、その価格差によりSAMBは一定の収益をあげることができた。そして、その収益の70％が復興納付金として国庫に納められた。SAMBによる米輸出の国家独占は、政府に大きな財政収入をもたらしたことは確かであり、戦後復興に重要な意義をもった。しかし、国内の農業生産の回復が思わしくなく、米輸出は100万トン台で推移し、政府が期待したほどには伸びなかった。このことは「ピドータ8カ年計画」のような野心的な計画を資金面から挫折させる一因になった。

（3）ビルマ式社会主義の時代（1962～88年）
（a）革命評議会の社会主義的改造
　ミャンマー国軍のネーウィン将軍が軍事クーデターで権力を掌握したのは、1962年3月2日のことであった。以降、ネーウィンは1962年から1974年までは革命評議会議長として、1974年から1981年までは民政移管されたビルマ社会主義連邦共和国大統領として、また、1971年から1988年まではビルマ社会主義計画党議長として、権力の座にあった。この26年間は彼が実質的な独裁者として絶大な権力を振るった時期であり、「ネーウィン体制」と呼んで差し支えないであろう。革命評議会は1962年4月30日、「ビルマ社

会主義への道」と題する綱領を発表した。ここで「ビルマの議会制民主主義は社会主義路線を効果的に推進できなかっただけでなく、ビルマ議会制民主主義の欠陥とその悪用、および世論の未熟により、社会主義の目標を見失い、社会主義路線から逸脱して、ついには、社会主義経済制度と相反する点まで到達した」としてウ・ヌー政権時代の社会主義を批判した。そして、革命評議会の指導によって社会主義計画経済を推進し、ミャンマーに適合した真の社会主義経済制度を樹立することを明らかにしたのである。

　革命評議会の社会主義建設はウ・ヌー政権時代のそれと比較するとはるかに徹底したものであり、通常、「ビルマ式社会主義」と称される。「ビルマ式社会主義」にはいくつかの特徴があるが、まず、ミャンマーの社会主義は独立運動で指導的役割を果たした一部民族主義者の思想であり、大衆運動ではなく軍の武力によって実現したものであることを指摘しておこう。マルクス＝レーニン主義を否定し、社会の変遷を唯物史観ではなく仏教の輪廻の思想で説明した。上からの社会主義を推進するため1962年に「ビルマ社会主義計画党」が結成された。これは幹部党として発足したところからわかるように、社会主義建設を担うエリートを養成する組織であった。第二は、徹底した民族主義である。国有化政策は当時まだ多くミャンマーに残っていた外国人の経済力を奪うというもう一つの意味をもっていた。すなわち、「経済のミャンマー化」である。この時期、多くのインド人が帰国しているが、これは国有化政策で打撃を受けた人々であった。第三は、閉鎖的な対外経済政策である。ネーウィンはしばしば新植民地主義に対する警戒を呼びかけているが、外国資本を締め出し、自立的な発展を指向した。ただし、国際共産主義運動とは一線を画し、むしろ外交路線は第三世界の国々を基盤とする非同盟中立路線をとった。

　こうして1963年以降、経済全般にわたって国有化が推し進められた。前述のようにウ・ヌー政権時代の国有化はきわめて限定されたものであり、社会主義経済と呼べるほどの実態は備えてはいなかったが、革命評議会は主要な産業はすべて国有化の対象とするなど、より徹底した社会主義化を推し進めた。その結果、1970年代の初頭までに銀行・保険、林業、鉱業、建設、

製造業、エネルギー、商業、流通、運輸、通信、観光、外国貿易などの主要な産業はほとんどすべて国家の統制下におかれた。農業部門では社会主義的な農業の集団化は実施されなかったが、供出制度を通じて各農民は一定量の籾を政府の定める価格で売り渡すことを義務づけられた。工業部門では繊維、織物、食品、化学、金属、ビール、陶器などの民間企業が国有化され、国有企業として再編成された。その結果、規模の大きい工場はほとんど国有化され、その数は1969年には1,254に上った。他方、国有化を免れた民間工場の数は16,149であったが、その3分の2は従業員数が10人以下であり、50人を超えているところはごくわずかであった。商業・流通部門でも卸売、仲買、大商店、百貨店、雑貨商、倉庫などが国有化の対象となり、また、外国取引のみならず国内取引も国家の統制下に入った。金融部門では、1969年にビルマ連邦銀行、産業開発銀行、ビルマ保険庁、貯蓄・証券局が統合されて人民銀行が設立された。同銀行は1970年2月に国有商業銀行、国有農業銀行、その他の商業銀行を併合してビルマ連邦人民銀行となった。そして、1972年には呼称を変更してビルマ連邦銀行となった。

　こうして、ミャンマーは社会主義体制の樹立を志向するとともに、外国人の経済力を排除し、「経済のミャンマー化」を図り、そして国を閉ざして自力発展の道を歩み出したのである。しかし、性急な国有化はミャンマー経済を混乱に陥れた。おしなべて国有企業の稼働率は低く、生産は低迷した。国有企業の総裁をはじめとする幹部クラスは、軍人によって独占されるのであるが、近代的な経営手法やノウハウを欠いていたために、多くの国有企業は赤字に陥り、国家財政の大きな負担になっていった。「ビルマ式社会主義」の失敗は、多くの社会主義国でそうであったように、国有企業の経営の失敗によるところが大きい。国有企業の生産不振は、モノ不足の状態を深刻化させ、近隣諸国とりわけタイからの密輸入を恒常化させた。また、流通機構の効率も低下し、米の集荷も計画通りにいかなくなった。その結果、最も重要な輸出品であった米の輸出が激減していった。しかし、革命評議会は、1960年代から70年代初頭はまさに社会主義の基礎固めの時期であり、この時期の経済不振は、国有化の混乱によってもたらされた一時的なもので、それが

終息すればやがて順調な発展経路をたどるものと期待していたとみてよいで
あろう。1972年に公表された「長期20カ年計画」は、1960年代に創出され
た諸制度や国有企業を基礎として計画経済による経済発展をめざすもので
あった。

(b) 低迷する経済

革命評議会は「ビルマ式社会主義」の精神を盛り込んだ社会主義的な憲法
草案を作り、1973年12月国民投票にかけ、国民の承認を取り付けた上で人
民議会選挙を実施した。民政移管は、1974年3月に召集された初の「人民議会」
で実現した。これにより「ビルマ社会主義計画党」の一党支配体制が確立さ
れた。しかしながら、経済は構造的な低迷に加えて1973年の異常気象によ
る不作も重なって急激なインフレが進行し、悪化の一途をたどった。こうし
た経済不振を背景に民政移管直後から1976年頃にかけて、国有企業労働者
による初めてのストライキ、ウ・タント事件[2]、学生・労働者のデモ、若手将
校による政府転覆のクーデター未遂事件など一連の騒動が起こった。特に、
1976年のクーデター未遂事件は国民に大きな衝撃を与えた。後の民主化運
動の担い手となる国防大臣のティンウー准将が、若手将校の黒幕とみなされ
失脚した。このような政治的不安定を受けて、政府および党は、政府組織の
再編、人事刷新、経済政策の大幅な見直しなどを余儀なくされた。こうして
1970年の半ばから、社会主義路線が軌道修正され、一連の改革が実施され
ることになった。

国有企業の改革としては、各国有企業を商業(採算)ベースで運営すること
にし、国家財政から分離して独立採算制を強化した。各企業に利潤が認めら
れたことにより、国有企業価格審議会において価格の見直しが行われた。ま
た、1976年4月にはこれまでのビルマ連邦銀行の単一銀行制度を改め、中央

---

2 ウ・タントは、1961年から1971年まで国際連合事務総長であった政治家。1974年に
ニューヨークで死去した後、遺体はミャンマーに戻ったが、当時のネーウィン政権に反
対する学生組織が空港で奪取し、ヤンゴン大学に安置した。遺体の埋葬方法をめぐって
独裁政権と学生組織等の間で対立が起こり、大規模な抗議活動が行われたが、戒厳令が
敷かれ鎮圧された。

銀行としてのビルマ連邦銀行のほかに、ビルマ経済銀行、ビルマ外国貿易銀行、ビルマ農業銀行の三つの専門銀行が設立された。国有企業はもっぱらビルマ経済銀行から借り入れるようになった。農業生産の増大を図るため高収量品種(HYV)の普及プロジェクトが実施された。このプロジェクトは1977年に開始されたものであるが、HYVの作付面積は1981/82年には籾の総作付面積の約半分に当たる643万エーカーにまで急激に拡大した。HYVは上質米とはみなされなかったが、あきらかに量的拡大には貢献した。1976年には、東京で「ビルマ援助国会議」が開催され、公的な援助は積極的に受け入れる方向に転じた。また、1979年には「私企業権限法」が制定され、民間企業の振興を試みた。

　これらの改革を受けて1970年代の後半から80年代の初頭にかけて経済は上向きに転じた。この時期は、「ネーウィン体制」下で唯一経済が好調を持続した時期であったが、小手先の対応では経済の好調を長続きさせることはできなかった。経済が好転したといっても、実質的には国民の生活はほとんど変わらなかった。1982/82年頃から米生産が頭打ちになり、輸出も漸減傾向をたどった。国有企業の稼働率は落ち、業績の悪化が顕著になった。経済は再び長期停滞の様相をみせていた。他方、フォーマル経済の悪化と逆比例するようにヤミ経済は繁栄した。長年たっても一向によくならない経済に、国民の不満は次第に蓄積されていった。1980年代半ばは「ビルマ式社会主義」の行き詰まりが顕著になってきた時期である。1985年には突如、高額紙幣の無効が宣言された。その狙いはヤミ商人に打撃を与えることとみられているが、一般市民にも大きな損害を与えた。さらに1987年9月には、農産物取引の自由化を発表し、民間業者にも主要農産物の取り扱いを認めることにした。経済を活性化するために、もはや自由化政策を採らざるをえなくなっていた。この時、再び紙幣の無効化措置をとり、国民の反発を招いた。そしてその年の12月には、債務負担の軽減を狙って国連に申請していた後発開発途上国の認定を受け、誰の目にも「ビルマ式社会主義」の失敗が明らかになった。

　1988年には警官と学生の些細ないざこざやアウンジー(元革命評議会メンバー、経済路線をめぐって失脚)の穏便な表現ながら責任を問う手紙が公表さ

れたこともあって反政府気運が高まっていった。その根底には、政治的自由
の抑圧および長年の経済停滞があったことはいうまでもない。その年の7月
頃から民主化運動は大きな盛り上がりをみせ、ネーウィンは同月計画党議長
を辞任し、ここに「ネーウィン体制」は崩壊したのである。中国の天安門事
件やベルリンの壁崩壊の前年のことで、その意味ではミャンマーの反政府運
動は外国の影響を受けたというより、むしろ国内の矛盾に起因するもので
あったといえよう。しかし、この高潮した反政府民主化運動も9月18日、軍
によって鎮圧されてしまった。

(4) 軍事政権の時代（1988〜2011年）

(a) 対立の構図

　軍はソーマウンを議長（首班）、キンニュンを第一書記とする国家法秩序回
復評議会（SLORC）を発足させ、ミャンマー全土を軍政下においた。軍政は
国内の治安回復を第一の優先課題として、それが実現した段階で総選挙を実
施すると発表した。SLORCはあくまで、合法的に選出された政府が樹立さ
れるまでの暫定的な政権であったのである。こうして多数の政党が結成され、
そのうち100を超える政党が選挙に臨んだ。「ビルマ社会主義計画党」は、「国
家統一党」（NUP）と名称を変えて再出発し、他方、民主派はスーチーを書記
長にして「国民民主連盟」（NLD）を発足させた。1990年5月、総選挙が実施
されたが、選挙結果は軍の予想に反して、NLDの地滑り的勝利に終わった。
すなわち、NLDは485議席中約8割に当たる392議席を獲得し、他方、NUP
はわずか10議席しか獲得できなかった。しかし、SLORCは、国内の治安は
依然不安定であること、政権移譲の前に憲法を制定する必要があるとの理由
で政権移譲を拒否した。憲法制定に関しては、軍政は1992年6月、各界の代
表からなる「国民会議」（アミョーダ・ニーラカン）を開催することを明らかに
し、そして、1993年1月に最初の国民会議を召集した。軍政が政権移譲を拒
否したことにより、それ以降長きにわたりNLDとの深刻な対立が続くこと
になった。

　軍政は2003年8月31日、「真の規律ある民主的なシステムを作るプロセス」

と「近代的な先進民主国家」に向けての「ロードマップ」(行程表)を発表した。高まる内外の批判をかわす目的もあったといえよう。その後、2004年10月行程表の推進者と目されていたキンニュン首相が失脚する事態が起こった。穏健派と目される同首相の解任で、強硬派のタンシュエ国家平和発展評議会(SPDC)[3]議長への権力集中が進み、政権移譲のプロセスが遅れるのではないかと懸念された。実際、その後の民主化のプロセスは相変わらず緩慢なものであったが、2007年7月に再開された国民会議は、全部で15章に及ぶ基本原則を承認して9月3日に閉幕した。1993年1月に初めて召集されて以来、実に14年8カ月にもおよぶロングランであった。

　国民会議で基本原則作りが終盤を迎えていた丁度その頃、ガソリンなど燃料価格を2倍から5倍に引き上げたことに対する国民の不満が高まりつつあった。2007年8月22日にはヤンゴンでは、学生や市民数百人が軍政に対し、経済的困窮を抗議するデモが発生した。当時、ミャンマーではインフレが進行し市民の不満が高まっていたこともあり、一部市民を巻きこんでの騒動になった。さらに地方へも飛び火するなどの動きをみせた。底流には軍への不満が蓄積されていたことはいうまでもない。9月3日に国民会議は基本原則を決めて終了するが、その後も各地で抗議行動は続いていった。そして、9月25日、26日には参加者が10万人を超える大規模な反政府デモに発展した。しかし、これ以上の反政府運動の盛り上がりに危機感を抱いた軍は武力弾圧に乗り出し、発砲も辞さぬ強圧的な姿勢でデモを鎮圧した。軍政府は9月29日付けの国営紙を通じて、「平和と安定を回復した」と制圧宣言を行った。この弾圧に対し、アメリカをはじめとして欧米諸国は一斉に反発した。ブッシュ・アメリカ大統領(当時)は9月25日国連総会で演説し、同国に対する経済制裁をさらに強化する旨を表明した。日本政府もデモを取材していた日本人ジャーナリストが射殺されたこともあり、これまでの人道援助も見直すことを表明した。しかし、中国やロシアは基本的にはミャンマー軍政を強く批判することはなかった。10月11日には、国連安全保障理事会は「強い遺憾」

3　1997年、SLORCより呼称変更。

の意を表明する議長声明を全会一致で採択した。しかしながら議長声明には
スーチーの解放は中国の反対で盛り込まれず、批判の文言、表現は大幅にトー
ンダウンした。スーチーの自宅軟禁措置は2008年5月で5年経過したが、さ
らに1年の延長措置がとられた。

　国内の反政府的動きを抑え込んだ軍政は、2007年12月に憲法草案の起草
に着手し、翌2008年2月に草案の公表と国民投票の公示等が行われ、同年5
月には国民投票にかけることを明らかにしたのである。2008年5月初めに巨
大サイクロンに見舞われ甚大な被害を出したが、国民投票は一部の地域を除
いて予定通り実施された。結果は、投票数の9割を超える賛成票で承認された。
憲法が承認されたことにより、憲法の規定に従い、2010年に複数政党によ
る総選挙が実施された。しかし、NLDは政党法により選挙をボイコットす
ることを余儀なくされた。その結果、軍政が押し立てた連邦団結発展党
（USDP）が圧勝し、総選挙後の最初の国会で軍政から民政への移管が実現し、
テインセイン政権が成立した。

(b)　市場経済への歩み

(ア)　経済改革

　1988年の民主化運動は、弾圧されたものの、それまで26年間続いた「ビル
マ式社会主義」を崩壊させ、市場経済の導入および開放政策への転換を図ら
せた点で画期的な意味をもっている。軍政の重点的取り組みとして、①自由
化による農業振興、②国有企業改革、③民間企業の奨励、④開放政策の推進
の4点を指摘しておこう。まず、農業に関しては社会主義時代末期の自由化
政策をさらに推し進めた。特に、籾の供出制度を完全に廃止し、生産、流通、
販売の全面的な自由化を図った。市場経済のメカニズムを利用して、インセ
ンティブを与え農業生産を活性化させようとした。国有企業改革では、特定
の分野を除いて原則民営化を進めていくことにした。しかし、民営化は必ず
しも順調に進んだわけではない。むしろ、国有企業の工場の数が増大してい
ることを考慮すれば、現在もなお国民経済の中で一定の規模を保ち続けてい
る。国有企業の財政改革としては1990年に導入された「国家基金勘定」（SFA）

がある。これによって国有企業の勘定と中央政府の各部局の勘定が統合されるようになった。市場経済に移行するには国有企業にとってかわる民間企業の育成が不可欠である。まず、1988年10月社会主義経済システムを放棄し、市場経済の採用に踏み切った。翌1989年「国有企業法」を制定して国有企業の活動を12の業種に限定し、そのほかの業種は全面的に民間企業の参入を認めたのである。1994年には「ミャンマー国民投資法」を制定し、税制面の優遇措置を通じて国内の民間投資を促進することを目的としていた。

　これらの市場経済へ向けての諸改革は、ミャンマー経済はどのようなインパクトを与えたのであろうか。軍政は1992年以降、数次の経済計画を実施しているが、ミャンマー経済が1990年前後の最悪期を脱して漸く上向きに転じたのが、短期4カ年計画期間中（1992/93 〜 95/96年）のことである。この計画では目標平均成長率を大きく上回る実績を上げた。市場経済化の効果が現れ、このまま順調に推移するものと見られていたが、次の第2次5カ年計画期間中（1996/97 〜 2000/01）にアジア通貨危機に見舞われ、ミャンマー経済は減速を余儀なくされた。この危機はタイを震源地として東南アジア全体に広がり、この地域全体を不況のどん底に突き落とした。ミャンマーは開放政策転換以来、この地域と貿易、投資を通じて密接な関係を築いていたため、その影響をストレートに受けることになった。輸出は停滞し、またこれらの国々からの直接投資は急減した。チャット（ミャンマーの通貨単位、英語で「kyat」と表記する）の対ドル価値は、通貨危機の始まる直前の6月から12月までの間に半減してしまった。その結果、不況下のインフレが進行することになる。今世紀に入り、ミャンマー経済を牽引したものは、縫製品、天然ガス、農産物などの輸出であった。ただし、縫製品は2003年のアメリカの経済制裁の結果、大きな落ち込みを余儀なくされた。他方、天然ガスの輸出が好調で外貨準備も増え、貿易収支は赤字から黒字に転じた。今世紀に入り、政府発表の経済成長率は10％を超えてきており、データ上はかなり好調な実績を示している。しかし、統計の信頼性が低く、せいぜい3％台との見方もある。

　ミャンマー経済が抱える問題としてインフレと為替の複数レート制があ

る。軍政になって最大の経済問題はインフレの進行である。毎年、高率の物価上昇が続いており、国民生活を圧迫した。1996/97年を100とすると2008年3月には876に跳ね上がった。特に、食料品価格の高騰が続き、国民の不満が高まった。インフレはチャットの対ドル価値の減価と密接に結びついているが、インフレの進行がチャットの価値を低め、また、チャットの下落がインフレを加速した。両者はまさに悪循環の関係にある。チャットの下落は基本的にはミャンマー経済のファンダメンタルズの不健全性すなわち財政赤字と経常収支の赤字に関係がある。とりわけ財政赤字は通貨の増発によってファイナンスされており、これがインフレの根本的要因となっている。すなわち、歳出側の要因としてインフラ整備のために相当無理して公共投資（資本投資）を増やしたこと、他方、歳入側の要因として、歳入のかなりの部分を業績低迷に喘ぐ国有企業からの税金と納付金に頼っていたこと、まだ税の取れる民間企業が十分に育っていなかったこと、経済制裁のために援助資金の流入が細っていたことなどを指摘できよう。チャットの自由市場における対ドルレートの動きを見てみると、不健全なファンダメンタルズや不安定な政治・経済状況を反映してじりじりと下げ続け、2000年1月の1ドル＝330チャットから2001年末には700チャットの水準にまで下落した。2002年に入ってからも依然不安定で4月以降急落し、一時、1ドル＝1,000チャットを割った。その後も1ドル＝1,000 ～ 1,200チャットの間を推移している。当時、政府はマルチの為替レート制度を採用しており、公定レートと市場レートの大幅な乖離が続いていた。軍政はビジネスの不便や観光客の不満を解消するため1993年には外国為替証券（FEC）を発行していたが、複数為替レート制の問題についてはその根本的な解決は先送りされた。

（イ）開放政策

　次に開放政策についてみておこう。軍政は政権を奪取してまもなく、これまでの閉鎖政策を改め開放政策に転じた。まず外国貿易の振興策として、それまで国家独占としていたが、民間業者による取り扱いを認めることにした。その結果、多数の輸出入業者がこの分野へ参入し、民間業者の取扱額が国の

それを上回るようになる。ただし、外貨不足の状態が続いていたため民間業者の外貨取り扱いやライセンス取得、外国送金などにまだかなりの制約が残っていた。もう一つの貿易振興策は、国境貿易を正式の貿易として認可したことである。それまで国境貿易は表向き密輸とされ、しばしば取り締まりの対象となっていたが、実態的には国内におけるモノ不足を解消する役割を担っていた。当時タイや中国との陸路による交易が活発に行われており、密輸品はヤンゴンやマンダレーの街にあふれていた。外国貿易では、天然ガスや農産物など資源輸出が大きく伸びたことが注目される。とりわけ、エネルギー資源の中で有力な輸出品に育ったのが、天然ガスである。アンダマン海のヤダナやイェタゴンの海底ガス田から産出する天然ガスはもっぱらタイに輸出され、外貨の稼ぎ頭になった。また、ラカイン沖のA1およびA3鉱区から産出する天然ガスの大半は、中国へ輸出されることになった。そして、この時期、ラカイン州のチャウピューと中国・雲南省の昆明間にパイプラインを敷設する計画が具体化した。ミャンマーの貿易収支は長年赤字であったが、天然ガスのおかげで2002年度以降黒字に転じた。ミャンマーは長年ドル不足で悩まされてきたが、外貨準備も増え、一息ついた格好である。2007年度の場合、輸出は60億ドル、輸入は28億ドルで実に32億ドルの黒字であった。また、農産物輸出が10億ドルを超えてきたのが注目される。

　外資の受け入れにも大きな転換があった。ミャンマーはそれまでの閉鎖政策をやめ、1988年11月「外国投資法」を制定して外国投資の受入れに踏み切った。実際、経済活性化のためにはもはや外資導入は不可避であったであろう。「外国投資法」の制定により農業、林業、鉱業（エネルギー資源を含む）、ホテル、製造業、貿易業、銀行業などに外国資本が流入してきた。まさにミャンマーの資源開発を支えたのも外資であった。しかしながら欧米諸国が民主化の遅れを理由に経済制裁を科したこと、投資企業の製品に対する不買運動が起こったこと、外国在住のミャンマー人を中心にミャンマーへの投資に対する反対が起こったこと、スーチーが外国投資反対の立場を鮮明にしたことなどにより、日本や欧米系の企業が本格的な投資を手控え、また、いったん投資したものの撤退する企業が出てくるなどの影響が出た。なお、アメリカは

1997年に自国企業のミャンマーに対する新規投資の禁止措置を採った。中央統計局によると、2004年のミャンマーへの投資累計額は70億ドル以上に達しているが、民主化に進展がないところから足踏みの状態にあった。主たる投資国はタイ、シンガポール、マレーシア、インドネシアなどの近隣諸国とエネルギー資源に投資しているイギリス、フランスなどであった。投資分野についてみると、金額では水力発電、石油・ガス、製造業、不動産、ホテル観光業、鉱業などが多い。

●2　国土と地理上の位置

（1）国土[4]

（a）地勢

　ミャンマーの国土面積は67万平方キロメートルで日本の約1.7倍の広さをもち、南北に細長い形をしている。南北および東西の最長の長さはそれぞれ2,090kmおよび925kmである。地形的には七つに分けられる。すなわち、北部の山岳地帯、西部のラカイン山脈、東部のシャン高原、中央部のベルト地帯、エヤワディー川下流域のデルタ地帯、西北部のラカインの海岸地帯および南部のタニンタリーの海岸地帯である。最北部の中国国境沿いの山岳部に5,881メートルの東南アジア最高峰のカカボラジ山がある。そこから南西方向にパッカイ山脈が走っているが、その山脈はチン州で南に緩やかに向きを変えラカイン山脈につながっていく。インドとミャンマーの国境は、この山脈の中を通っている。チン州はほとんど山がちである。中央の平野部は北を北部山岳地帯、西をラカイン山脈そして東をシャン州で囲まれた形になっている。この平野部は帯状で南北に細長いところからベルト地帯と呼ばれる。このベルト地帯は北部山岳部に源を発するエヤワディー川が縦断する形で流れている。全長2,170kmでミャンマー最大の川である。北部山岳部のすそ野に沿ってもう一つの大きな川チンドゥウィン川（960km）が流れているが、マンダレー管区のミンジャンの北あたりでエヤワディー川と合流する。この流域

4　The Government of Myanmar, 1995, *Economic Development of Myanmar*, p.11.

こそが古くから開けたところである。エヤワディー川はさらに南下して下流域に広大なデルタ（240km×210km）を形成する。エヤワディー・デルタはミャンマー最大の米生産地帯となっている。

　ミャンマーの東部にはシャン州が広がる。同州は平均海抜900m強の高地であり、南北に走る幾筋かの山脈で分断されている。高いところは2,500m級の山がある。エヤワディー川と並ぶもう一つの大河、タンルウィン川がシャン州を南北に貫流する。タンルウィン川は中国・雲南省からシャン州北部に入り、同州中央部のやや東寄りを縦断し、カヤー州とカレン州を経てモン州に入りモッタマ湾に流入する。河口の町はモールミャインである。これらの川は山岳部では水量も多く、巨大な水力発電の有望サイトがいくつも存在する。シッタン川もシャン高原に源を発し、バゴー管区を通り、モッタマ湾に注ぐ。ラカイン州およびタニンタリー管区は海に面しており、南北に細長い形状をしている。海岸線の長さは2,832kmである。山が海に迫っているため平野部が少ない。海に面した利点を生かし、漁業が盛んである。

(b) 気候

　ミャンマーは熱帯性モンスーン気候に属し、三つの季節が認められる。2月半ばから5月半ばの3カ月間は夏季、5月半ばから10月半ばまでの5カ月間は雨期そして10月半ばから翌年の2月半ばまでの4カ月間が涼季となる。夏季と涼季は雨が極端に少なくなるため雨量の観点からミャンマーの気候を雨季と乾季の二つに分けることもできる。図表1-1は、海岸部のダウェー、デルタ地帯のパテイン、中央平野部のマグエおよびシャン高原のタウンジーの雨量と気温を示したものである。雨期には西南の方向から東北に向けてモンスーンが吹き、大量の雨を降らせる。例えば、ラカイン州やタニンタリー管区などは5,000mmを超える雨が降る。雨期になるとやや気温は下がる。エヤワディー・デルタに位置するパテインの年間雨量は3,000mmを超える。他方、中央部のベルト地帯は、モンスーンがラカイン山脈にあたって西側に大量の雨を降らせるため、その東側は少雨となる。例えば、マグエは最も雨が多い6月でも平均で166mm程度、年間の雨量も964mmに過ぎない。つまり、

図表1-1：気候条件の相異なる主要地域における町の平均年間雨量と
平均気温（2001 ～ 10年の平均）

町	所在地	平均年間雨量 (mm)	平均気温（℃）	
			最高	最低
ダウェー	海岸部	5,472	32.2	21.4
パテイン	デルタ地帯	3,133	33.1	22.3
マグエ	中央平野部	964	34.3	19.8
タウンジー	シャン高原	1,486	25.7	14.9

（出所）　Central Statistical Organization（CSO）, *Statistical Yearbook 2011*, pp. 4-5.

中央の平野部は乾燥地帯となっている。また、シャン州のような高地は、平均最高気温が摂氏25.7°に過ぎず比較的涼しい。

（2）地理上の位置と地政学的意義

（a）地理的位置の優位性

　ミャンマーは北緯9度32分から28度31分、東経92度10分から101度11分の間に位置し、インドシナ半島の西側の一角を占める。5カ国と国境を接するが、各国と共有するその長さは、バングラデシュが272km、インドが1,453km、中国が2,227km、ラオスが234kmそしてタイが2,098kmとなっている。総計でその長さは6,284kmに達する。国境は接してはいないが、マレーシア、シンガポール、インドネシア、ベトナムなどのASEAN（東南アジア諸国連合）加盟諸国とも地理的に近い。つまり、ミャンマーは中国、インド、バングラデシュそしてASEAN加盟国に近隣接する形で存在している。これらの国々は世界的に見て最もダイナミックに発展を遂げつつあり、旺盛な消費を行う層の厚い中間層が形成されている。言い換えれば30億人以上という巨大な人口規模（中国は13億人、インドは12億人、ミャンマーを除くASEANは約5億人）をもつ大マーケットに取り囲まれているといえる。図表1-2に示すように、2030年までに中間層および富裕層が最も多く増える地域は南西アジアである。これはインドの高い伸びが見込まれているためである。2030年には先進国の中間層・富裕層の数が中国のそれと等しくなる。ASEANのそれも5億人近くに達する。このようにミャンマーは世界の中で最も急速に

図表1-2：地域別中間層および富裕層（可処分所得5,000ドル以上）

（単位：100万人）

	2010年	2020年	2030年
先進国	1,072	1,097	1,120
中国	774	968	1,119
ASEAN	340	410	484
南西アジア	792	1,015	1,304
中東	281	307	336
ロシア・CIS	213	242	258
中南米	501	545	583
アフリカ	504	568	683

（出所）　経済産業省『通商白書2013』p.88。

発展している地域に囲まれて存在しているのである。このことが開放政策に転じたミャンマーに有利に働かないわけはない。ミャンマーの地理的位置の優位性が改めてクローズアップされたといえよう。

(b) 地政学的意義

　ミャンマーはその地理上の位置から地政学的重要性を有しているといわれる。地政学的重要性とは、ある国の動向がその地理上の位置ゆえに周辺地域の政治、安全保障、軍事、経済等に重大な影響を及ぼすことをさす。上でみたように、近隣諸国はミャンマーの経済発展にとってきわめて重要な意義を有している。他方、近隣諸国から見てもミャンマーの存在意義は極めて高い。例えばミャンマーの政治が不安定化すると、ASEANのみならず中国やインドに対しても様々な面で大きな影響がある。これが地政学的リスクといわれるものである。以下、ASEAN、中国そしてインドの順にミャンマーがこれらの国々にとってどのような重要性をもっているのかをみておこう。

　ミャンマーがASEANに加盟したのは、1997年7月のことであった。ASEANにとり人口5千万人強を数え、国土面積67万平方キロメートルを有し、インドシナ半島の西側一角を占めるミャンマーをメンバーに加えることは、一大経済圏としてのプレゼンス（存在感）を高め経済統合を実のあるものにするだけでなく、地域の安全保障にとってもきわめて重要な意義を有する

ことは明らかである。とりわけASEANが1993年のASEAN自由貿易地域
(AFTA)の創設以来、最重要課題として推し進めてきた地域統合にとって
ミャンマーの参画はその地理的位置から見て不可欠である。その枠組みとし
て具体化しているASEAN経済共同体(AEC)にしても東アジア地域包括的経
済連携(RCEP)にしても、本来の目的は、分業の促進、投資の活性化および
モノや人の流れの円滑化である。そのためには、道路、鉄道、通信などによっ
て地域をリンクさせることがきわめて重要な意義をもつ。上述のように、ミャ
ンマーはASEAN、中国、インド、バングラデシュに囲まれる形で存在して
おり、そこがミッシング・リンク化してはその地域統合は不完全なものにな
らざるを得ないであろう。ミャンマーが地理的に重要な位置を占めていると
いうのは、その意味においてである。

　中国側からみたミャンマーの重要性は何か。それらは次の4点にまとめる
ことができよう。その第一は、しばしば指摘されるところであるが、ミャン
マーは中国西南部とインド洋に至る間に存在しているということである。中
国は長年このルートを確保することを夢としてきた。中国は軍政下に蜜月時
代と称されるほどに良好な関係を築き、雲南省の省都・昆明からインド洋に
面するミャンマー・ラカイン州のチャウピュー間に天然ガスおよび原油を輸
送するパイプラインの敷設権利を獲得した。それに加えて、現在、昆明～チャ
ウピュー間の道路整備およびチャウピューの港湾整備がそれぞれ進められて
おり、今後はエネルギー資源だけでなく物流の大動脈として発展することに
なろう。チャウピュー～昆明間の物流ルートが完成すれば、中国とインド、
中東・アフリカ諸国間の貿易はマラッカ海峡を経由することなくミャンマー
経由で行われることになる。このルートは習近平政権が進める「一帯一路」
のルートに位置付けられている[5]。第二に、ミャンマーは中国にとって重要な
資源供給国ということである。とりわけ注目されているのが、ベンガル湾で
開発が進む天然ガスの供給である。環境問題に苦しむ中国にとってクリーン・
エネルギーとされる天然ガスの確保は至上命令である。天然ガスはミャン

5　関志雄(2016)「中国の周辺外交の軸としての一帯一路構想」『世界経済評論』通巻683
　号。

マーからの主要輸出品に付け加わったが、そのほかのものとして木材、農産物、ヒスイなどがある。近年、中国企業が進めている鉱山開発が順調にいけば、ニッケル、銅、すずなどの鉱物資源も有望視されよう。第三に、マーケットとしてのミャンマーである。廉価製品ならば中国が圧倒的な強みをもっている。上述のように、ミャンマーからは一次産品が輸出されているが、中国からは工業製品や雑貨などの日用品などが流入してきている。人口5千万人強を擁するミャンマーは、人々に購買力がつけば市場として決して小さいとはいえないのである。第四に、中国の南シナ海進出にとりわけベトナムが反発を強めているが、そうした状況においてASEAN全体が反中的に傾くのを防ぐ意味においてミャンマーを友好国にとどめておく意義は大きい。

　インドはミャンマー北西部と国境を接し、インド洋を挟みミャンマーと向かい合う形で存在している。インドは近い将来人口において中国を追い抜き世界一になることが確実視され、また、近年は経済発展が著しく大量の中間所得層が形成されている。そのインドが「ルック・イースト政策（Look-East Policy）」を採用し、東アジア（ASEAN、中国、日本、韓国）との経済関係の強化に乗り出したのは1990年代半ばのことであった。南アジアと東南アジア諸国との経済協力を進める目的でインドが中心となって1997年6月6日に結成されたのが、加盟国の名称の頭文字をとって名付けられたBIST-ECである。BIST-ECの構成国はインドのほかバングラデシュ、スリ・ランカおよびタイの4カ国である。ミャンマーは1997年12月22日にBIST-ECに加盟し、BIST-ECの呼称はBIMST-ECに変更された。2004年2月にネパールとブータンが加盟し7カ国となった。BIMST-ECはBIMSTECとなり、「ベンガル湾多分野技術経済協力イニシアティブ（Bay of Bengal Initiative for Multi-Sectoral Technical and Economic Cooperation）」と改称された。首脳会議のほか閣僚会議、上級事務官会議などが開催され、運輸・通信、観光、反テロ、環境・災害管理、貿易・投資、文化協力、エネルギー、農業、貧困軽減、技術、漁業、公衆衛生、気象変動などの分野で協力を進めている[6]。こうした

6　Ministry of Information, 2002, *MYANMAR Facts and Figures*, p.57.

コンテクストにおいてミャンマーはASEANや中国へのゲートウェイとして注目されている。インドはミャンマーとの経済交流を活発にするため、シットウェーの港湾整備やカラダン川の航行能力を高めるなどの経済協力を実施するとともに貿易および投資の拡大に力を入れている。

(3) 国土の利用と資源

　ミャンマーの広大な土地がどのように利用されているのであろうか。それを示したのが図表1-3である。大雑把にいえば、国土の40%が森林に覆われ、3分の1が農地(耕作地＋休耕地)および可耕荒蕪地に、そして残りの約5分の1が宅地などその他の使用となっている。国土の4割が森林地帯であり、この森林から高品質のチーク材や堅木が産出される。森林面積は約8,000万エーカーで、その55%が保全森林、残りの45%が非保全森林である。軍政になって森林の保全化に力を入れたことが窺え、保全森林面積は1990年の2,500万エーカーから2014年には4,387万に増大している。これは率にして75%、面積にして1,881万エーカーのそれぞれ増加となる。他方、森林の保全化が進んだため、非保全森林面積がこの間33.8%も減少した。1990年当時、非保全

図表1-3：国土の利用

(面積：1,000エーカー)

	1990年度		2014年度		1990-2014年度	
	面積	比率(%)	面積	比率(%)	増減面積	増減率(%)
農地	24,851	12.8	30,711	15.5	5,860	23.6
耕作地	20,127	10.4	29,617	15.0	9,490	47.2
休耕地	4,724	2.4	1,094	0.6	△3,630	△76.8
保全森林	25,062	12.9	43,871	22.2	18,809	75.0
非保全森林	54,970	28.3	36,409	18.4	△18,561	△33.8
耕作可能荒蕪地	20,625	10.6	13,014	6.6	△7,611	△36.9
その他	43,678	22.5	44,181	22.3	503	1.2
合計	194,037	100.0	197,897	100.0	3,860	2.0

(出所)　CSO, *Statistical Yearbook 2011*, p.120 and Central Statistical Organization(CSO), *Statistical Yearbook 2015*.

森林の面積は保全森林のほぼ倍の広さに及んでいたが、現在は両者の面積は逆転し保全森林面積の方が上回っている。ただ、カチン州などの一部地域で乱伐の報道もあり、全体の森林面積は漸減傾向にある。

　2014年現在、農地面積は約3,000万エーカーで国土の約16％を占める。1990年当時の農地面積を基準にすると面積にして586万エーカー、率にして23.5％増加した。他方、この間、休耕地は472万エーカーから109万エーカーへと363万エーカーも減少した。また、可耕荒蕪地は同期間に2,062万エーカーから1,301万エーカーへと761万エーカー減少している。これらの減少分を合計すると1,124万エーカーとなる。その減少分の84％が耕作地に転換されたと考えられる。保全森林の増加と非保全森林の減少がほぼ見合っており、非保全森林の減少分が保全森林に変わったとみることができる。

3　多様化する産業

　通例、一国の産業構造がどのような形をとるかが経済発展の度合いを示すことが多い。発展の初期の段階は第一次産業のウェイトが圧倒的な比重を占めている。それが経済発展とともに第二次産業そして第三次産業へと経済の重心が移っていく。これがペティー＝クラークの法則と言われるものである。確かにミャンマーはまだ発展の初期にあり農業大国の特徴を色濃く残しており、農業を中心とする第一次産業が大きな比重を占めている。しかし、ミャンマーの発展を子細にみると、第一次、第二次そして第三次の各産業においていろいろな産業が、ほぼ時を違わずして生起してきているのが観察される。これはミャンマーの経済発展が経済制裁というすぐれて人為的な事情で発展が抑えられていたため、その解除とともに一気に各分野でビジネス・チャンスが生じたことと関係しているのであろう。とりわけ、産業の発展を規定した重要な要因の一つが外資の動向であった。以下、第一次、第二次そして第三次における主要業種ごとにその概要をみておこう。

(1) 第一次産業

(a) 農業

　ミャンマー経済は大きく第一次産業に依存している。第一次産業の主要な
ものは、農業(畜産も含む)、林業、水産業、鉱業などである。その中でも
GDPの産出、雇用において最も重要なものはいうまでもなく農業である。
農業はGDPのほぼ3割を生み出し、就業人口の6割を吸収している。農村人
口は全人口の7割に及ぶ。主たる農産物は米であるが、そのほか豆類、油脂
作物、工芸作物、野菜、果物なども栽培されている。主な生産地帯はエヤワ
ディー川が貫流する中央の平野部とその下流域のエヤワディー・デルタであ
る。前者は豆類などの畑作が、後者のデルタではもっぱら水田稲作がそれぞ
れ主である。とりわけ、エヤワディー・デルタはアジア有数の米作地帯とし
て知られている。農村地帯では畜産も活発に行われている。これらの農産物
は第一義的には国内消費向けである。植民地時代、ミャンマーは世界第一の
米輸出国として知られていたが、独立後は人口の増加に生産量が追い付かず
輸出余力を大きく低下させてしまった。米はミャンマー人の主食であり近年
は国内需要の充足を第一とし、余剰がでれば輸出する方針に転換している。
そのため輸出では米よりもむしろ豆類のそれが上回っている。ミャンマー料
理では食用油が多く使われることもあり、ごま、落花生、ヒマワリなどの油
脂作物が広く栽培されているのもミャンマー農業の一つの特徴となってい
る。ただ、農業の労働生産性が低く、農民は貧しく、農村は貧困の温床になっ
ている。ミャンマーの西側は長い海岸線を有しており、水産業が盛んであ
る[7]。

(b) 林業

　ミャンマーの国土の半分は森林でおおわれており、林産国として知られて

7　最近の農業および農村に関しては、下記の文献に詳しい。Richard Vokes and
　Francesco Goletti, 2013, *Agricultural and Rural Development in Myanmar: Policy Issues
　and Challenges,* Agrifood Consulting International および、高橋昭雄(2012)『ミャンマー
　の国と民』明石書店。

いる。チーク材をはじめ数多くの堅木を産出する。2014年4月から原木での輸出は禁止されており、家具、建材、竹製品のように加工されて付加価値をつけたものが輸出対象となっている[8]。カチン州では違法伐採が続いており、伐採された木材は中国に密輸出されているとみられている。2005年には100万立方メートルの丸太が中国側に密輸出されたと推定されている。2006年は中国側の取り締まりが強化されたため減少したが、その後再び増大の傾向にあり、現在は2005年水準に戻っているという。密輸はかなり大掛かりで地方政府職員、軍人、少数民族政党、商人、仲介業などがかかわっているとみられている[9]。国境の町、端麗(ルイリー)では家具の材料となる木材が活発に取引されているという。ミャンマーとの国境地帯での伐採は1998年以降禁止されている。ミャンマー北部を中心に森林面積の減少はかなり深刻な状態にあるとみられている。国連食糧農業機構(FAO)の2015年9月の報告によると、2010年以降5年間で8.5%の森林が失われたという[10]。年間消失率は1.7%程度に達する。ただし、政府の統計(図表1-3)とはくいちがいがみられる。

(c) 鉱物・エネルギー資源開発

国土の地下には豊富な鉱物資源や石油、天然ガスなどのエネルギー資源が眠っており、現在、外資を導入して開発が進められている。天然ガスについては海底のガス田ですでに有望な鉱区が見つかっており、有力な輸出品として立ち上がっている。銅、錫、タングステンなどの非鉄金属の鉱脈も確認されており、鉱業も有望な産業の一つである。エネルギー資源でとりわけ注目されるのが、天然ガスである。天然ガスの埋蔵量については、イギリスの貿易投資省の報告書はその埋蔵量を10兆立方フィートと推定している。ミャンマーの天然ガスの2015年における1日当たり生産量はオフショア鉱区が20億立方フィート、他方、陸上鉱区が5,500万立方フィートである。そのうち

---

8 ピークスグローバルパートナーズ株式会社編集発行 *Myanmar News Brief*(以下 MNB と略記) 2015年10月号参照。

9 MNB 2015年3月号参照。

10 MNB 2015年9月号参照。

13億立方フィートがタイに、4億6,500万立方フィートが中国に輸出されている。タイへ輸出されている天然ガスのうち2億4,000万立方フィートは、タイの政府系の石油探査採掘会社のPTTエクスプロレーション・アンド・プロダクション（PTTEP）が2014年8月にM9鉱区（ゾーティカ）から供給を開始したものである。鉱区の権益はPTTEPが80％、ミャンマー石油ガス公社が20％それぞれ占有している。ガスを購入しているのはPTTEPの親会社であるPTTである。なお、PTTEPはミャンマーの天然ガスおよび石油の資源に最も積極的に投資を行っている会社である。同社は2015年からの5年間で33億ドルもの巨額の投資をすることを明らかにしている。PTTEPはモッタマ湾の4カ所の海底鉱区で掘削と採取を行っており、ヤダナ・ガス田およびイェタゴン・ガス田の権益をそれぞれ25％および19％をそれぞれ有している[11]。

　ミャンマー国内への供給量は1日当たり3億立方フィートであり、そのうち78％が発電用、15％が産業用そして7％が自動車の燃料用となっている。シュエのガス田からは1億立方フィートの割り当てを受けることができるが、需要が低調で2,500万フィートの供給で間に合うという[12]。ミャンマーのラカイン州と中国・昆明間に天然ガスおよび原油用の2本のパイプラインの敷設が進められていたが、天然ガス用のパイプラインは2013年9月に、また、原油用のそれは2015年1月にそれぞれ完成した。石油の輸送能力は年間2,200万トンでミャンマーは土地使用料として年間1,360万ドルの収入があり、原油1トンにつき1ドルの手数料を受け取る[13]。石油およびガスの開発は、鉱区ごとに入札にかけられ、落札した業者が開発権を得る。通常、エネルギー資源の開発は巨額の投資資金を必要とするため外資系企業が応札する。例えば、2013年11月に実施されたケースでは、陸上鉱区の11カ所、海底鉱区の19カ所がそれぞれ入札にかけられた。予備審査を通過した61社のうち実際に30社の応募があった。その中には、大宇（韓国）、PTTEP（タイ）、トタル（フラ

11　MNB　2015年10月号参照。
12　MNB　2014年3月号参照。
13　MNB　2015年2月号参照。

ンス）、シェブロン（アメリカ）、GAIL（インド）、ペトロナス（マレーシア）などが含まれている。陸上鉱区の場合、国内企業との合弁が義務付けられている[14]。

(2) 第二次産業

(a) 工業

　ミャンマーの経済発展とともに第二次産業の比重が高まってきている。上でみたように、GDPの創出、雇用、輸出、外国投資などに占める第一次産業の比重が極めて高い。とりわけ農業のウェイトが高い。このような産業構造を最もダイナミックに変えていく要因は、通常、工業化である。工業化は農村の余剰労働力を吸収しながら進展していく。工業は主として都市に立地されるため、都市に人口が集中し都市化が進む。ミャンマーの主な第二次産業は、工業、建設業そして電力産業などである。社会主義時代、工業生産の中心を担っていたのは国有企業である。前軍政下において市場経済化が図られ、国有企業を凌ぐ有力な民間企業が育ってきた。さらにテインセイン政権になり外資系企業の労働集約分野に進出が相次いでいる。そのため、縫製業や製靴業が急速に伸びている。国有企業の主な生産物は、セメント、合板、綿糸、綿織物、綿製品、医薬品、肥料、ビール、ソフト・ドリンク、精糖、塩、ガソリン、ディーゼル・オイルなどである。他方、民間企業で生産されているものは、食用油、即席めん、衣類、セメント、家具、合板、肥料、バッテリーなどである。とりわけ注目すべきは最大の労働集約産業となっている縫製業である。ミャンマー衣料縫製業協会によれば、2015年初めにおける同産業の就業者数は25万人である。3〜4年後には100万人に達するとみられている。平均的な労働時間は週50時間で時間外を含めると62時間になる。賃金は月8万5千チャットから11万チャットである。輸出先は日本が最大で48％を占め、次いで韓国の33％、欧州連合（EU）の14％が続く。

14　MNB　2013年12月号参照。

(b) 電力

　現在進められている工業化の重要なボトルネックとなっているのが、電力不足である。現在、進出している企業の多くは自家発電を備えているのが実情である。電力の供給は、電力公社が担っている。目下、日本や中国などの支援を受けて電源開発、発電所の建設、旧型発電設備のリノベーションなどに加え、マスター・プラン作りも進められている。具体化している電力プロジェクトの主なものは、バルーチャン第2水力発電所補修（2015年2月部分完工）、全国基幹送変電設備整備事業、ヤンゴン配電網改善事業、ティラワ地区インフラ開発事業などである。現在、ミャンマー政府は経済特区や工業団地などの特定の地域の電力供給を整備して企業誘致に動いている。電化率はまだ30％未満であり、民生向上も大きな課題である。2014年度の発電設備の容量は4,146メガワット、発電量は142億kwhである。1kwhの電気料金は2013年度は52.88チャットであったが、2014年度には74.16チャットに跳ね上がっている。その結果、総売上額も同じ期間に5,083億チャットから8,348億チャットに大きく伸びている（図表1-4参照）。電源別発電量をみると水力発電による発電量が最も多く、2014年度の場合総発電量の62％を占めている（図表1-5参照）。水力発電の場合、渇水期に発電量が落ちるため安定供給に問題がある。急速に伸びているのが、天然ガスによる発電である。同年度の場合、およそ50億kwhで全体の35％を占めるにいたっている。

図表1-4：電力の設置容量、発電量および電力使用

	発電容量 (MW)	発電量 (億kwh)	販売量（億kwh）					販売金額 (億K)
			一般	工業	大口	その他	合計	
2012年度	3,726	109.6	36.6	26.8	16.4	2.8	82.6	4,497.6
2013年度	4,146	122.5	37.6	27.0	16.9	14.6	96.1	5,083.4
2014年度	4,146	141.8	41.1	29.8	17.5	24.0	112.6	8,347.8

（出所）　Central Statistical Organization（CSO）, 2015, *Selected Monthly Economic Indicators*, May 2015, p.52.
注：「K」はミャンマーの通貨単位チャット。

図表1-5：電源別発電量

（単位：億kwh）

	火力	ディーゼル	水力	ガス	合計
2012年度	7.7	0.5	77.7	23.8	109.6
2013年度	5.7	0.6	88.2	27.9	122.5
2014年度	2.9	0.6	88.5	49.8	141.8

（出所）　Central Statistical Organization（CSO）, 2015, *Selected Monthly Economic Indicators,* May 2015, p.52.

(c) 建設業

　建設業はGDPの5％を生み出し、天然ガス・鉱業の6％に匹敵する重要産業になっている。通例、建設業は労働集約的であり雇用労働者も多い。ミャンマーは本格的な経済発展が緒に就いたところであり、次の二つの源泉から膨大な建設需要が生じていると考えられる。一つは、道路、橋、港湾、鉄道、工業団地などの物的なインフラ整備のための需要、もう一つは、都市化の進展とともに生じるオフィスビル、ホテル、住宅、学校、マンション、ショッピングセンターなどの建設による需要である。前者のインフラ整備では、とりわけ重要性をもつのは、道路建設である。現在、政府の公共土木事業の一環として、中国、インド、タイなどの近隣諸国とを結ぶ国際幹線道路の整備が進められている。国土が広いため主要都市を結ぶにはどうしても距離は長くなる傾向にあり、建設コストがかさむため日本をはじめ国際機関からの援助も受けている。後者に関していえば、ヤンゴンでは建設ラッシュといわれるほど近代的なビルやホテルの建設が相次いでいる。一時、外国企業の進出でオフィスの賃料が高騰し、また、観光客が急増したことによりホテルの客室不足が起こり、ホテルの宿泊料金が大きく値上がりした。また、ネピドーに首都を移転したことも建設土木需要に拍車をかけた。

(3) 第三次産業

(a) 商業

　第三次産業で大きなウェイトを占めているものは、商業、流通業、通信業、観光業などである。ミャンマーの小売業の伝統的な販売タイプは大きく分けて、食品、雑貨などいくつかの業種の小売業者が集合した市場での販売、独

立した店舗での販売、そして、道端の露天商による販売などの三つのタイプ
が認められる。これらの販売で全流通量の9割を占めるという推定もある。
伝統的に値段は交渉によって決められることが多かった。しかし、近年は都
市部を中心に大型の小奇麗なショッピングセンターやスーパーマーケット、
コンビニエンスストアなどが出現してきている。価格も値札による定額販売
が一般的になっており、また、支払手段としてクレジットカードも普及して
きている。ミャンマーにおける小売業の最大手はシティーマート・グループ
である。小売事業はシティーマート・ホールディングスが担っている。同ホー
ルディングスは1996年に創業されたものであるが、すでにスーパーマーケッ
トを20店舗、ハイパーマーケットを7店舗、コンビニエンスストアを45店舗、
ドラッグストアを22店舗そしてベーカリーストアを22店舗展開している。
これらの店舗を訪れる客数はのべで1千万人を超え、そのうち95％がミャン
マー人、残りの5％が外国人とみられている。取扱商品に占める輸入品の割
合も高く、もっぱらタイやマレーシアから輸入されている。ミャンマー人客
の世帯当たり月収は400米ドル以上とみられている[15]。

(b) 運輸・流通・通信業

モノを生産地から消費地に運んだり、保管したりする運輸・流通業は経済
活動に必須の産業である。また、通信業も情報の迅速なやり取りに不可欠で
あり、ミャンマーでは急速に普及が進んでいる。現在、運輸・流通業および
通信業を合わせてGDPの13％を生み出す一大産業になっている。運輸・流
通業は国内のみならず、前軍政権下で開放政策に転じたことから国外との流
通も重要性をもつようになっている。流通業は資本集約的な業態でもあり、
また、海外との流通ネットワークをもつ業者に有利性があり外資系企業の進
出が相次いでいる。

ミャンマーの固定電話、携帯電話およびインターネットは通信・情報技術
省下のミャンマー郵便・電信公社(MPT)が長らく独占的に取り扱ってきた。

15　国際機関日本アセアンセンター主催『ミャンマー投資セミナー』2015年7月19日。

軍政下では経済制裁を科され通信網の整備は大幅に遅れた。いまや携帯電話やインターネットは、企業活動はいうにおよばず国民生活にも欠かせないものになっている。国際間および国内の通信容量の拡大、高速化および音質の向上などを柱とする通信インフラの整備が急ピッチで進められている。国際間の通信に関してはNTTコミュニケーションズが、企業が高速・大容量のデータ通信を利用できるようにするため、現在すでに開設されているマレーシアからの海底ケーブルに加えてタイ経由および香港・シンガポールの経由の二つの国際専用線をミャンマーまで延伸する。三本の専用回線で容量は現在の10倍になる。インターネット事業の整備では、NTTコミュニケーションズ、NECおよび住友商事の3社が日本政府のODAを活用し、ヤンゴン、ネピドーそしてマンダレーを結ぶ基幹回線および光通信網を整備してミャンマー郵便・電信公社向けの回線容量を約15倍に引き上げる。また、高速携帯電話サービス(LTE)にも対応する基地局が建設される。

　2012年当時、固定電話の普及率は0.99％(加入者数60.9万人)、携帯電話8.9％(加入者数544万人)そしてインターネットの普及率は1.07％であり、いずれもその普及率はきわめて低かった。そのことは逆にミャンマーの発展可能性の大きさを示しているともいえる。実際、テインセイン政権になり経済重視に転じてから通信業の発展は目覚ましいものがある。いうまでもなく、いまや携帯電話やインターネットは、企業活動に欠かすことのできない最も基礎的なインフラである。ミャンマーの通信業の発展の画期となったのは、2013年の新通信法の制定である。これは通信業のMPT独占をやめ、複数の企業の参入を認め競争を促進しようとするものである。それに基づいて事業者選定の国際入札が実施され、ノルウェー系のテレノールとカタール系のオーレドゥーの通信オペレーター2社が選定された。他方、MPTも競争力強化の観点から日本のKDDIおよび住友商事の共同出資会社KSGMと事業提携協定(JOA：Joint Operation Agreement)を締結した。携帯電話の加入者は2012年以降劇的に増え、2014年9月に1,000万人を超え、2015年7月には2,270万人を突破している。MPTが全加入者の57％を占め最も多く、それにテレノール(シェア：28％)、カタール系のオーレドゥー(同：15％)が続いている。

携帯電話市場がMPTの独占であったことを考えれば、外資系2社の伸びは著しいといえる。ミャンマー政府は2015年までに人口100人当たり50%に、さらに2016年には75から80%にまで引き上げることを目標にしている。

(c) 観光業

　ミャンマーは美しい自然や歴史的遺物に恵まれており観光業の発展のポテンシャリティーは高い。ヤンゴンのシェーダゴン・パゴダ、パガンの仏教遺跡、マンダレーの旧王宮、美しい砂浜のガパリ海岸、片足漕ぎ漁法のみられるインレー湖などはほんの一例である。観光業は前軍政時代から手っ取り早く外貨の稼げる産業として重点産業の一つとされてきた。しかし、政情不安や経済制裁の影響もあり、限定的な発展にとどまっていた。テインセイン政権になり経済制裁という大きな障害が取り除かれたことにより、観光業は活性化している。2011年度の観光客数は87万人程度であったが、2014年度にはすでに300万人を超えている。わずか3年で3倍以上に増えたのである。2016年度には600万人を超える勢いである。まさに急増と言ってよいであろう。あまりの観光客数の増加にホテルの収容能力が追い付かず、ルーム・チャージの高騰を招いた。1泊100ドル程度の代金が短期間に200〜300ドルに跳ね上がることもざらにみられた。こうしてヤンゴンではホテルの建設ラッシュが起こった。三ツ星以上の中高級ホテルは100%外資の進出が認められている。

　ミャンマーに入るルートは、空路、海路そして陸路の三つがある。2014年度の場合、そのうち最も多いのが陸路で全体の57%近くを占めている（図表1-6参照）。それに空路の35%、海路の7.5%が続いている。陸路の場合、日帰りおよびオーバーナイトの短期滞在者も含まれている。2011年度および2012年度は、空路による観光客がほぼ半数を占めていたが、2013年度以降は陸路による流入者が空路のそれを上回っている。2014年度について空路でヤンゴンおよびマンダレー国際空港に到着した観光客の国籍をみると、タイ人が13.8万人で最も多く、第2位は中国人の4.5万人である。以下、ドイツ、韓国、フランス、アメリカ、日本などが続いている。

図表1-6：流入経路別観光客数

	合計		空路		海路		陸路	
	人数 (万人)	割合 (%)	人数 (万人)	割合 (%)	人数 (万人)	割合 (%)	人数 (万人)	割合 (%)
2011年度	87	100.0	43	49.4	14	16.1	30	34.5
2012年度	131	100.0	66	50.4	16	12.2	49	37.4
2013年度	225	100.0	92	41.1	25	11.3	107	47.6
2014年度	319	100.0	112	35.2	24	7.6	183	57.2

（出所）　CSO, *Selected Monthly Economic Indicators*, May 2015 ほか。

🔵小括

　1948年の独立以来、ミャンマーの歩みに大きな影響を与えたものとして、建国の理念として掲げた社会主義を指摘できよう。本格的な社会主義建設に乗り出したのはネーウィン政権時代である。しかし、この時期にミャンマーの遅れは決定的なものになる。1988年、大規模な反政府民主化運動が起こった。軍はこの運動を武力で鎮圧し、権力を奪取した。軍は自らを暫定政権と位置付けながらも結局2011年3月に民政移管を図るまで実に22年半にわたって権力の座にあった。この間、社会主義を放棄し改革開放に転じたが、欧米諸国からは民主派の弾圧や人権侵害を厳しく批判され経済制裁を科されたため改革開放の実を上げることはできなかった。

　他方、少数民族や共産党の反乱は、独立後のミャンマーを苦難に陥れたもう一つの要因であった。共産党の反乱は1980年代の末には終息したが、少数民族との対立は今日まで続いている。これが常に軍が政権の中枢にあることの口実を与えてきたともいえる。とりわけ、ネーウィン政権時代は反乱勢力に対しては強い態度で臨んできたが、このことは少数民族側からすればビルマ族の強権的支配と映ってきたことであろう。前軍政になって少数民族の武装反乱勢力の帰順化に力をいれた。一部のグループと停戦に漕ぎつけたが、真の和解を実現することはできなかった。軍政は2003年に明らかにした新政府樹立のロードマップに従い、2008年に憲法草案の国民承認を取りつけ、

2010年に総選挙の実施、2011年国会を召集して、民政移管を実現した。こうしてテインセイン政権が誕生した。

　軍政期にミャンマーが改革開放に転じたことにより、改めてミャンマーの地理上の位置の優位性、広大な国土、豊かな資源、高い発展のポテンシャリティーが注目されることになった。ミャンマーは地理的にはASEAN加盟国、中国、インド、バングラデシュに近隣接する形で存在している。特筆すべきことは、これらの国々は世界でも最もダイナミックに発展しているということである。人口は30数億人に達し、厚い中間層が形成されている。言い換えれば、ミャンマーは大マーケットに囲まれて存在しているといって過言ではないのである。このことがミャンマーの経済発展にとってきわめて有利な環境を形成しているといえよう。他方、ミャンマーは周りの国々から見ても極めて重要な意義をもっている。中国は軍政期、昆明からインド洋に面するミャンマーのチャウピューに至る物流の大動脈を確保した。このルートに沿って天然ガスおよび原油の輸送用の2本のパイプラインが敷設されている。ラカイン州沖には有望なガス田があり、そこからすでにパイプラインを通じて天然ガスの輸送が始まっている。クリーン・ガスといわれる天然ガスは環境問題に悩む中国にとって必須のエネルギー資源である。他方、1990年代にルック・イースト政策に転じたインドにとってもミャンマーは中国やASEANへのゲートウェーに位置し、経済上のみならず政治、安全保障の面でもその重要性は極めて高い。ASEANは1993年にAFTAをスタートさせ経済統合を推し進めてきた。2015年末にはAECを発足させ、貿易のみならず、投資およびカネの流れの自由化など統合を本格化させている。ミャンマーが国際社会に復帰したことによりミッシング・リンクが解消し、ASEANの統合に弾みがついた。

第2章

テインセイン政権下の政治、国際関係そして経済

（ヤンゴン川の渡し船乗り場）

●はじめに

　本章では、民政移管後のテインセイン政権の下の政治、国際関係そして経済の面で生じた大きな変化を概観したものである。

　同政権は思い切った民主的改革を推し進め、経済改革にも本格的に取り組んだ。もちろん、まだまだ遅れたところも残しているが、民主化と経済発展の道筋をつけた点で、さらに欧米諸国や日本との関係改善を推し進めた点で画期的な政権と言える。国内政治の面では民主派との国民和解を実現し、また、武装少数民族グループと発効はしていないものの一応の停戦協定にまで持ち込んだ意義は大きい。経済面では、テインセイン政権は貧困削減に注力し、経済成長に重点をおいた。国内貯蓄の不足を補うべく成長促進策として外資を積極的に取り入れる外資依存型の発展を志向した。まず、欧米諸国による経済制裁の解除を取り付け、外資導入の大きな障害を取り除いた。経済制裁に代わり、これらの国々からの経済援助が増強された。とりわけ、日本の円借款が再開されたことでインフラ整備に弾みがついた。現実に電力、道路、通信、橋梁、港湾、工業団地などの物的インフラの整備が進みだした。加えて、外国投資法や経済特区法を改正し、さらなる優遇措置を打ち出した。経済制裁の解除およびハード・ソフトのインフラ整備の進展で投資環境が改善されてきたことにより、西側諸国の民間企業もミャンマー進出を本格化させている。こうしてミャンマーへの外国投資が増えるにつれ経済が活性化し、経済成長率も7〜8％台の比較的高い率で推移している。ただ、経済の活性化を受けて輸入の伸びが輸出のそれを大きく上回り、IMFなどの国際機関から経済の過熱を指摘されている。

　本章は上述の政治、国際関係および経済面での変化や問題点を考察している。

●1　政治概況

（1）民主的改革

　ミャンマーでは2010年11月に総選挙が実施され、その選挙結果に基づき

最初の連邦議会が招集されたのは2011年1月31日のことであった。この議会で正副大統領および閣僚が選出され、新政府の陣容が決まった。それまで実権を握っていた国家平和発展評議会（SPDC）が解散し新体制への権力移譲が完了、民政移管が実現した。新たに選出されたテインセイン大統領の就任演説は、人民の権利、法の支配、世界的レベルの国軍、腐敗に対する戦い、経済開発、NGOの役割、憲法改正、格差の解消、良い統治、クリーンな政府などに言及しており、異例のものであった[1]。ただし、軍人が各院議席の4分の1を占め、また、残りの4分の3の議席においても軍に近い連邦団結発展党（USDP）議員が圧倒的多数を占めているところから、あまり大きな変化は期待できないというのが一般的な見方であった。

　大方の予想は、政治面の改革は後回しにして、まず経済に力を入れるいわゆる開発独裁の道を歩むのではないかというものであった。しかし、その後の動きをみるとそうした予想を裏切るようにテインセイン大統領は、国内政治、少数民族対策、国際関係などの面で次々と改革の手を打った。やや、意外な感を与えたのは、民主派の要望を受け入れ大幅な譲歩の姿勢を示したことである。その主なものは、①政治犯の釈放、②国民和解、③海外在住の反政府活動家に対する帰国呼びかけ、④メディアの自由化、⑤憲法改正委員会の設置、などである。まず、政権発足間もない5月に恩赦として約50名の政治犯の釈放を実施したのを手始めに、順次政治犯の釈放を行った。同年11月には6,000名を超える囚人を恩赦で釈放したが、その中には約200名の政治犯が含まれているとみられている。また2012年1月にも恩赦による政治犯の釈放を実施し、これによってかなりの政治犯が釈放されたとみられている。その中にはキンニュン元首相や民主化運動の旗手であったミンコーナインらが含まれていた。

　国民和解の動きとしては、スーチーの地方訪問を認めるなど政治活動の自由化に取り組み、これまで対立を続けてきたスーチーや国民民主連盟（NLD）

1　テインセイン大統領の就任演説は、ミャンマーの新聞、The New Light of Myanmar, Thursday, 31 March, 2011に掲載されている。また、その意義については、津守滋著（2014）『ミャンマーの黎明』彩流社、178 ～ 180ページを参照。

に対して和解を促すような柔軟な姿勢を取り始めたことが注目される。2011年7月に初めてスーチーとアウンチー労相との対話が初めてもたれ、さらに、8月にも同相との2回目の会談が実現した。2回目の会談後、チョーサン情報相から発表されたのは、①両者は全国民の真のニーズ、願望を満たすため、国家の安定、発展を実現するよう協力する、②民主主義の一層の発展、経済・社会面の開発に協力する、③両者は見解の相違による対立を回避し、互恵的関係で協力する、の3点であった。また、その際、同相はNLDの政党としての復帰にも触れ、合法的な政党の手続きをとるならば承認するとの立場を明らかにした。そして画期的なことは、同月スーチーとテインセイン大統領との会談が実現したことである。この会談で、スーチーは政府の一連の前向きな姿勢を評価し、同大統領を「クリーン」で「信頼できる人物」として好意的なコメントを発表した。この会談は両者の和解を大きく前進させる第一歩となった。その後、NLDおよびスーチーの政治活動復帰は、①政党法の改正、②NLDの政党登録、③補欠選挙の実施という手順で進められた。このような手続きを経て、補欠選挙は2012年4月1日に実施され、NLDが43議席を獲得して圧勝した。スーチーも立候補して当選し、国会議員としての政治活動を始めることになった。

　2011年8月には海外在住の民主化運動家に対する帰国の呼びかけを行った。1988年、軍が武力で民主化運動を弾圧した際、多くの活動家が海外に逃亡していた。彼らは海外にあって反政府活動を活発に展開していた。実際、この呼びかけに応じて帰国した活動家も多い。さらに海外在住の約2,000名の反政府活動家をミャンマー入国のブラック・リストから削除する措置がとられた。メディアに対する自由化では、まず2012年8月に事前検閲制度を廃止し、そして2013年8月には検閲局を廃止した。こうした措置を受けて、ミャンマーでは堰を切ったように多種多様の出版物が刊行されるようになった。政府に批判的な新聞や情報誌も多数出版されるようになった。NLDやスーチーが強く批判をしていた2008年憲法の検討委員会が設置された（2012年8月）ことも、テインセイン政権の柔軟な姿勢を示すものとして注目される。2014年2月には憲法改正実現委員会が設置された。スーチーは憲法の規定す

る「子供、配偶者が外国人の者は大統領候補になれない」との条項の撤廃を強く主張していた。しかし、次の総選挙（実際は2015年11月8日実施）までに改正を目指したが、実現はならなかった。

(2) 少数民族との停戦協定

　前軍政(1988-2011年)が最重要課題として力を入れたのが、少数民族の反政府武装勢力の帰順化であった。いったんは20近い反政府グループと停戦協定に合意した。しかし、今世紀に入って一部のグループは武装勢力の取り扱いをめぐって停戦協定を破棄し、再び対立状態にあった。これらのグループはタイや中国との国境付近で活動を続けており、隣接国との経済交流に重大な障害となってきた。2011年6月には、カチン独立機構(KIO)の軍事部門とされ同州を舞台に活動していたカチン独立軍(KIA)と軍事衝突が起こり、以降、幾度となく戦闘が繰り返され対立関係が続いている。こうした動きはあるものの、テインセイン政権は武装少数民族との和解を重視し、和平交渉に力を入れてきた。2012年1月にはカレン州東部にあって長年ゲリラ活動を展開してきたカレン民族同盟(KNU)との停戦合意に漕ぎつけた。また、テインセイン政権下の動きとして、2012年5月に政府部内に少数民族との交渉に当たる和平交渉団が設置されたことが注目される。同交渉団は少数民族側の停戦調停チームと交渉を重ねた結果、2013年11月には両者の間で、①戦闘行為の全面的停止、②政治対話の枠組みの協議、③政治対話、の三つの段階を踏んで交渉を進めることで合意に至った。この協議には中国政府の関係者とナンビア国連事務総長顧問がオブザーバーとして参加した。政府交渉団長のアウンミン大統領府相は「この会合は、過去60年で最も重要な歴史的出来事の一つになる」と述べた[2]。2015年2月にはシャン州の東北部に位置するコーカン自治区で中国系コーカン族のミャンマー民族民主同盟軍(MMDAA)と国軍との軍事衝突が起こり、同地区に戒厳令が敷かれた。こうした動きがあったにもかかわらず、2013年11月の合意のもとに少数民族

2　MNB　2013年12月号参照。

側と国軍との和平交渉が進められ、2015年3月30日、歴史的な停戦協定に漕ぎつけた。この協定が効力をもつためには16組織が署名することが必要である[3]。その年の10月、カレン民族同盟(KNU)、パオ民族解放機構(PNLO)、民主カレン仏教徒軍(DKBA)など八つのグループが署名に応じた。しかし、カチン独立機構(KIO)、ワ州連合軍(UWSA)などの武装グループが署名に応じず、全国規模の停戦には至らなかった。これらのグループが署名しなかったのは、政府側が国軍と戦闘状態にある一部のグループを交渉から排除しようとしたためKIOなどが反発したためといわれている。しかし、交渉は完全に決裂したわけではなく、今後はNLDを与党とする新政権との交渉に委ねられる[4]。

　注目されるのは、2015年11月の選挙で勝利したNLDが少数民族の自治や権利に配慮した国づくりをいかに進めるかである。スーチー率いるNLDの真価が問われるのは、まさにこれからである。ミャンマーでは独立以来、一貫して少数民族の中に武装化した反政府グループが存在し、政府との対立を続けてきた。これがいかにミャンマーの国家的統一と社会経済発展を妨げてきたかは論を俟たない。過去の歴史が教えることは、ミャンマーでは中央集権的な統治体制ましてやネーウィン時代の少数民族に対する強圧的な支配では、もはやミャンマーは立ちいかないであろうということである。今後、ミャンマーが目指すべき国づくりは、ビルマ族と少数民族が手を携えて共存共栄を図る連邦制による分権国家であろう。そのためには少数民族が多く居住する州の政府に自治権、開発権、徴税権などで大幅な権限委譲を行う必要がある。目指すべきものは、少数民族の多く居住する地域の開発に重点を置く多極分散型の発展である。もちろん、州に権限を委譲すればそれでうまくいくわけではない。中央政府による協力体制も欠かせないであろう。これまでの交渉で取り付けたのは、不完全なものであるが、反政府武装グループとの停戦合意である。重要なことは全グループととともかくまず停戦を実現し、ミャンマーの実情に合った連邦制実現に向けて政府側と少数民族側が交渉のテー

3　MNB　2015年4月号参照。
4　MNB　2015年11月号参照。

ブルにつくことである。

(3) 2015年11月8日の総選挙[5]

2015年11月8日に行われた総選挙でスーチー率いるNLDが圧勝した。事前の世論調査からNLDの勝利はある程度予想されたものであった。しかし、テインセイン政権もそれなりの実績を残していたところから、それがどう評価されるかは予断を許さないものがあった。とりわけテインセイン政権が、民主化の道筋をつけ政治犯を釈放し人権改善に一定の成果を上げたこと、欧米との関係改善を図り経済制裁の解除を取り付けたこと、そして外資を誘致し経済活性化をもたらしたこと、などの実績があり、同政権を評価する声があったことは確かである。こうしたことから与党・USDPがある程度議席を獲得するのではないかという見方も有力であった。結果は、そうした見方を全く覆すものであった。

まず、ミャンマーの選挙制度の概略をみておこう。連邦議会は民族代表院（上院）と人民代表院（下院）の二院制をとり、それぞれの定数は224と440である。両院とも定数の4分の1は国軍司令官が指名する軍人に割り当てられている。したがって、選挙で選ばれるのは定数の4分の3、すなわち、上院の場合は168、下院の場合は330となる。上院に関しては、各管区および各州がそれぞれ12の選挙区に分けられ、それぞれの選挙区から1名選出される。それゆえ7管区から84名、7州から84名、計168名の上院議員が選出される。下院に関しては、全国に基礎自治体に当たる郡（ミョーネ）が330あるが、そこから1名選出される。それゆえ、330名の下院議員が選出されることになるが、今回の総選挙では治安の関係で七つの選挙区で選挙が実施されなかったため今回選出された議員は323名となった。上の説明から明らかなように、各選挙区から1名選ばれる小選挙区制をとっている。一般に、小選挙区制の場合、得票率と獲得議席率のかい離は大きくなる傾向がある。

連邦選挙管理委員会の発表によると、NLDは上院で135議席、下院で255

---

5 本節は西澤信善（2016）「新政権に期待する少数民族との歴史的和解〜分権制国家の実現を〜」（MNB 2016年1月号）を加筆修正したものである。

議席、合計390議席（上下両院の総議席数664議席）を獲得し圧勝した。NLDの定数に対する議席占有率をみると上院で60.2％、下院で58.9％となり、いずれの院においても単独過半数を獲得した。これによりNLD単独での政権担当が可能になった。他の政党の獲得議席数をみると、テインセイン政権を与党として支えてきたUSDPは上院で11議席、下院で30議席、合計41議席を獲得したのみで惨敗であった。そのほかの党の上下両院合わせた議席数では、ラカイン民族党が22議席、シャン民族民主連盟が15議席、タアン（パラウン）民族党が5議席、パオ民族機構およびゾミ民主連盟がそれぞれ4議席、などという結果であった。

　NLDの圧勝をどう考えるか、この選挙結果をみる限り国民はテインセイン政権の4年強の実績よりも長年にわたる軍の支配に対して審判を下したとみてよいであろう。では、半世紀にわたる軍の支配の実態とはいかなるものであったか。その特徴を端的にいえば、①強圧的な政治支配、②うち続く経済不振、そして、③少数民族との対立の歴史、の3点に要約することができよう。今回の選挙結果はこれらの3点を中心に国民の不満が満ち満ちていたことをはからずも示したことになる。特に、政治的圧政では、1988年ビルマ式社会主義下の政治的抑圧と経済停滞に耐えかねて立ち上がった国民の示威運動を残忍に弾圧したことや、1990年の総選挙の結果を無視し権力の移譲を拒んだのみならず、その後も長きにわたって民主派を徹底的に抑圧し続けたことなどは、軍に対する拭い難い不信感を国民に植え付けたといえよう。経済面でも、1950年代には東南アジアでは比較的豊かな国の部類に属するといわれたミャンマーの経済は、社会主義時代に悪化の一途をたどり1987年には国連から後発開発途上国（LDC）に認定されるなど惨憺たる状況に追い込まれた。軍政下（1988〜2011年）において社会主義を放棄し改革開放に転じたが、結局、LDCのステータスを抜け出すことはできなかった。他方、ミャンマーの独立以来の懸案事項である少数民族問題も、大方の反政府武装ゲリラ・グループと停戦協定にまで漕ぎつけたものの根本的な解決とはほど遠い状況である。今回の選挙ではこうした国民のマグマのように鬱積した不満が、批判票となり雪崩を打ってNLDに流れたとみることができよう。

(4) ミャンマーの統治構造

　ミャンマーでは独立後、1947年憲法が制定され、国名がビルマ連邦となったが、ネーウィン国軍最高指揮官(国防相)の1962年軍事クーデター後12年たって成立した1974年憲法では、ビルマ連邦社会主義共和国という国名に変更になった。1988年民主化運動に続いて政権を握った軍事政権のもとで、2008年憲法[6]が成立し、これが現在の憲法である。国名はミャンマー連邦共和国となっている。2016年4月からNLDが政権を掌握してから、この憲法改正が議題となってきている。

(a) 立法

　ミャンマーは2008年憲法によって連邦制を採用している。連邦レベルでの立法を担当するのは人民院と民族院であり、二院制を採用している。両院が合同で開催される議会は連邦議会と称されている。したがって連邦議会、人民院議会、民族院議会の三つの議会が設置されている。

　連邦議会の立法管轄事項は、憲法の別表Ⅰに定められる事項である。州および管区議会では憲法別表Ⅱに定める事項についての立法を担当する。さらに、憲法別表Ⅲには、自治区が立法できる範囲を定めている。

　憲法別表Ⅰには防衛安全問題、外交関係、財政計画関係、経済関係、農業・牧畜関係、エネルギー・電気・鉱山・森林関係、工業関係、輸送・通信・建設関係、社会問題、行政関係、司法関係の11部門で123件が含まれている。

　憲法別表Ⅱには、財政計画関係、経済関係、農業・牧畜関係、エネルギー・電力・鉱山・森林関係、工業関係、輸送・通信・建設関係、社会問題、行政関係の8部門で、41件が含まれている。

　憲法別表Ⅲには、町村の計画、道路や橋の建設・修理、保健、開発事業、火災予防、牧草地、森林の保護、自然環境保護、給水や電力供給、市場が含

6　ミャンマー連邦共和国憲法(日本語訳)(工藤年博(2010)『ミャンマーの軍事政権の行方』調査研究報告書、アジア経済研究所、2010年補足資料を参照)。
　(http://www.ide.go.jp/Publish/Download/Reprint/2009/pdf/2009_404_ho.pdf#'SE3%83%9F%E3%E3%83%B3%E3%83%9E%E3%83%BC%E6%86%B2%E6%B3%95')

まれている。

　防衛安全問題、外交関係、司法関係については連邦が専管しているが、それ以外は連邦と州・管区が管轄を分け合っている。

　人民院は郡（タウンシップ）および人口に基づき選出される440名（一般議員330名、軍籍議員110名）、州・管区をそれぞれ同人数の割合で選出される民族院は224名（一般議員168名、軍籍議員56名）から構成される。それぞれに4分の1は軍籍議員が占める。議員の任期は5年である。人民院議員の資格要件は、25歳以上、ミャンマー国民である両親から生まれたミャンマー国民、議員に選出されるまでに10年以上居住している者（国家の許可を受けて合法的に海外に出かけていた期間は含まれる）等である。民族院議員の資格は、30歳以上であり、それ以外の資格は人民院議員の場合と同じである。軍籍議員は国軍司令官によって任命される。

　二院制を採用しているが、両院は対等の権限を持っている。両院で可決をした法案は連邦議会で可決されたものとして扱われる。両院で意見が違う場合には、連邦議会において法案が審議され、決定される。

　法案は関係省庁（連邦最高裁判所も含む）が連邦法務長官府と協議しながら作成される。関係省庁が作成した法案のドラフトについて連邦法務長官府の立法起草局が助言や、他の関係する法律との整合性をチェックして修正するかどうかを審査している。その審査を経たうえで法案が確定する。

　その法案が人民院および民族院で議論されるが、まず法案審議委員会での討議を経て議長にその所見が送られ、議長も委員会もともに法案が議論するに適さないと判断されれば、それ以上の審議はなされない。適するという判断がなされれば、審議に付託されて議論し、修正される場合もあるが、その法案が本会議で可決される。もし、両院で結論が違った場合は、連邦議会で討議して、そこで可決されれば、大統領に送られる。大統領は法案を受領してから14日以内に署名し、法律として公布しなければならない。みずからの所見とともに連邦議会に送り返すこともできる。大統領が署名も連邦議会に送り返すこともしない場合には、14日後に大統領が署名したものとしてみなされ、法律として公布される。

　大統領から送り返された場合、連邦議会は法案修正に賛成できないと判断すれば、修正前の原文の形で法案を承認することができる。逆に、修正に同意して法案を可決した場合にも、大統領は受領した日から7日以内に署名して、法律として公布しなければならない。もし、大統領が何もしなくても7日後には自動的に署名したものとみなされ、法律として公布される。

　成立した法律は公用語であるミャンマー語で書かれているが、連邦法務長官府の立法起草局で英語に翻訳されることになっている[7]。

　連邦議会は連邦政府のみが提出する権利を有する国家計画、年度予算および課税に関する法案を協議し決定しなければならない。さらに大統領が提出する国際条約・地域間の条約・二国間条約の批准・開始・脱退についての決定を下す権限を持っている。

　州や管区レベルでは一院制の議会が構成されており、憲法別表Ⅱの事項について法律を定める権限を行使できる[8]。議会は、各タウンシップより2名ずつ選出された議員、全人口の0.1％以上の人口を持つ少数民族から各1名ずつの議員、さらに全議席の4分の1の国軍司令官が任命する軍籍議員から構成される。法案が成立した場合、州・管区統括大臣が受領した日から7日以内に署名して公布しなければならない。自治区の承認を得た法案は14日以内に署名し公布しなければならない。

　自治区の指導組織は最低10名の委員から構成され、この中にも軍人が含まれ、憲法別表Ⅲの事項について立法権を有する。その委員長は大統領が任命する。委員長は自動的に州および管区大臣となる。

(b) 行政

　国家元首と行政の長を大統領が担っている。これは大統領制を採用してお

7　国際協力機構編(2014)『ミャンマー国ミャンマー法令にかかわる情報収集業務　ファイナルレポート』2014年8月参照。
　（http://open_jicareport.jica.go.jp/400/---/400_104_1000016918.html）
8　自治体国際化協会シンガポール事務所(2014)『ミャンマーの地方行政　Clair Report』No.403、2014年10月。
　（http://www.clair.org.sg/j/report/clairreport/pdf/rep_403.pdf）

り、独立直後の1947年憲法で採用していた議院内閣制とは異なっている。1947年憲法では大統領制度も取り入れられており、大統領と議会に責任を負う内閣が併存する混合制度(半大統領制)と呼ばれる制度であった。それが2008年憲法では大統領が国家元首であると同時に行政の長となっている。したがって議会に責任を負う内閣(首相)は存在せず、大統領が議会に責任を負っている。これはインドネシアの大統領制から学んだものといわれている。

　大統領と副大統領の任期は5年で2期までとしている。大統領や副大統領になるためには、国家および国民に忠誠心をもっていること、本人および両親が土着のミャンマー国民であること、45歳以上、政治・行政・経済・軍事に見識を持っていること、20年以上継続してミャンマー国内に居住していること(許可を得て合法的に外国に行っていた期間を含む)、本人、両親の一方、配偶者、摘出子の一人またはその配偶者が外国政府の影響下にあってはならないことが定められている。ここが憲法改正の焦点となっている。

　大統領は議員や軍人であってはならないし、政党活動も禁止されている。3分の2以上の議員の賛成によって大統領を弾劾することが可能である。

　大統領が辞職した場合や死亡した場合のように職務を遂行できない時には、2名の副大統領のうち、票の多かった者が大統領代行として任務を遂行しなければならない。

　大統領は直接選挙ではなく、間接的に選ばれる。人民院議員、民族院議員、軍籍議員がそれぞれ1名ずつ計3名の副大統領候補を選び、その中から大統領が選ばれる。あとの2名が自動的に副大統領となる。

　連邦政府は大統領、副大統領、連邦大臣、連邦法務長官により構成され、大統領は行政の長として連邦議会に対して責任を負い、副大統領は大統領および大統領を通じて連邦議会に対して責任を負う。大統領は連邦大臣を任命する。連邦法務長官は連邦議会の承認を得て大統領が任命する。

　連邦大臣のうち、国務大臣、内務大臣、国境大臣の任命については国軍司令官の提出した名簿から任命しなければならない。連邦大臣の任命にあたっては連邦議会の承認をえなければならない。連邦大臣が議員であれば、議員の資格を失う。公務員である場合は公務員を退職したものとみなされる。大

臣を補佐するための副大臣を任命することができる。

州および管区にも政府を組織し、統括大臣（首相）、大臣、法務長官から構成される。大統領が議会の承認を得て任命する。州および管区の立法権の範囲の事項、連邦法によって州および管区で実施することになっている事項について行政権を有する。

自治区の指導組織は連邦議会や州・管区議会で制定された法律に基づき履行する権限を持つ。

県およびタウンシップレベルの行政は国家公務員に委任され、区および村落区レベルでは尊敬される高潔な人物に委任される。

2014年12月段階で連邦政府には36府省が設置されていたが、2016年4月から21府省に削減された。行政の効率化と人件費抑制が目的である。以下の府省が設置されている。外務省、農業畜産灌漑省、経済・通産省、運輸・通信省、資源・環境保護省、電力・エネルギー省、建設省、文化・宗教省、国防省、教育省、計画・財務省、保健省、内務省、国境省、ホテル・観光省、労働・出入国管理・人口省、工業省、情報省、少数民族問題省、社会福祉・救済復興省、大統領府（スポーツ省、科学技術省、協同組合省は廃止）。

行政を担当する公務員は連邦政府職員と地方事務所職員に分かれている。連邦政府職員の採用・研修・昇任を担当しているのは連邦公務員機構である。連邦政府職員は管理職（行政・社会）、管理職（経済）、専門職、書記、技術職、事務補佐の6種類に分かれている。省庁が職員を採用するときは連邦公務員機構に募集依頼を提出し、この機構が候補者の募集をし、筆記試験と面接で採用者を決定して各省庁に通知される。地方事務所職員のうち、幹部職員は先の手続きで採用された者が地方に派遣されるが、それ以外は地方事務所が実施する採用試験によって採用される。

2011年の民政への移行に伴って各省庁の幹部職員が入れ替わったわけではなく、以前から高いランクには軍人や退役軍人が多く任用されており、軍の勢力が行政機関にも広がっている傾向は変わっていない[9]。つまり行政機関

9 　工藤年博編（2012）『ミャンマー政治の実像—軍政23年の功罪と新政権のゆくえ』アジア経済研究所、2012年3月。

が軍人の天下り先となっている。そのために恣意的な行政が行われやすく、腐敗現象が後を絶たない。

(c) 司法

　裁判所として連邦最高裁判所、州・管区高等裁判所、自治区裁判所、県裁判所、郡(タウンシップ)裁判所が設置されている。連邦制ではあるが、裁判所はアメリカのような連邦と州の裁判所の2本立てにはなっていない。これにはインドの影響が感じられる。これ以外に軍法会議と連邦憲法裁判所がある。したがって連邦最高裁判所は軍法会議や連邦憲法裁判所の裁判権を侵害しないかぎりで最高位の裁判所である。

　連邦最高裁判所は7名以上11名以下の裁判官で構成される。連邦最高裁長官は大統領が指名し、連邦議会での承認を得た者が任命される。資格要件として、満50歳以上70歳以下の者、州および管区高等裁判所で判事として5年以上の実務経験を有する者、州および管区レベル以上で裁判官や法務官として実務経験10年以上の者、高裁弁護士(高等裁判所で口頭弁論ができる弁護士)としての実務経験20年以上の者、権威ある法律専門家、国家および国民に忠誠心を有する者、政党に所属せず、議員でない者である。最高裁は令状(人身保護令状、職務執行令状、禁止令状、勅令、召喚状)を発する権限を有する。この令状は1947年憲法にインド憲法と同様に定められ、人権保護のために行政権限を制限するために活用されたが、1962年のクーデターによって廃止した。これが2008年憲法によって復活した。

　州および管区には高等裁判所が設置される。3名以上7名以下で構成される。高裁長官は大統領が連邦最高裁長官および州・管区統括大臣と協議のうえで州・管区議会の承認を得て任命する。高裁判事は州・管区統括大臣が連邦最高裁長官と協議して、州・管区議会の承認を得て、任命する。満45歳以上65歳以下の者で、高裁判事として5年以上、県レベル以上の裁判官や法務官として10年以上の実務経験を有する者、高裁弁護士として15年以上の経験を有する者、権威ある法律専門家、国家や国民に忠誠心を持つ者、政党には所属せず、議員でない者である。

　州・管区高等裁判所の下に、自治地区裁判所(Court of the Self-Administered Division の訳、管区内で自治権を与えられている地区に設置される裁判所)、自治地域裁判所(Court of the Self-Administered Zone の訳、州内で自治権を与えられている地域に設置される裁判所)、県裁判所、郡(タウンシップ)裁判所が設置される。それらの下に区裁判所やその他の法律に基づいて設置される裁判所がある。それらが第1審の刑事および民事事件を担当する。軍法会議は国軍の軍人に対する裁判を行う。

　連邦憲法裁判所は2011年3月、ミャンマーの憲政史の中ではじめて設けられたものである[10]。委員は9名で構成され、大統領が指名する3名、人民院議長が指名する3名、民族院議長が指名する3名である。長官は連邦議会の承認が必要である。任期は5年である。50歳以上の者、州・管区高裁判事としての実務経験5年以上の者、州・管区レベル以上の裁判官もしくは法務官として10年以上の実務経験を有する者、高裁弁護士として20年以上の実務経験を有する者、権威ある法律専門家、非政党員、非議員、政治・行政・経済および安全保障に見識を有する者、国家および国民に忠誠心を有する者の中から選出される。

　主な権限は以下の通りである。憲法規定の解釈、連邦議会、州・管区議会、自治区議会が制定した法律の合憲性判断、連邦、州・管区、自治区の行政措置の合憲性判断、連邦、州・管区、自治区でおきた憲法をめぐる紛争についての決定、連邦、州・管区、自治区における権利・義務に関する紛争の決定である。

　通常の裁判所で審議中の法律の合憲性が争われる場合には、その審議を中止して憲法裁判所に合憲性の判断を付託しなければならない。憲法裁判所の判決は最終的なものである。これは具体的な事件に関係なく法律自体の合憲性を判断する「抽象的違憲審査制」を採用している。

　憲法裁判所に法の解釈、決定および意見について直接申し立てできるのは

10　山田美和(2015)「ミャンマーにおける『法の支配』－人権保護と憲法裁判所に焦点をあてて」工藤年博編『ポスト軍政のミャンマー―改革の群像』アジア経済研究所、53～76ページ。

以下の者である。大統領、連邦議会議長、人民院議長、民族院議長、連邦最高裁判所長官、連邦選挙管理委員会委員長、州・管区統括大臣、州・管区議会議長、自治区・地域指導組織議長、連邦議会議員総数の10％以上の議員団。

　以上によって軍政のもとでは守れなかった司法権の独立が守れるのかどうかが問われてこよう[11]。軍事政権のもとでは裁判の評決にしばしば軍部が指示をだしていたことが知られている。つまり政治的目的のために裁判所が利用され、国民の公正な裁判を受ける権利が侵害されてきた。さらに裁判官の腐敗、それに関連して刑事事件を扱う場合に検事の腐敗もおきている。これは「法の支配」を危うくする可能性をもっている。

　2011年9月5日にミャンマー国家人権委員会が設置された[12]。2008年憲法には人権委員会についての規定はなく、これは大統領令によって設置された。1992年以来任命されているミャンマーの人権状況に関する国連の4人目の特別報告者トーマス・キンタナ[13]から、ミャンマーの民主化を促進するねらいをもって人権委員会設置の示唆があった。それを受けて、現在は2014年3月28日に成立した国家人権委員会法に基づき、正式にミャンマー国家人権委員会となった。

　最初の委員は15名であったが、法律によって設置された委員会では11名の委員で構成されている。委員会の任務は、人権意識の向上、政府に対する国際人権規約批准の勧告、批准した場合の報告書作成の補助、人権侵害の苦情や申し立ての調査、諸団体との人権についてのかかわりを維持すること、連邦議会、人民院、民族院から付託される人権問題への対応、大統領から付

11　Kyaw Min San, "Critical Issues for the Rule of Law in Myanmar", Nick Cheesman, Monique Skidmore, Trevor Wilson ed., 2012, *Myanmar's Transition, Institute of Southeast Asian Studies*, pp. 217-230.

12　Tin Aung Aye, 2015, *Constitutions and Constitutional Courts of the Nations*, Zayar Thukha Printing House.

13　トーマス・キンタナは、2008 ～ 2014年まで国連人権理事会特別報告者であり、アルゼンチン出身の弁護士で、米州人権委員会(Inter-American Commission on Human Rights)での長い経験をもっている。
国際連合人権高等弁務官事務所ウェブサイト参照。
http://www.ohchr.org/EN/HRBodies/SP/CountriesMandates/MM/Pages/SRMyanmar.aspx

託される人権問題への対応、委員会の年次報告書の作成、必要な場合に大統領に人権問題についての特別報告を提出することである。

　この委員会の活動の評価は今後の問題であるが、プラスとして政治犯の恩赦を大統領に求めた事例もあるが、国民の人権保護の成果があげられていないというマイナス評価もある。

(d) 憲法のその他の特徴

　憲法改正に関する法案は連邦議会に提出される。連邦議員総数の20％以上が提出した場合は審議しなければならない。連邦議員総数の75％を上回る賛成を得たのち、国民投票において有権者の過半数の票を得なければならない。憲法改正が難しい硬性憲法となっている。

　大統領は行政機能を憲法によって執行できないと判断した場合、国防・治安評議会と協議をして緊急事態を宣言することができる。この宣言がなされた地域で原状回復のために国軍の支援を受けることができる。必要に応じて戒厳令を発出することができ、国軍司令官に行政権や司法権を委譲することができる。住民の基本的権利を制限することもできる。

　暴動やテロ等の非合法な手段で国家主権が奪われそうな場合、国家の分裂や国家の主権喪失の恐れがある場合、国防・治安評議会と協議のうえ、大統領令によって国家緊急事態を宣言することができる。この場合、国軍司令官に立法・行政・司法を委譲しなければならない。国軍司令官は国民の基本的権利を制限や停止することができる。緊急事態の場合に国軍に広い権限を認めていることにこの憲法の特徴が示されている。国防・治安評議会は大統領、副大統領、民族院議長、国軍司令官、国軍副司令官、国防大臣、外務大臣、内務大臣、国境大臣から構成されている。このように国軍の政治への関与が認められており、国家緊急事態の時には大統領以上の権限が付与されている。

●2　国際関係

(1) 欧米諸国との関係改善

　ミャンマーの民主化の動きにアメリカ、EU（欧州連合）そして日本などが

すばやく反応した。ミャンマーに最も強硬であったアメリカはテインセイン政権の民主的改革への取り組みを評価して関係改善に動きだした。一つの画期となったのが、2011年11月30日のクリントン国務長官のミャンマー訪問である。同長官はテインセイン大統領およびスーチーと会談を行い、ミャンマーにおける政治状況を評価し、ミャンマーの民主化の進展が順調にいけば相応の措置をとるとして制裁解除に言及した。実際、その訪問はミャンマーとアメリカの関係改善の重要な契機となった。2012年1月に実施された恩赦による多数の政治犯の釈放を受け、オバマ大統領は「民主的改革に向けての大きな一歩だ」と歓迎の意向を示した。こうして2012年以降、順次、経済制裁解除の措置が取られた。こうした一連の関係改善の動きを経て、2012年11月19日オバマ大統領が現職の大統領としては初めてミャンマーを訪問した。同大統領はテインセイン大統領と会談し、一層の民主化、政治犯の無条件釈放、少数民族との和解を求めるとともに2013年度までの2年間で教育や医療などの分野に最大1億7,000万ドルの開発援助を供与することを明らかにした。

　EU諸国もテインセイン政権がとった一連の民主化の措置を前向きに評価したことで両者の関係は急速に改善に向かった。イギリスのヘイグ外相は2012年ミャンマーを訪問し、テインセイン大統領やワナマウンルウイン外相（当時）らと会談し、ミャンマーの一連の民主化の動きを歓迎し、教育、保健分野に1億8,500万ポンドの支援を実施することを明らかにした。また、同じ時期にミャンマーを訪問したフランスのジュペ外相（当時）も、政府要人と会談し、教育、保健、農業分野を中心に従来の額より3倍の年300万ユーロの支援を表明した。他方、EUも2012年1月外相理事会を開いてこれまでとっていた制裁、すなわち、大統領、副大統領、国会議員、および両院議長に対するビザ発給停止措置の解除を決めた。また、EUはヤンゴンにEU事務所を開設することでミャンマー政府と合意した。ミャンマーのさらなる民主化の進展を受けて2013年4月には武器禁輸措置を除く対ミャンマー経済制裁を解除し、同年7月には一般特恵関税制度（GSP）を復活し、ミャンマーからの

輸入品に優遇税制を適用することを決めた[14]。EUとして1億5,000万ユーロを贈与として保健、教育、環境などの分野に供与することも決めた。

(2) 緊密化する日本との関係

(a) 本格化する経済援助

　日本政府もテインセイン政権の民主的改革や人権状況の改善を評価して本格的な支援に乗り出した。もともと日本の対ミャンマー政策は、建設的関与(constructive engagement)に近かったといえる。日本はミャンマーとの歴史的関係が深く欧米のような孤立化政策はとらず、軍政下でも対話のパイプを通じて絶えず民主化を呼びかけてきた経緯がある。しかしながら、経済支援の中心である円借款を停止したことは欧米と歩調を合わせたとみることができる。日本政府が経済制裁という刺激的な言葉を避けてきたことは事実であるが、実態的には制裁に加わっていたことは否定することはできない。円借款を停止したことに加えて、日系企業が投資を手控えたことがミャンマー経済に大きな打撃を与えた。日本政府はアメリカのように直接、投資を禁止する措置はとっていないが、多くの日系企業は、ミャンマーへの投資は国際世論の反対が強いこと、政情が安定せずカントリー・リスクが高いこと、インフラや法制度などの投資環境が十分整っていないこと、アメリカでの企業活動に支障が出る可能性があること、などの理由で投資を手控えてきた。

　2011年3月の民政移管後は、急速に関係改善が進んだ。同年6月には政府高官がミャンマーを訪問し、経済、文化、人材交流の面で関係を強化することで合意、住民生活に直結する分野を中心にODAを実施する意向を表明した。これまでミャンマーへの援助は人道援助を除き、事実上、凍結されてきたが、新規のODAとして病院建設、上下水道などのインフラ整備、留学を含む人材育成などの具体化が検討されることになった。さらに2011年11月の日本・ASEAN首脳会議の際に行われた日本・ミャンマー首脳会議では、野田総理(当時)は民主化・国民和解の取り組みを評価するとともに、今後と

14　日本外務省・省内資料(2015)「ミャンマー：民主化に向けた改革努力を後押し」。

もテインセイン大統領(当時)の努力を支援する旨を表明した。同年12月には玄葉外務大臣(当時)が訪問し、経済協力、人的交流、投資協定の協議開始などを進めることを明らかにした。

　さらに2012年4月に日本・メコン首脳会議が東京で開催されたが、その際もたれた日本・ミャンマー首脳会議で、日本政府はミャンマーに対する経済協力方針を根本的に見直し、①国民生活支援の向上、②経済・社会を支える人材の能力向上や制度の整備支援、③持続的経済成長のために必要なインフラや制度の整備支援、を3本柱として実施することを表明した[15]。日本政府および国際機関のミャンマーに対する支援が大きく動き出すきっかけとなったのは、2012年10月に東京で開催された国際通貨基金(IMF)・世界銀行の年次総会の際に開催されたミャンマー支援会合の場である。ここでミャンマーのウィンシェイン財務歳入相は、改革に向けての取り組みに対し国際機関および各国に支援を呼びかけた。日本政府はミャンマーに対する最大の債権国であり、すでに債権の一部放棄と円借款再開を明らかにしていたが、再開時期を具体的に2013年の前半と言及した。なお、延滞債務を約4億ドルもつ世界銀行および同じくおよそ5億ドルのそれをもつアジア開発銀行(ADB)も2013年1月に延滞債務を解消することを明らかにした。

　そして、ミャンマーへの日本の支援が具体化するのが、2013年5月の安倍首相のミャンマー訪問であった。この時、日本政府は910億円にものぼる経済協力を約束したのである。他方、日本政府はミャンマーの投資環境の整備を支援する目的でミャンマー政府と共同で「日本ミャンマー共同イニシアティブ(MJJI)」を設置し、官民双方の関係者で論議する枠組みをスタートさせた。2013年から開始され、14年末までに5回の会合が行われた。ここで日本から提示された9分野の行動計画が論議された。9分野とは、ビザ手続き関係、輸出入政策、投資環境改善、税務、インフラ改善、外国人・企業ルールの廃止、保険制度の整備・改善・外資開放、労働、その他行政手続きなどである[16]。こうして日本の支援が本格化し、両国の緊密度がさらに深まること

15　前掲外務省資料。
16　「日ミャンマー共同イニシアティブ」(2013)　在ミャンマー日本大使館HP。

になる。また、2015年7月の日本・ミャンマーの首脳会談では、ミャンマーの産業育成、インフラ整備、地方開発などを積極的に支援すること、総額1,000億円にのぼる円借款を供与すること、ダウェー経済特別区(SEZ)に関し、日本、ミャンマー、タイの3カ国が共同して開発にあたること、などについて話し合われた[17]。

(b) 円借款の再開

　日本の二国間経済協力は、円借款、無償資金協力および技術協力の形態で行われるが、金額も多くインパクトが大きいのが円借款である。日本政府は2012年4月、円借款の再開を決めた。日本の援助は額も大きく、その再開はミャンマーの経済発展にとって極めて大きな意義をもっている。しかし、ミャンマーへの円借款再開の障害となったのが、延滞債務であった。この延滞債務につき一部を免除する措置をとり、円借款再開への道を開いた[18]。すなわち、延滞債務の解消については2012年4月に両国政府で合意をみていたが、2013年1月に実施の措置をとった。すなわち、2003年3月末以前に返済期日が到来した元利合計1,989億円につき超短期の商業ローンをブリッジ・ローンとして活用し、一旦、債務を解消して改めて長期で低利の円借款を「社会・経済開発支援計画」(プログラム・ローン)を実施することにした。すなわち、まず、ミャンマー政府が邦銀から金を借り、それでもって一旦日本政府に返済し延滞債務を解消する。日本政府はその同額を新たにミャンマー政府に貸し付け、ミャンマー政府はその借り入れた資金でもって邦銀に返済する。また、2003年4月以降に返済期日が到来した1,274億円については免除の手続きをとった。また、経済関係のさらなる進展のために、二国間投資協定の協議を加速させること、また、ティラワの開発のためのマスター・プラン作り

　(http://www.mm.emb-japan.go.jp/japanese/Japan-Myanmar　% 20Joint%20Initat 2016/07/24)

17　本間徹(2015)「"ラスト・フロンティア" ミャンマーの投資環境」JICA新興国投資セミナー資料および前掲外務省資料。

18　外務省国際協力局・財務省国際局(2013)「ミャンマーの延滞債務の解消について」在ミャンマー日本大使館HPより。

図表2-1：日本の対ミャンマー経済協力

(単位：億円)

年度	円借款	無償資金協力	技術協力
2010年度	---	13.62	20.24
2011年度	---	45.13	21.23
2012年度	1,988.81	277.36	42.00
2013年度	510.52	199.76	67.14
2014年度	983.44	181.89	70.50
累計額	7512.49	2571.38	647.17

(出所)　外務省ウェブサイトより作成。
(http://www.mofa.go.jp/mofaj/gaiko/oda/files/000142)

に日本が協力することでも合意をみた。

　日本の対ミャンマー援助の中心である円借款の再開は2012年度からであるが、12年度のそれは債務の借り換えであり、その本格化は13年度からである。円借款の金額をみると、12年度が1,989億円、13年度が510億円、14年度が983億円であった（図表2-1参照）。他方、2012年度以降、無償資金協力および技術協力ともに金額は急増した。すなわち、無償資金協力は2011年度までが年13億〜46億円で、2012年度は277億円、2013年度は197億円、2014年度は182億円と大きく拡大している。技術協力も主として国際協力機構（JICA）を通じて合計647億円供与している。無償資金協力は寺子屋など学校建設支援のほか、病院、保健センター整備、上水整備向けに実施された。

(3) 距離を置く中国との関係

　軍政時代、中国とは磐石の関係が形成された。中国は民主化問題は内政問題として内政不干渉の立場をとり、むしろ経済制裁に苦しむミャンマーに積極的にアプローチしてきた。まさに軍政時代に蜜月時代と称されるほどの良好な関係が構築された。しかしながら、テインセイン政権になり中国とはカチン州のミッソン発電所ダム建設の中止など、一定の距離をおく動きがみられた。テインセイン大統領は2011年9月30日、国会に送付した文書で同発電所のダム建設を中止すると表明した。ただ、これはあくまで一時的な中断

であり、完全に消えたわけではない。この発電所の開発母体は中国発電投資（CPI）で投資額は36億ドルに上るビッグ・プロジェクトであるが、住民の反対が強く政府もその声を無視することはできなかった。加えて、外交姿勢があまりも中国寄りになり過ぎたという批判をかわす目的もあったといえよう。ミャンマーの伝統的な外交路線は非同盟中立路線である。特定の国にあまりにも偏りすぎるのはミャンマー本来の外交の姿ではない。これまでの動きをみると、中国一辺倒の外交路線から欧米諸国や日本とも良好な関係を保つバランス外交へと軌道修正を図ったことは明らかである。ただし、貿易や投資を通じてむしろ中国との関係はさらに深まっており、良好な関係を維持する方針には変わりなく、その上での欧米や日本との関係改善とみるべきであろう。

(4) 統合を深めるASEANとの関係

　ASEANは2003年、安全保障、経済そして社会文化の三つの共同体よりなるASEAN共同体の発足を打ち出していた。このうちASEAN経済共同体（AEC）が2015年末に発足した。AECの目的は、関税を引き下げ、投資障害を取り除き、ヒトの移動の自由化をはかり、そして地域全体の浮揚を目指すものである。経済統合は参加国にとってプラスの面とマイナスの面をもつ。ミャンマーにとってマーケットがASEAN全域に広がることを意味するが、他方、激しい競争にさらされることにもなる。ASEAN経済共同体の成立で期待されるのが、国際的な分業の進展である。ミャンマーが比較優位性をもつ産業を優先的に伸ばすなどの戦略が必要とされる。労働集約的な工程は、賃金が安いところで作るのが合理的である。ASEAN地域全体で産業再配置の動きが加速されることになろう。分業が進展するには、道路、鉄道、通信などのインフラの未整備が問題となる。特に、物流を活発にするには国際間の道路整備が欠かせない。ASEAN諸国の中でもとりわけ重要な経済パートナーとなるタイとの国際道路建設は経済制裁の影響もあり大幅に遅れた。ASEAN経済共同体が機能するにはまず物的インフラの整備が不可欠である。

　テインセイン政権下でまず対ASEAN関係において問題となったのは議長国問題である。ASEANはアルファベット順で議長国を持ち回りにすることを慣例にしている。ミャンマーは民政移管後の民主的取り組みを背景にASEANの一連の国際会議において議長国を務めることに名乗りを上げた。ミャンマーには2006年に議長国が回ってくることになっていたのであるが、その時は民主化の遅れや人権侵害に対する国際社会の反発が強く、結局、辞退に追い込まれた。今回はその汚名を雪ぐという意味もあった。今回は前回と事情が違い、民政移管を実現したこと、政治犯の釈放に踏み切ったこと、民主派にも自由な政治活動の道を開いたこと、などの「前進」があり、2011年11月に開催されたASEAN首脳会議で2014年の議長国が承認された。議長国問題はミャンマーのさまざまな改革がASEAN内で一定の評価を得たことを示すものであった。

●3　経済概況

（1）活性化するミャンマー経済

　経済発展は民主的改革の取り組み、少数民族との和解と並ぶテインセイン政権にとって最も重要な課題の一つである。テインセイン大統領は自身の大統領就任演説で以下のように述べている[19]。すなわち、「経済力に関して、われわれは経済成長に努めねばならない。我々の国が経済的に強くなければ、他国からの過小評価と不公平な取り扱いに甘んじねばならないであろう。国の経済は政治と結びついている。もしその国が経済成長を享受するならば、人々は豊かになり、内外の要素の影響下に置かれることはないであろう」と。つまり、経済的に豊かになることが対内的には社会の安定をもたらし、対外的には自立をもたらすというのである。続けて、「我々の国は、農業国である。歴代政府は農業に重点を置いてきたがゆえに、余剰の作物をもつことができた。いまや国は、人々の食糧安全保障に資するダムや河川ポンプ・ステーションなど農業生産のための十分な基盤を有している。しかしながら、我が国が

19　テインセイン大統領の就任演説（*The New Light of Myanmar*, Thursday, 31 March, 2011）を参照。

発達した国になるには農業発展だけでは不十分である。十分な雇用機会があり、高い一人当たりの所得をもつ、発達した豊かな国に変えるためには、国を工業化しなければならない」と述べている。農業発展をベースに工業化を推進するというのが、前軍政の基本的な成長戦略であったが、大統領就任演説をからすればテインセイン政権も基本的にその路線を引き継いでいると言えよう。現在、農業はGDPのほぼ30％、雇用は50％強を占めている。いいかえれば、就業者の半分を占めているにもかかわらず、GDPの30％しか生み出していないということは農業が非農業産業に比して労働生産性が低いことを意味している。このことは同時に農村部に限界生産力の低い農業労働力が多数滞留していることを示唆しており、それが低都市化率につながっているとみることができる。

　第1章でみたようにミャンマーは農業国であり、また貧困国でもある。農業国であるから貧しいわけではない。労働生産性が低いために貧しいのである。貧困線を使った貧困の計測によれば、貧困線以下で暮らしている人の割合は2005年の32％から2010年には26％に低下したが、その水準はなおも高いことに変わりない[20]。つまり、ほぼ4人に1人が貧困者ということになる。貧困者の85％は農村地域で見いだされ、その高さは都市部の2倍に及ぶ。特に貧しい地域とされているのは、チン州、ラカイン州、シャン州それにエヤワディー・デルタ、北緯19度線あたりの以北のいわゆる上ミャンマーの乾燥地帯などである。エヤワディー管区および乾燥地帯のあるマンダレー管区は人口稠密地帯であり、貧困者の絶対数も多く、この2地域だけで貧困者の34％を占める。社会指標もミャンマーの厳しい貧困状況を示している。例えば、平均寿命は62.7歳に過ぎず、また、成人の教育を受けた平均の期間はわずか4年である。国連開発計画（UNDP）の人間開発指標（HDI）は0.483に過ぎず、187カ国中149位の低位の水準に置かれている。これは近隣のラオス、

20　ミャンマー政府の資料、"Framework for Economic and Social Reforms（FESR:2012)〜 Policy Priorities for 2012-15 towards the Long-Term Goals of the National Comprehensive Development Plan"（November 22, 2012）〜 , p.18。

図表2-2：主要マクロ経済指標

（単位：%）

	1980年代	1990年代	2000年代	2010年	2011年	2012年	2013年
実質経済成長率	1.8	5.5	4.7	5.3	5.9	7.3	8.3
各部門のGDP比							
農業	50.5	60.1	48.0	36.7	32.5	30.5	33.2
工業	12.0	9.7	16.8	26.4	31.3	32.1	29.9
サービス	37.5	30.2	35.2	36.9	36.2	37.5	36.9
投資率（投資額/GDP）	15.6	13.1	13.2	22.9	29.2	29.6	35.7
貯蓄率（貯蓄額/GDP）	13.1	12.6	13.4	21.2	27.5	29.6	31.8
インフレ率	21.3	23.3	17.8	7.7	5.0	1.5	5.5
失業率	2.5	4.1	4.0	4.0	4.0	4.0	4.0

（出所）　Asian Development Bank, 2015, *Myanmar: Unlocking the Potential—A Strategy for High, Sustained, and Inclusive Growth*, ADB Economics Working Paper Series No. 437.

カンボジア、ベトナムよりもかなり劣位の状況にある[21]。

　ミャンマーでは長年経済停滞が続いた。特に、ビルマ式社会主義のほぼ四半世紀は一貫して低迷を続けた。図表2-2に示すように1980年代の年平均成長率は1.8％に過ぎなかった。1990年以降に入ると、1990年代の平均成長率が5.5％、2000年代のそれが4.7％と中位の成長を遂げている。数字をみると停滞一色というわけではない。これは改革開放政策が一定の効果を表したことや天然ガスが有力な輸出品として立ち上がってきたことが関係しているためであろう。そして、民政のテインセイン政権になり、欧米の経済制裁が段階的にではあれ解除されたことで日本や欧米の援助が再開されたこと、民間資本が入ってきたこと、輸出が好調であったことなどで経済成長率の高まりがみられる。すなわち、ADBの報告書によれば、2010年が5.3％、2011年が5.9％、2012年が7.3％、2013年度が8.3％にそれぞれ達している。物価も比較的安定している。1980年代および90年代の年平均インフレ率はいずれも20％を超えていた。しかし、2010年代に入り1ケタの伸びに収まっている。

21　FESR, 2012, p.18.

図表2-3：外国投資および国内投資

	チャット表示の投資額 (兆チャット)			ドル表示の投資額 (億ドル)			外国投資のシェア (%)
	外国投資	国内投資	合計	外国投資	国内投資	合計	
2011/12年	3.75	9.76	13.52	46	121	167	27.5
2012/13年	1.21	14.11	15.32	14	157	171	8.2
2013/14年	3.95	14.26	18.21	42	146	187	22.5
2014/15年	8.13	14.85	22.98	83	152	235	35.3

（出所）　The Republic of the Union of Myanmar, 2015, *Facts & Figures about Myanmar*, p.8.

前軍政期には無理して公共投資を増やしたが、その財源は紙幣の増刷でファイナンスしたため高い物価上昇率が続いていた。テインセイン政権になって財政赤字を一定の範囲内に収めるなど放漫な財政政策を改めるとともに、それを担保するものとして中央銀行の独立性が保証された。しかし、景気の過熱で輸入が輸出を大きく上回り、チャットの対ドルレートが下落し、物価の押し上げ要因になる可能性がある。

　この成長は投資が牽引したと考えられ、投資率は2010年の22.9％から2013年には35.7％に跳ね上がっている。図表2-3は投資額の内訳すなわち外国投資と内国投資とに分けてチャット表示およびドル表示の投資額をそれぞれ示したものである。いずれの年度も国内投資が外国投資を大きく上回っているが、外国投資は独立性が高いため国内投資を誘発している可能性がある。2014/15年度の場合は外国投資が全投資額のほぼ3分の1を占めるに至っており、経済全般の動向に大きな影響を与える水準に達している。ADBは、年率7〜8％で成長を続ければ2030年までに実質1人当たりGDPは2,000ドルから3,000ドルに達し、中所得国の仲間入りする可能性が高いとみている。

(2) 外国貿易

(a) 概況

　改革開放後、ミャンマーが最も力を入れたのが開放政策である。テインセイン政権になり外国貿易は大きく伸びた。ミャンマーは天然ガスをはじめ農

産物、水産物、林産物などの一次産品を豊富に産出し、これらが輸出に向けられ外貨収入源になっている。テインセインの大統領就任演説にみられるように、農業開発と並んで工業化の推進は最も優先度の高い政策目標となっている。工業化の推進には資本財や部品の輸入が不可欠である。その観点からすれば、輸出すべき資源を豊富に有していることはミャンマーの強みになっている。経済が活性化すれば、通常は輸入も伸びる。その伸びを支えたのが、資源輸出であった。軍政時代、輸出で稼いだ外貨の範囲内で輸入するいわゆる「輸出第一主義(export first)」がとられていた。テインセイン政権になりこの政策は廃止になり、輸入の自由化が推し進められた。この自由化措置も輸入を大きく伸ばすもう一つの要因となった。図表2-4に示すように、輸出も輸入も大きく伸びているが、わけても輸入の伸びが大きい。2011/12年度を基準にして、2014/15年度までの3年間で輸出の伸びは1.37倍の伸びにとどまったのに対し、輸入は1.83倍になった。2011/12年度は1億ドル程度の黒字で輸出入はほぼ均衡していたが、それ以降は年々貿易赤字が拡大し、2014/15年度には40億ドルを超えてきた。IMFは急激な輸入の伸び、拡大する貿易赤字に注目し、経済の過熱に警告を発している。また、外国貿易比率([輸出＋輸入]/GDP)をみると2011/12年度の31.2％から2014/15年度には43.0％まで急上昇しており、外国貿易のミャンマー経済に対する重要性が著しく高まっていることを示している。

　ミャンマーは中国、タイ、ラオス、インド、バングラデシュなどと国境を接しているが、国境貿易も徐々にその存在感を増しつつある。交易地点は

図表2-4：貿易統計

（単位：億ドル）

	輸出	輸入	貿易収支	外国貿易比率(%)
2011/12年	91.4	90.4	1.0	31.2
2012/13年	89.8	90.7	-0.9	29.9
2013/14年	112.0	137.6	-25.6	39.6
2014/15年	125.2	166.3	-41.1	43.0

（出所）　The Republic of the Union of Myanmar, *Facts & Figures about Myanmar*, p.5.

14カ所あり、現在、国境貿易のウェイトは総貿易額の10数％と推定されている。国境貿易の最大の相手国は中国であり、それにタイが続いている。対中貿易のミャンマー側の最重要拠点はムセであり、国境貿易地域が設けられている。また対タイ国境貿易の中心はミャワディである。

(b) 輸出と工業化

　テインセイン政権が力を入れているのは輸出志向工業化である。工業化こそ貧困脱出の切り札とされているものである。ミャンマーの場合、天然ガスのような資源に恵まれているために当面、資源の輸出に頼ることができる。実際、ミャンマーが、注力しているのが資源輸出である。資源輸出が経済発展を牽引するパターンは、タイ、マレーシア、インドネシアなどにもみられた。これらの国々も発展初期の主たる輸出品は、農産物、木材、鉱物資源などの一次産品であった。実際、開放政策に移ったミャンマーがまず力を入れたのが、天然ガスや石油のエネルギー資源の開発であった。これらの資源開発は費用が巨額になるところから外国企業に頼らざるを得なかった。1988年11月に制定された外国投資法は、多額の資金を要する資源開発に外資を導入することを目的の一つにしていた。マルタバン湾の海底ガス田からの天然ガスが有力な輸出品に育ってきたのは、1990年代の末以降のことであった。ここから産出される天然ガスはパイプラインを通じてタイに送られた。また、今世紀に入り新たに開発されたラカイン州沖のシュエ・ガス田の天然ガスは、チャウピューから昆明まで敷設されたパイプラインを通じて中国に送られている。輸出に向けられている主な資源は、天然ガスのほかヒスイ、豆類や米などの農産品、木材、水産品などで、これらの一次産品で輸出の大半を占めている（図表2-5参照）。ミャンマーは世界でも最良質の宝石を産出するが、わけてもヒスイは重要な外貨獲得源である。ヒスイはもっぱら中国に輸出されているが、2015年に入り中国向け輸出の売り上げは同国の反汚職キャンペーンで大きく落ち込んでいる。価格も大きく値下がりしており、1ロット5億チャットしていたものが現在では1.5億チャットから2億チャットに下落

図表2-5：主要輸出入品統計（2014-2015年）

主要輸出品（100万ドル）			主要輸入品（100万ドル）		
品目	金額	シェア（%）	品目	金額	シェア（%）
天然ガス	5,179	41.3	中間財	5,007	30.1
ヒスイ	1,018	8.1	石油製品	(2,576)	(15.5)
縫製品	1,023	8.2	資本財/輸送機器	7,607	45.7
豆類	1,140	9.1	自動車・同部品	(1,807)	(10.9)
米	652	5.2	機械類	(1,580)	(9.5)
その他	3,511	28.0	建設資材（鉄鋼）	(1,015)	(6.1)
			消費財	4,019	24.2
			パーム・オイル	(341)	(2.1)
			医薬品	(300)	(1.8)
			調理用品	(253)	(1.5)
合計	12,523	100.0	合計	16,633	100.0

（出所）　The Republic of the Union of Myanmar, *Facts & Figures about Myanmar*, p.5-6.

図表2-6：主要輸出入国（2014-2015年）

輸出国		輸入国	
国名	シェア（%）	国名	シェア（%）
アメリカ	0.41	日本	10.51
シンガポール	6.06	アメリカ	2.97
日本	4.44	シンガポール	24.87
中国	37.30	中国	30.18
香港	2.30	タイ	10.09
タイ	32.17	マレーシア	4.47
インド	5.96	インド	3.58
その他	11.36	その他	13.33

（出所）　The Republic of the Union of Myanmar, *Facts & Figures about Myanmar*, p.7.

　している[22]。2014年度の輸出先の第1位はタイを抜いた中国である。タイと中国で総輸出額のほぼ7割を占める（図表2-6参照）。

　ただし資源の多くは枯渇の恐れがあり、いつまでも資源輸出に頼るわけにはいかない。ミャンマーのように人口規模も大きく、当面、潤沢に労働力を

22　MNB　2015年4月号参照。

供給できるところは労働集約的な製品を主力輸出品に育てていかねばならない。貧困を削減するには、遊休する労働力を活用することは必須である。他方、低廉で質の高い労働力こそが、外資のミャンマー進出のインセンティブになっている。その代表的な例が縫製業である。ミャンマーにも日本、韓国、中国などの縫製業者が多く進出している。これらの業者は布地やボタンなどの原材料を輸入し、現地の労働力を雇って製品に仕上げる。こうして作られた製品はもっぱら輸出に向けられる。この方式はCPM（Cutting, Packing and Making）方式と呼ばれる。こうした労働集約的製品が輸出に向けられるのは、国内の市場規模が、とりわけ、発展段階の初期は小さいためである。しかし、国際市場に打って出るには国際市場の厳しい競争に勝ち抜けるだけの品質の高さ、販売力を持ち合わせていなければならない。そのためには外資の介在が不可欠である。

　2014/15年の場合、主たる輸出品は額が多い順に、天然ガス、豆類、縫製品、ヒスイ、米などとなっている。これをみてもわかるように、ミャンマーの主力輸出品は一次産品である。天然ガスの輸出は51.8億ドルで、全輸出の41%を占める（図表2-5参照）。豆類がミャンマーのかつての最大の輸出品であった米を抜いて第2位の輸出品になっている。上位5位の輸出品の中で労働集約製品として唯一顔を出しているのが縫製品である。縫製品は第3位にランクされ、輸出額は10.2億ドルで輸出総額の8.2%を占めている。第4位はヒスイである。ヒスイはもっぱら中国に輸出されている。他方、ミャンマーのかつての最大の輸出品であった米は第5位で、輸出額は6.5億ドル、シェアは5.2%を占めているに過ぎない。米はミャンマー人の主食であり、人口が大きく増えたことで輸出余力が低下したことが関係していよう。ミャンマー産品および製品の二大輸出先は、中国とタイである。それぞれの輸出シェアは37.3%および32.2%で、この2カ国でミャンマーの輸出の70%を占める。それにシンガポールの6.1%、インドの6.0%そして日本の4.4%が続いている。

（c）増大する輸入

　ミャンマーの輸入品は、中間財、資本財・輸送用機器そして消費財に大き

く三つに分類されている（図表2-5参照）。2014/15年度の場合、それぞれのシェアは、30.1％、45.7％そして24.2％であった。中間財の場合、最大の輸入品は石油製品である。ミャンマーは産油国でありながら国内供給だけでは全く足りず、輸入に依存している状況である。自国で産するエネルギー資源については、今後は国内に向けていくことが課題となっている。ミャンマーは工業化が遅れていることもあり、工業製品はもっぱら輸入品に頼っている。主な輸入品は、精油、一般・輸送機械、非金属・同製品、電気機械・器具、プラスチック、合繊織物、食用植物油などである。経済発展に伴って、自動車の需要が増えており日本からの輸入が増大している。自動車および部品の輸入額は18.1億ドルで輸入額の10.9％を占めている。機械類の輸入も多く、15.8億ドルに達している。消費財では食用植物油、医薬品、雑貨等が多い。ミャンマーでは調理に食用油が多用されるが、長年、食用油の自給が叫ばれながらいまだに実現していない。ミャンマーの最大の輸入先が、中国である（図表2-6参照）。2014/15年度の場合、総輸入額の30.2％を占めている。日用品、雑貨類、電気製品、衣類、機械など様々なモノが流入してきている。対中貿易は国境貿易も重要な役割を果たしている。安価な中国製品がミャンマー社会に広く出回っており、ミャンマーの工業化を押しとどめている可能性が高い。中国に次いでシンガポール（シェア24.5％）、日本（同10.5％）、タイ（同10.1％）、マレーシア（同4.5％）と続いている。

（3）海外直接投資（FDI）

（a）経済制裁の解除

　テインセイン政権は発足間もなく、経済改革に先行させて民主化に取り組んだ。もちろん、国内政治の安定のため民主化それ自体を推進することが重要な目的であったであろうが、もう一つ経済制裁の解除を狙っていたことは確かといえよう。実際、外資導入に大きな障害となっていたのは経済制裁である。前述のように、欧米諸国は軍が民主化運動を武力で抑え付けて権力を奪取したこと、選挙に負けたにもかかわらず政権を移譲しなかったこと、民主派の運動員を次々と逮捕し弾圧を加えたことなどの理由により、一貫して

厳しい対応をとってきた。アメリカは1997年には新規投資を禁止し、さらに2003年のスーチーの拘束の際にはミャンマーからの輸入を禁止し、また金融取引を禁止した。EU（欧州連合）も政府要人へのビザの発給を取りやめ、他方、特恵関税を停止するなどの制裁措置をとった。日本も円借款をストップし人道援助に限定するなどしたため、援助額は激減した。これがミャンマーの経済発展に大きな足かせになっていたといって過言ではないであろう。

　アジア重視を打ち出すオバマ政権にとっては地理的にきわめて重要な位置にあるミャンマーとの経済関係を深めるのは、アメリカの影響力をインドシナ半島全域に広めることにもつながる。アメリカは民主化の進展をにらみながら、2012年に入って経済制裁の解除を本格化していった。すなわち、同年5月には金融サービスおよび新規投資の緩和を図り、11月には宝石を除く禁輸措置を解除した[23]。さらに2012年9月、国連総会出席のためアメリカを訪問していたテインセイン大統領はクリントン国務長官と会談し、この席でアメリカ側はミャンマーに科しているミャンマー製品の輸入禁止措置を緩和すると伝えた。禁輸措置は2003年のスーチーの三度目の自宅軟禁措置に対して取られたもので、これによりとりわけ大きな打撃を受けたのは縫製業であり、縫製工場に働く多くの労働者が路頭に迷ったといわれている。この措置が実施されればヒスイとルビーを除くミャンマー産品のアメリカへの輸出が可能になる。こうしてアメリカがミャンマーに科していた主要な三つの経済制裁すなわち①新規投資の禁止、②金融サービスの凍結および③ミャンマー製品の輸入禁止、が順次解除される見通しとなった。ただし、その段階ではアメリカはなおも財務省の制裁リストすなわちSDN（Specially Designated Nationals）リストに記載されている企業や個人との取引を禁じており、アメリカは完全に制裁を解除したわけではなく一部制裁措置を残していた。このリストには前軍事政権の一部の要人や同政権に近い企業が多数含まれており、米系企業の現地企業との提携や取引の制約となっている。リストからの完全な除外は次のティンチョー政権まで持ち越された。

23　前掲外務省資料。

　欧米諸国による経済制裁の解除がこれらの国々との関係改善の第一段階とすれば、第二段階は経済関係の強化である。2013年5月アメリカを訪問したテインセイン大統領はオバマ大統領と会談し、貿易および投資を拡大するためのハイレベルの協議機関を設置することおよびアメリカがインフラ整備などで協力することで合意をみた。それに基づき、貿易および投資の拡大、経済協力の推進、貿易・投資のルールの作成などを目的とした貿易・投資枠組み協定（TIFA）が締結された。また、欧米諸国は経済関係強化の一環として経済協力を増大させている。経済協力開発機構（OECD）の開発援助委員会（DAC）の統計によると、各国の対ミャンマー経済協力では、2008年、09年および11年の1位がイギリスで、援助支出額は5,314万〜8,235万ドル（図表2-7参照）。2010年と12年、13年は日本が1位で、13年以降の日本の援助額は急増している。ほかに上位に名を連ねたのは、アメリカ、フランス、オーストラリア、ノルウェー、デンマークなどである。

図表2-7：諸外国の対ミャンマー経済協力実績

（上段：国名　下段：金額　百万ドル）

暦年	1位	2位	3位	4位	5位	合計
2008年	イギリス 82.35	アメリカ 71.59	オーストラリア 47.14	日本 42.48	ノルウェー 29.64	429.16
2009年	イギリス 53.14	日本 48.28	アメリカ 35.22	ノルウェー 18.88	オーストラリア 44.43	240.22
2010年	日本 46.83	オーストラリア 44.40	イギリス 44.17	アメリカ 31.28	ノルウェー 21.71	254.59
2011年	イギリス 62.21	日本 46.51	オーストラリア 44.43	アメリカ 31.28	ノルウェー 19.90	283.04
2012年	日本 92.78	オーストラリア 57.73	イギリス 48.08	アメリカ 33.05	ノルウェー 22.83	347.96
2013年	日本 5,331.77	フランス 592.26	イギリス 156.18	アメリカ 81.20	デンマーク 75.96	合計 6,485.54

（出所）　外務省ウェブサイト「ODA（政府開発援助）ミャンマー国別データブック [9] ミャンマー、46ページ、表-4 主要ドナーの対ミャンマー経済協力実績」参照。
（http://www.mofa.go.jp/mofaj/gaiko/oda/files/000142134.pdf）

(b) 投資環境の整備[24]

　中所得国の仲間入りを目指すテインセイン政権のとった成長戦略は、外資依存型の経済発展方式であった。外資を受け入れ急速な発展を遂げたお手本はアジアにはいくつもある。近隣の東南アジアの国々としては、タイ、マレーシア、シンガポールそしてインドネシアなどがある。中国やインドも然りである。ミャンマーはネーウィン体制下のビルマ式社会主義の時代に閉鎖政策をとり経済停滞を招来した苦い経験がある。軍政下で社会主義をやめ改革開放に転じたが、欧米諸国や日本から経済制裁を科されたことでその実を上げることはできなかった。テインセイン政権は過去の経験からむしろ外資のもつ大きなインパクトを十分に認識していたといえよう。政権発足後間もなく外資受け入れのための環境整備を急ぐことになる。外資受け入れの体制、外国投資法や経済特区法をふくむ経済法の改正ないし制定、ソフト・ハードのインフラ整備がそれである。

(ア) 外資受け入れ体制[25]

　前軍政は政権奪取とともに開放政策に転じ、外国民間投資の受け入れに踏み切っていたが、その窓口としてミャンマー投資委員会(MIC: Myanmar Investment Commission) および企業投資管理局(DICA: Directrate Investment and Company Administration)が設置された。しかし、欧米諸国や日本から経済制裁が科されたことにより外資の流入は低調であった。テインセイン政権になり、成長戦略の一環としてより多くの外国投資を呼び込むため、投資委員会や企業投資管理局の強化が図られた。2014年5月の通達により、MICに関しては、人事の刷新、副議長の新設、委員会メンバーの増員(11名から13名へ)、DICAによるMICの事務局担当などの改革が行われた。DICAがMICの事務局を担当することにより、DICAの組織、機能が強

24　本節は、西澤信善(2015)「ミャンマー：ODAで整備の進む投資環境」(独立行政法人労働政策研究・研修機構『Business Labor Trend ビジネス・レーバー・トレンド』2015年12月号)に基づき加筆修正したものである。

25　本間徹(2015)「"ラスト・フロンティア"ミャンマーの投資環境」JICA新興国投資セミナー資料(2015年3月11日、東京)より。

化された。職員数の大幅な増加が図られるとともに、DICAの本部機能がヤンゴンにも移されたほか、出先機関（支所）がマンダレー、タウンジィー、モーラミャインにも設置されることになった。とりわけ、煩瑣な事務手続きをできるだけ簡素化するためワン・ストップ・サービスに力を入れている。

　ミャンマーでは投資形態は三つに分類され、進出の手続きと担当機関はそれぞれの形態により異なる。三つの形態とは、外国投資法の適用、外国投資法の非適用、経済特別区への進出がそれである。外国投資法の基づく投資認可を受ける場合は、MICとその事務局であるDICAを通す。MICにはForm1とよばれる認可申請書、DICAにはFormAと呼ばれる会社登録申請書を提出する。認可を受ければMICから認可書、また、DICAからは営業許可書および会社登記証書がをそれぞれ発行される。外国投資法の適用を受けた場合、さまざまな税制上の優遇措置を受けることができる。外国投資法非適用の場合は担当窓口はDICAとなり、会社法に基づいて会社が設立され、営業許可を受けることになる。サービス業はこの形態が多い。また、経済特区に進出した場合、その進出は各経済特区の管理委員会が窓口となる。経済特区法に基づいて会社が設立され、営業許可を受ける。

（イ）投資関連法の整備

　テインセイン政権になり、外国投資法および経済特区法などの投資関連法の改正が行われた。

　外国投資法（改正）[26]

　2012年11月に施行。同法は外国投資家による100％の出資を認めるととも

---

[26]　2016年10月18日、国内企業と外国企業を区別しない新投資法がティンチョー大統領の署名を経て成立した。これにより、事業内容に基づく規制および投資優遇措置が明確化され、手続きも簡素化されることになった。事業内容に基づく規制として、禁止業務、制限業種、連邦政府への報告・確認が必要な業種そしてMIC許可取得が必要な業種がそれぞれ定められ、それ以外の業種は届け出制になった。MICの許可が必要とされたものは、「戦略的に重要な業種、多額の投資を要する業種、環境・住民に重大な影響を及ぼす業種、その他政府が規定する業種」となった。投資優遇としては、租税減免措置、土地長期賃貸権、外貨移転権利および政府による保証についてそれぞれ新たな措置が打

に、非国有化保証、土地使用権および外貨送金の権利等を認めている。投資家は、土地を賃借または使用する権利を50年間にわたり認められる。投資委員会の認可を得て、さらなる延長が可能である。投資家が受け取った年間利益から租税等を控除した純利益を送金できる。国家計画経済開発省の下に投資の認可手続きの業務を行うDICAが設置されており、投資案件の精査、認可事業の実施状況のモニタリング、有限会社や合弁会社の登録管理などを行っている。DICAはネピドーとヤンゴンにワン・ストップ・サービス・センター(OSSC)を設置している。なお、外国投資法は防衛関連の軍需品製造、自然林の保護管理、ヒスイ等の宝石の試掘など11の分野への投資を禁止している。

外国投資法の定める主な租税優遇措置は下記の通りである。

・法人税免除：物品の生産およびサービスの提供を行う事業に対して事業開始から5年間。

・法人税免除・減免：準備金として積み立てられ、1年以内に再投資される事業の利益。

・減価償却額を利益から控除する権利：法人税算定の対象となる機械・設備・建物・その他の固定資産

ち出された。租税減免措置に関しては、ゾーンごとに法人所得税の免除期間が定められた。すなわち、ゾーン1(開発が遅れた州・管区)は事業開始年を含んで7年、ゾーン2(開発がそこそこの州・管区)は同5年、そしてゾーン3(かなり開発の進んだ州・管区)は同3年とそれぞれ設定された。土地長期賃貸権に関しては、最長50年に加えて10年間の延長が最大2回まで認められる。外貨移転権利に関しては、外国送金の権利は保証される。政府による保証とは、会社が国有化されないこと、十分な理由のない事業の中断はないことをミャンマー政府が保証することである。そのほか、MICの判断で、1年以内に再投資される場合の法人所得税の減免、機械設備などの減価償却額の利益からの控除、研究開発費の課税所得からの控除、工場の建設期間中に使用される一定の条件を満たした機械、設備等の輸入関税、その他の諸税の減免、海外輸出向けの製造のための輸入原材料、半製品の輸入関税、その他諸税の減免などの恩典が受けられる。同法は国内企業と外国企業を同等に扱うものであり、ミャンマーの国内企業からは不満が強く出されている。ようするに競争力に圧倒的な差があるのに同等の扱いをされては淘汰されるだけだとの懸念がある。新法の発布前は飲料店、デパート、タクシー業などへの外資の参入は禁止されていたが、これからはこれらの業種にも外資が参入してくる。国内業者の不安はもっともなものといえよう(佐野和樹(2016)「ミャンマーの投資環境と法制度」国際機関日本アセアンセンター(2016年10月28日およびMNB2016年11月号参照)。

・最大50％までの法人税減免：製造業が生産・輸出した製品から得られる利益
・費用控除の権利：事業目的に関連し、かつ必要でミャンマーで実施される研究開発
・損失繰越・利益を相殺する権利：損失が発生してから3年間
・関税免除・減免：事業立ち上げ期間中に輸入・使用された機械・設備・機械部品・その他材料について、関税またはその他の内国税（あるいはその両方）の免除または減免
・関税免除・減免：事業立ち上げ完成後の最初の3年間の生産のために輸入される原材料について関税またはその他の内国税（あるいはその両方）の免除または減免
・商業税の免除・減免：輸出のために生産される製品

経済特区法（改正）

改正経済特区法は2014年1月に制定された。主な優遇措置は下記のとおりである。
・フリー・ゾーンにおいては操業開始から7年間は法人税免除、その後5年間は法人税を50％減免。条件によりさらに再投資利益の50％を減免
・プロモーション・ゾーンにおいては操業開始から5年間の法人税免除、条件によりさらに5年間再投資利益の法人税を50％減免
・フリー・ゾーンにおいては原材料、機械設備、スペアパーツ、工場、倉庫建設のための建設資材、車両については輸入関税およびその他税金の免税
・プロモーション・ゾーンにおいては機械設備、スペアパーツ、工場、倉庫建設のための建設資材、車両について事業開始から5年間輸入関税およびその他税金の免税かつ翌5年間50％減免
・税務上の損失を5年間繰り越して所得と相殺

（ウ）物的インフラの整備

　物的インフラの整備は外資を呼び込むうえで決定的な重要性をもっている

が、ミャンマーの場合、その整備に決定的な遅れがある。これが投資受け入れのネックになっている。テインセイン政権になり援助資金や民間資本を動員してインフラ整備に力を入れている。以下、道路、鉄道および経済特区を見ておこう（なお、電力と通信は第1章3「多様化する産業」の項を参照）。

道路と鉄道

ミャンマーには14.2万kmの道路網があり、その内訳は国道（1.87万km）、郡間道路（1.90万km）、主要都市その他の道路（2.64万km）、村落および国境地帯の道路（7.82万km）となっている。建設省はBOT方式[27]で民間企業や合弁企業よる道路建設を奨励している。ミャンマーの今後の発展に重要な意味をもつのは多国間のハイウェーである。その主なものは図表2-8に挙げたもので総延長約3,000kmである。

道路整備では国境間を結ぶ道路建設が重要性をもつが、目下、急ピッチで整備が進められている。ASEAN経済共同体実現に不可避な物的連結性の充足はこれからである。現在、中国およびタイの隣接国との物流ルートの開発が進められている。中国とミャンマーとの国境貿易に関しては、雲南省の省都・昆明から国境の町・端麗（ルイリー）に至り、そこからミャンマー側のム

図表2-8：アジア・ハイウェー（AH）

AH	距離	区間
AH1	1,650km	（ミャワディ～ヤンゴン～マンダレー～タム）
AH2	807km	（タチレッ～メッティーラ～タム）
AH3	93km	（モンラー～チャイントン）
AH4	453km	（ムセ～マンダレー）

（出所）　日本アセアンセンター主催：ミャンマー投資セミナー配布資料（2013）『ミャンマー投資ガイド』（2015年7月19日）。

27　Build（建てる）、Transfer（所有権を移転する）、Operate（管理・運営する）の頭文字をとった用語。民間事業者が施設等を建設し、維持・管理および運営し、事業終了後に公共施設等の管理者等に施設所有権を移転する事業方式。

セに入り、マンダレーに至るルートが主要な交易ルートとなっている(AH4)。このルートの一部道路整備は中国側の援助を得て行われた。ミャンマーとタイとの貿易において輸入の75％、輸出の56％が海上輸送によって行われていた。これはヤンゴン〜ミャワディ〜メソット〜バンコク間ルート(AH1)のうちミャンマー側のコーカレイ〜ティンガーノ間の道が狭く1日おきに方向の変わる一方通行を余儀なくされていたためである。しかし、2015年7月にそのルートの南側にバイパスが完成したため通行時間は大幅に短縮された。他方、ヤンゴンからバンコクまでの海上輸送は、ヤンゴンからシンガポールまで送られそこで積み替えられてバンコクまで輸送される。そのため実に21日もの日数を要した。将来、この間の道路が本格的に整備されれば、ヤンゴン〜バンコク間約870kmの陸上輸送が1.9日に短縮される見込みである。

　マンダレー〜ネピドー〜バゴー〜ヤンゴン間(620km)の鉄道の近代化が進められている。軌道、土木構造物、信号、車両等の改修および改良が実施されている。フェーズⅠ(ヤンゴン〜トングー間)に200億円の円借款が供与された。また、ヤンゴン環状鉄道改修事業に着手し、ヤンゴン都市交通マスター・プランをもとに環状線の将来的な電化および需要の高い西側区間の改修に向け円借款のF/S調査[28]を実施している。国際間の鉄道としてマンダレーと昆明を結ぶ計画がある。

(エ) 経済特区

　ティラワ経済特区

　同経済特区は2,400haの広さをもち、ヤンゴン市内から南東23kmのところに位置する。日本とミャンマーの官民の合弁会社MJTW(Myanmar Japan Thilawa Development)が運営する。ミャンマー側の出資比率は51％、日本側のそれは49％である。2013年に造成を開始し、15年に部分開業した。50社以上がすでに進出を決めている。

　チャウピュー経済特区

28　フィジビリティスタディ(feasibility study)のことで、プロジェクトの実現可能性を事前に調査・検討すること。

　第1フェーズは1,000haの工業団地の造成、8,000TEU（20ftコンテナ換算）の取り扱い能力を有する深海港の建設、5,000haの住宅開発を含んでいる。シンガポールのコンソーシアムがマスター・プランの開発を行っている。チャウピューからは雲南省・昆明間にすでに原油用および天然ガス用の2本のパイプラインが完成しており、すでに輸送が始まっている。中国やタイ企業が関心を示しており、石油化学工業などの発展が見込まれている。

　ダウェー経済特区

　ミャンマー南部のタニンタリー管区に位置する。最初のフェーズは2車線道路の建設、13,000トンから20,000トンの船舶が停泊できるふ頭、労働集約型製造業のための工業団地、発電所、住宅建物、給水設備の開発が見込まれている。将来的にタイのカンチャナブリからダウェー経済特区を結ぶ高速道路、鉄道、石油・天然ガスのパイプライン建設が計画されている。

(c) ミャンマーへの投資状況

　次に、ミャンマーへの国別の累積投資額（FDI）をみておこう（図表2-9参照）。第1位となっているのが中国の金額は154.6億ドルで、シェアは26.0％を占める。中国は軍政時代の蜜月関係を背景に積極的に投資を行ってきた。とりわけ、チャウピューおよび昆明間のパイプラインの敷設、電源開発、エネルギー資源および鉱山開発などに積極的に投資を行ってきた。香港は中国とは別扱いになっているが、縫製業などの労働集約産業に投資をし第4位にランクされている。中国と香港を合わせると、総投資額は228.0億ドルになり、総投資額のほぼ3分の1に達する。第2位はシンガポールである。投資金額は120.2億ドルで、22.0％のシェアを占める。ただし、シンガポールの場合、国籍はシンガポールであっても実質的には他国の企業も多く含まれている。第3位はタイで金額は103.5億ドル、シェアは17.4％である。タイも地理的近接性もありミャンマーに強い関心を抱いている。特に、タクシン政権の時は良好な政治関係を背景に経済関係は深まった。中国、シンガポールそしてタイがミャンマーへの三大投資国といえるが、この3カ国で全体の3分の2を占める。韓国が6位につけている。投資額はおよそ34億ドルで日本の5倍の投

図表2-9：対ミャンマー投資額（FDI）上位15位（認可ベース）

（2016年1月31日現在）

順位	国名	外国投資		
		件数	承認額（100万ドル）	シェア（%）
1	中国	122	15,463.3	26.0
2	シンガポール	195	12,023.8	22.0
3	タイ	90	10,352.3	17.4
4	香港	120	7,340.5	7.2
5	イギリス	82	4,058.6	7.0
6	韓国	122	3,396.4	5.7
7	マレーシア	53	1,664.7	2.8
8	オランダ	14	989.6	1.7
9	インド	22	730.6	1.2
10	ベトナム	10	691.6	1.2
11	日本	85	619.9	1.0
12	フランス	4	541.6	0.9
13	インドネシア	13	254.7	0.4
14	アメリカ	17	248.2	0.4
15	カナダ	18	195.8	0.3

（出所）　Directorate of Investment and Company Admission のウェブサイトより（http://www.dica.gov.mm/）。

資額となっている。なお、日本の投資についてはあとで取り上げる。ASEAN諸国では15位以内には上記の2カ国のほか、マレーシア、ベトナムそしてインドネシアが入っている。つまり、15位以内にASEAN加盟国が5カ国ランクインしており、やはりASEAN加盟国がミャンマーへの主要な投資先であることがわかる。

　欧米諸国では15位以内に、イギリス、オランダ、フランス、アメリカ、カナダが顔をだしている。前述したように、政府間ベースの関係改善を受けて、欧米系の企業もミャンマーに注目し始めている。欧州系の企業の進出は2013年4月の欧州連合（EU）による一部制裁解除がきっかけとなっている。なお、欧米系の企業でミャンマーに投資している企業として次のようなものがある。テインセイン大統領（当時）も4月欧州諸国を訪問してミャンマーへの投資を呼びかけた。欧州の企業はミャンマーのエネルギー資源、電話サービス、医療機器などに関心をもっている。2014年末までに進出を決めたあ

るいは予定している主な欧米系の企業は、コカ・コーラ（アメリカ：清涼飲料水）、ペプシコ（アメリカ：清涼飲料水）、ジェネラル・エレクトリック（アメリカ：発電用ガスタービンの納入や小型旅客機のリース）、フォード・モーター（アメリカ：自動車販売）、トタル（フランス：海底油田の開発）、テレノール（ノールウェー：携帯電話）、フィリップス（オランダ：医療機器およびエレクトロニクス事業）、WPP（イギリス：広告会社に出資）、ロレアル（フランス：子会社設立）、ヒルトン・ワールドワイド（アメリカ：ホテルの新設）、APRエナジー（アメリカ：火力発電）、ハイネケン（オランダ：ビール工場）、ユニリーバ（イギリス・オランダ：工場建設）、アコー（フランス：ホテル新規開業）などである。

　さて、ミャンマー政府は、2030年までの間を短期（2015年）、中期（2016 〜 2020年）そして長期（2021 〜 2030年）の三つの期間に分け、年当たりの外資導入額およびそれぞれの目標を定め、総額1,400億ドルの外資流入を見込んでいる。短期計画では40億ドルの流入を見込み、「増大したFDIがミャンマー産品に対しグローバル・サプライ・チェーンへのアクセスを促進し、国内外の市場の発展に寄与する」ことを目標としている。中期計画では、「多様化した産業を基盤に、FDIを引き付け続けるような確かなブランド名を確立し、AEC（アセアン経済共同体）において比較優位を享受する」ことを目標とし、年平均FDIの流入額を60億ドルに設定している。また、長期計画では、「継続的なFDI主導の産業開発がインフラ整備と、また、ミャンマーの持続的経済成長の核心的推進者として役立つ多層的な裾野産業を集積させる」ことを目標としている。年平均の投資額は80 〜 110億ドルを見込む。

　次に分野別の投資をみておこう。図表2-10に示すように、2016年6月30日現在、金額的には石油・ガスが全体の40％を占め第1位の投資分野となっている。特に、天然ガスは有望な海底ガス田が見つかったこともあり、現在最大の輸出品になっている。ただし、石油の産出量は多くなく、輸入に多くを頼っている。第2位の投資先は電力である。電力不足は工業化の深刻な隘路となっている。政府は外国援助のみならず民間投資を活用して電力不足解消に全力をあげている。投資額は136.5億ドルで全体の4分の1を占めている。第3位は近年急速に増加しているのは製造業への投資である。投資額は52.7

図表2-10：分野別投資額（2016年6月30日現在）

順位	分野	外国投資		
		件数	承認額（100万ドル）	シェア（%）
1	石油・ガス	96	21,487.0	40.3
2	電力	9	13,654.6	25.6
3	製造業	544	5,271.3	9.9
4	運輸・通信	24	4,909.1	9.2
5	鉱業	11	2,368.0	4.4
6	不動産	24	2,225.0	4.2
7	ホテル・観光	47	2,186.0	4.1
8	農業	16	221.2	0.4
9	畜産・漁業	18	201.7	0.4
10	工業団地	3	189.1	0.4
11	その他サービス	45	635.2	1.2
	合計	837	5,3348.2	100.0

（出所）　Directorate of Investment and Company Admission のウェブサイトより（http://www.dica.gov.mm/）。

億ドルで約10%を占めている。件数は544件で他を圧している。以下、運輸・通信、鉱業、不動産などが続いている。

（4）日系企業の進出

（a）進出概況

　経済制裁が解除されるにつれて、最後のフロンティアとしてミャンマー経済が再びクローズアップされてきた。5,000万人を超える人口、豊富な労働力、各種の資源、巨大マーケットに囲まれた地理上の優位性などミャンマー経済のポテンシャリティーの高さがが改めて注目されることになった。とりわけ、熱い視線を送ったのが日系企業である。もともと日系企業はミャンマー経済に強い関心を抱いていたが、欧米が経済制裁を科していたこともあり投資を手控えてきた。軍政下で投資を行った国は、もっぱら中国やASEAN諸国であり、この間に日本のプレゼンスは大きく低下してしまった。欧米諸国もいくつかの国がエネルギー資源を中心に投資を行っているが、それらは経済制裁が本格化する前に行われたものである。しかし、民政移管後その制約が取

り払われたこともあり、日系企業は再度、注目し始めたのである。ミャンマーが世界の関心を集めたのは、中国やタイでの投資環境の変化もある。中国では今世紀に入り賃金がかなり高騰し、もはや労働集約産業の進出先としては魅力が薄れてきた。また、歴史認識や領土問題を原因として反日の機運が高まり、日系企業が襲撃されたり、日本製品の不買運動が起こされたりした。こうしたところから中国一国に集中するリスクが意識され、中国以外の国に投資先を求める動きが出てきた。いわゆる「チャイナ＋ワン」である。そのワンとしてミャンマーが注目されたのである。タイでも中国と同様、賃金の高騰という問題を抱えるようになっている。タイにはすでに相当数の企業が進出しているが、労働集約的な工程はラオスやカンボジアなどの周辺諸国に移す動きがある。つまり、交通網が整備されればタイと周辺諸国との間に工程間分業が成り立つのである。こちらは、「タイ＋ワン」と呼ばれる。いま、タイとミャンマーとの間は急ピッチで道路網が整備されており、それが完成すれば両国間の分業が十分可能になるのである。

　2012年頃から相次いで各種経済団体、地域の商工会議所、地方自治体などによる投資ミッションが派遣されている。また、ミャンマー政府の協力を得て、日本ASEAN投資センターやJETROなどが主催する投資セミナーが数多く開催されるようになっている。いずれの投資セミナーも定員を大きく上回る申し込みがあり盛況である。しかしながら、一気に大量に日系企業が進出しているわけではない。2016年1月31日現在、投資額の認可ベースで見た場合、日本は11位であり大きく出遅れている（図表2-9参照）。確かに視察が多い割には、投資額が少ないという印象はぬぐえない。実際、筆者もミャンマー政府関係者から日系企業の腰の重さの苦情を聞いたことがある。日系企業の進出の遅さを揶揄して、「ネイトー（NATO: No Action Talking Only）」といわれたこともある。日系企業の進出を遅らせていた真の理由は、アメリカによるミャンマーに対する経済制裁やミャンマー国外で起こされた進出企業の製品不買運動である。スーチーがミャンマーへ投資をしないように呼びかけたことも影響したと考えられる。しかし、これらの障害は基本的にはテインセイン政権になって取り除かれたといってよいであろう。

　では、現在、日系企業の投資を遅らせているのは何か。それは、ハードおよびソフトのインフラの未整備である。とりわけ、ハードのインフラの未整備が投資のボトルネックになっている。進出を考える企業の多くが指摘するのが電力不足であり、それが大きな障害になっていることは明らかである。すでに進出している企業も大半は自家発電の設備を備え付けている。電力以外では、国際間の道路の未整備も経済活動の障害になっている。現在、ヤンゴンからバンコクへの輸送はシンガポールを経由する海上輸送によって行われている。前述のように、タイからの輸入全体の75％そしてタイへの輸出の56％が海上輸送に依存しているが、現状では実に21日間の日数を要している。もし、ヤンゴンとバンコクを結ぶ道路（距離はおよそ870km）が完成すれば、トラックでの輸送所要日数は1.9日間に短縮される。こうしたことを考えれば、国と国を結ぶ幹線道路の整備は貿易、投資にとって極めて重要な意義を有していることがわかる。通信インフラも企業活動の必要不可欠である。携帯電話の普及は目覚ましいものがあり、それとともにインターネットの普及も急速に進んでいる。そして、電力、通信、道路、鉄道などの整備に日本のODAがきわめて重要な役割を果たしているのである。

(b) 投資分野

　さて、これまでミャンマーに進出した日系企業の投資先の分野をみておこう。それを示したのが、図表2-11である。これをみてわかるように、これまでのところ製造業に集中している。つまり、日系の製造業を引き付けているのは、ASEAN内でも最も低い賃金である（後掲の図表3-10参照）。製造業の件数は52件に上り、認可投資額は3億ドルに達している。その割合は件数で74％、認可投資額の60％をそれぞれ占める。今後、インフラの整備、ティラワの経済特区の拡張、外国銀行の営業拡大、経済法の整備、証券市場の拡充などがすすめば日系企業の本格的な進出が始まるであろう。ミャンマー政府も数年のうちに日系企業が大きく順位をあげてくるものとみている。

　投資金額では必ずしも多くはないが、ミャンマーに関心を持つ企業は着実に増加しており、2015年6月30日現在のDICAへの登録会社数は642社に上っ

図表2-11：日系企業の投資先分野（セクター）

（2015年6月30日現在）

	セクター	件数	認可投資額（100万USドル）
1	漁業部門	3	13.972
2	製造業	52	307.814
3	農業	2	20.250
4	石油・ガス	1	40.000
5	ホテル・観光	3	68.000
6	不動産	1	31.313
7	その他	8	36.603
		70	517.952

（出所）　日本アセアンセンター主催：ミャンマー投資セミナー配布資料
（2013）『ミャンマー投資ガイド』（2015年7月19日）13ページ。

図表2-12：分野別の会社登録数

	分野	会社数
1	商業	47
2	工業	61
3	サービス	510
4	建設	1
5	ホテル	4
6	観光	7
7	銀行	12
	合計	642

（出所）　同上、14ページ。

ている（図表2-12参照）。そのうちサービス分野が510社を占め最大となっている。

4　会社法改正の動向

　ミャンマーの会社法（The Companies Act, 1914）は、1914年に成立したものであり、1914年当時、ミャンマーはイギリス領であり、かつ、インドもイギリス領であったことから、当時のイギリス会社法を基礎としたインド会社法をミャンマーの会社法として採用している。その後、1955年、1959年、

1989年、1991年に改正されているが、いずれの改正も罰金の変更等軽微な改正であり、基本的には1914年に成立した内容がそのまま用いられている。なお、会社法に関連する法令としては、会社法施行細則(The Myanmar Companies Rules, 1940)やミャンマーの国有企業との合弁会社に関して規定している特別会社法(The Special Company Act, 1950)が存在する。

　2016年12月現在(以下、同様)、DICAがアジア開発銀行(ADB)の支援を受けて大幅な改正作業中であり、DICAのホームページ[29]において改正案が公開されている(以下、当該案を「改正会社法」という。)。改正会社法はオーストラリア会社法を参考に作成されており、約100年ぶりの改正となることから、外国会社の定義の変更など、多くの点で改正が予定されており、実務にも大きな影響が出る予定である。改正の成立時期については、早ければ2015年中に成立するとの報道も以前はあったが、2016年12月現在、未だに成立しておらず、具体的な時期は未定である。

　ミャンマーに進出する際、非営利法人等を除き、設立の形態が支店か現地法人であるかを問わず会社法に基づく営業許可および法人登記の取得が必要であり、全ての会社が会社法の規定を遵守しなければならず、会社法は全ての会社に影響を及ぼす重要な法律といえる。したがって、改正会社法がどのような内容かを知ることは事前に対策を検討するためにも重要であることから、本節において改正会社法のうち特に重要な改正事項について解説する。なお、現行の会社法の概要については、堤雄史・藤井俊亮(2013)を参照されたい[30]。

(1) 外国会社の定義

　改正会社法においては、外国会社の定義が変更される。現在の会社法上は、外国会社とは、ミャンマー会社若しくは1950年特別会社法に基づき設立された特別会社以外の会社、又はミャンマー国外で設立された会社であって、ミャンマー国内に設置した事業所を有する会社と定義されている(会社法2条

29　http://dica.gov.mm.x-aas.net/
30　堤雄史・藤井俊亮(2013)『ミャンマー・ビジネスの法務・会計・税務』中央経済社。

(1)(2B))。ミャンマー会社とは、全ての株式資本をミャンマー人又はミャンマー会社が保有している会社と定義されており（会社法2条(1)(2A)）、1株でも外国人又は外国会社（以下「外国人」という）が株式を保有している会社は外国会社として取り扱われる。また、ミャンマー会社の取締役に外国人が就任することは実務上認められていない。

　しかし、改正会社法においては、外国会社とは、外国企業又は外国人が直接又は間接に所有又は支配しており、所有権益を所定の割合以上有している会社と定義されている（改正会社法2条(2)(13)）。所定の割合について、改正会社法上は明記されておらず、別途施行細則等により規定される予定であるが、現時点では株式比率35％等の数字が議論されているとの情報がある。

　当該改正が成立した場合、会社法の適用自体に違いはないものの、他の法律において、例えば、ミャンマー会社でなければ取得できない事業ライセンスや不動産の長期利用権等を外国資本が一部入った会社であっても認められることとなる。また、2015年12月にヤンゴン証券取引所が開設されており、現在はミャンマー会社のみ上場が認められており、かつ、ミャンマー会社の株式を外国人は原則として取得できないことから証券取引所での売買に外国人は参加できなかったが、改正会社法成立後は一定の範囲内で外国人が売買に参加できることとなる。

(2) 株主および取締役の人数

　現在の会社法上は、株主および取締役はいずれも2名以上必要とされており、1名のみでの設立は認められていない。しかし、改正会社法においては、1名のみで会社を設立できるようになり、100％子会社も設立できるようになることから、会社設立が容易になる。

(3) 小規模会社

　現在の会社法上は、会社の規模に関する規定は存在しない。

　改正会社法は、小規模会社という定義を創設した。すなわち、従業員数が30名以下の場合、かつ、年間収入合計額が5,000万チャット以下の場合には

原則として小規模会社に該当する（改正会社法2条(35)）。当該小規模会社は、定時株主総会開催義務の免除（改正会社法120条(7)）、一定の財務書類および監査書類の作成義務に関する免除（改正会社法218条(3)）等の恩恵を受けることができる。これまでは会社の規模にかかわらず同じ負担が課せられていたが、これにより起業が容易になる。

(4) 設立手続き

現在の会社法上は、会社設立の際の手続きおよび必要な情報等につき詳細な規定が存在しない。

改正会社法は、会社の種類に応じて、必要事項等を規定している（改正会社法8条等）。これまでは、法律上明記されていないことから、実務上の運用により頻繁に変更されていたが、法律上明記されることにより、安定性および透明性が高まると思われる。

(5) 目的の範囲外の行為

現在の会社法上は、会社が定款に記載されている目的の範囲外の行為を行った場合の取り扱いについて法律上規定されておらず、また、実務上もかかる行為の効力が不明確であった。

改正会社法上は、目的の範囲外の行為であっても、当該行為は有効とされている（改正会社法27条）。その上で、取締役が損害賠償責任を負う形となっている。これにより、取引の安全性が高まると思われる。

(6) 株主訴訟

現在の会社法上は、株主が提起する訴訟について一定の書類の閲覧等については規定があったものの、権利侵害がなされた場合の一般的な規定や会社を代表する形態の訴訟については規定が存在しなかった。

改正会社法上は、164条以下で株主が自らの株主としての利益侵害を理由として訴訟を提起する場合と会社を代表して訴訟を提起する場合について規定されている。これにより、少数株主の利益を保護することが容易になり、

また、取締役などによる不正行為を抑止することができるようになると思われる。

(7) 定款

　会社法上の定款には基本定款(memorandum of association)および附属定款(articles of association)の2種類が存在する。会社は、基本定款および附属定款をミャンマー語と英語の両言語で作成した上、署名したことを証明する証人の面前で株主が署名する必要がある(会社法9条、19条)。基本定款は、会社の商号、会社の目的、会社の種類等の重要な事項を規定する。他方、附属定款は、株式の種類や取締役会の権限等、主に内部手続きに関する事項を規定する。また、実務上はDICAが発行しているモデル定款を原則として使用する必要があり、会社が独自に修正することが困難であった。

　改正会社法においては、定款はConstitutionと称されるは一つの文書に纏められる。これに伴い、DICAが発行しているモデル定款も修正される予定である。これまでは基本定款と附属定款の内容が重複する部分もあったことから、より実務に沿った形への修正が期待される。

(8) まとめ

　以上の通り、多くの重要事項について改正が予定されている。これまでは、会社法は古い法律であることから実務との乖離も多く、事実上死文化している条文もあり、会社法を遵守していない会社も存在した。しかし、改正会社法成立後は、改正会社法は現在の実態も踏まえた上で、現代の基準に合った内容を目指して起草されていることから、ミャンマー政府も会社に対して改正会社法の遵守を求めることが予想される。また、税法や労働法などに関して、2015年頃から当局の調査および法律の遵守に関する指導が急速に厳しくなってきている。したがって、改正会社法の規定についても、定時株主総会の開催等、各会社が実施すべき事項について正確に内容を把握し、履行しなければならない。

　本節において紹介した内容はあくまでも現在の改正会社法であり、2015

年11月の選挙の結果、多くの国会議員が入れ替わり、2016年4月から新政権に移行しているため、今後の国会において内容が修正される可能性があるものの、いずれにしろ、改正会社法の内容にミャンマーに進出済みの会社および進出を検討している会社は留意が必要である。

小括

　2010年11月、総選挙が実施されたが、NLDは政党法に阻まれ解党を余儀なくされ、有力な対抗政党を欠くなかで軍政が押し立てたUSDPが圧勝した。新しく選出された議員による国会が召集されたのが、翌2011年1月のことであった。ここで民政移管が実施されテインセイン政権が誕生した。テインセイン大統領は民主的改革の目玉として民主派との和解に踏み切り、政党法を改正してNLDを合法的な党として復帰させ、スーチーにも政治活動の自由を認めた。その結果、スーチーは2012年の補欠選挙で国会議員に選出された。また、テインセイン政権は少数民族との和解に力を入れた。少数民族の武装グループとの停戦に向けての交渉のテーブルにつき和平工作を進めた。その結果、2015年3月には歴史的な停戦合意に漕ぎつけた。この合意が発効するには各グループの署名が必要であるが、テインセイン政権下で署名に応じたのは8グループにとどまっており、最終的な合意は次期政権に持ち越された。2015年11月、民政移管後初の総選挙が実施された。テインセイン政権の実績がどう評価されるか、大きな関心を集めた。国民はテインセイン政権そのものよりも長年にわたる軍の事実上の支配に審判を下した模様で、今度はNLDの圧勝に終わった。

　経済面でも大きな変化が現れた。テインセイン政権は貧困削減をトップ・プライオリティーの目標の一つに掲げた。経済成長率の高まりにみられるように、経済が活性化してきた。これには欧米諸国との関係改善による経済制裁の解除が寄与していることは間違いない。全面的に制裁が解除されたわけではないが、大きな障害が取り除かれたといってよいであろう。経済の活性化を受けて輸入が大きく増大した。工業化が進みだしたことで資本財や部品の輸入が増えた。また、自動車の輸入自由化により乗用車の輸入が急増した。

他方、輸出では天然ガスの輸出が従来のタイに加えて中国向けの輸出が立ち上がってきた。ただし、旺盛な輸入が輸出を上回っており、貿易収支の赤字幅が拡大している。日本の円借款が再開された意義も大きい。これによって工業団地、鉄道、通信、電力、橋梁、港湾などのインフラ整備が進みだした。さらに制裁解除により民間投資が本格的にミャンマーに入りだした。外資依存による輸出志向工業化に進めるミャンマーにとって、このインパクトはきわめて大きい。成長率が高くなったのは、外国企業の投資によるところが大である。ただ、投資金額でみると日系企業の遅い進出は否めないが、日系企業の進出意欲は強く、ソフト・ハードのインフラの整備が進めば進出が本格化するであろう。

　なお、2016年3月に選出されたNLDのティンチョー新政権も基本的にはテインセイン政権の経済政策、貿易政策、外資政策等を踏襲する見込みである[31]。

31　2016年1月に日本財団の招きで日本を訪問したNLDの経済委員会幹部であるソーウィン委員は取材に応じて、経済政策はトップダウンではなくボトムアップ方式を重視する違いはあるものの、これまでの投資政策や貿易政策は原則としてテインセイン政権のそれを踏襲することを明らかにしている（日本経済新聞2016年2月1日付け）。

第3章

人口動態と労働市場

（ヤンゴン市内チャウンタダ・タウンシップで果物を販売する屋台）

🌀はじめに

　一国の経済発展のポテンシャリティーを決める一つの要因は、人口規模である。2014年現在、ミャンマーはおよそ5,150万人に上る人口規模をもつ。ASEANの中ではインドネシア、フィリピン、ベトナム、タイに次ぐ。5,000万人を超える人口規模では、発展が進み人々に購買力がついてくると今度はマーケットとして期待される[1]。ただ、人口と経済発展の関係は一義的なものではない。人口が多いと経済発展に有利に働くこともあるが、人口が多すぎることがかえって経済の離陸を困難にすることがある。前者の場合は、農村あるいは都市の遊休の労働力が多いため、需要さえあれば潤沢に労働力を供給できる。後者は、人口に比して成長を起動させる投資が少ない場合、人口増加率が1人当たりGDPの伸びを上回ることがある。このケースでは1人当たり所得はむしろ減少してしまい、低位の均衡水準からなかなか抜け出せないことになる。いわゆるネルソンの低位均衡水準である[2]。

　ミャンマーは2011年の民政移管後、民主的改革の進展で経済制裁が解除されたことにより、また、多大の外国投資を受け入れてきた中国でチャイナ・リスクが高まっていることもあり、外資系企業の関心は新たなフロンティアと目されるミャンマーに集まっている。現実にそれまでの資源開発から労働集約産業への投資へと広がりを見せている。ミャンマーの賃金は中国のおよそ5分の1程度であり、当面は生産拠点として注目されよう。

　テインセイン政権下において、2014年3月30日から4月10日にかけて1983年以来となる31年ぶりのセンサスが実施された。その結果が2015年5月に発表され、人口は5,148.6万人と公表された。それまでミャンマーの人

1　このことはミャンマーよりはるかに人口規模の大きい中国の事例を見ればよくわかる。中国も最初から消費市場として注目されていたわけではなかった。改革開放に移ってからの10年以上はむしろ生産拠点とみなされていたのである。その後二十数年間年平均10％近い高い率で成長を続けた結果、今世紀に入り一大市場としてクローズアップされてきたのである。

2　Peter Hess & Clark Ross, 1997, "Economic Development," *Theories, Evidence and Polisies.* pp. 89-96, The Dryden Press Series in Economics.

口はIMFなどの国際機関が公表していた数字では6,000万人を超えるとみられていた。したがって、およそ1,000万人強、下方修正されたことになる。今回の調査においてもラカイン、カチンおよびカレンの3州の一部の地域は政情不安で実地調査が見送られた。しかし、これらの地域全体の人口は120万人程度と推定されており、正確なミャンマーの総人口は公表された数字にほぼ近いと考えられる。ミャンマーで初めて近代的なセンサスが実施されたのが英領植民地下の1872年のことであった。以降、1881年から1941年まで10年間隔でセンサスが実施された。独立後は1973年および1983年に実施された。以下、過去の人口データおよび2014年センサスの報告書に基づき、人口動態をみておこう。

●1　人口動態

（1）人口増加

　最初にセンサスが行われた1872年から2014年に至る142年間の人口の増加状況は、図表3-1に示す通りである。すなわち、1872年の270万人から1901年に1,050万人に、日本軍の侵攻が始まる直前の1941年には1,680万人に増加した。独立後ウ・ヌー政権下ではセンサスは実施されず、ネーウィン体制下で1973年および83年に2度実施された。前者の人口が2,890万人、後者のそれは3,530万人であった。その後、1988年にネーウィン体制が崩壊し、軍政が成立した。その間、センサスは実施されず、2011年に成立したテインセイン政権の下で2014年にセンサスが実施された。そのセンサスで5,148.6万人という数字が公表された。

図表3-1：人口増加の推移（1872 ～ 2014年）（百万人）

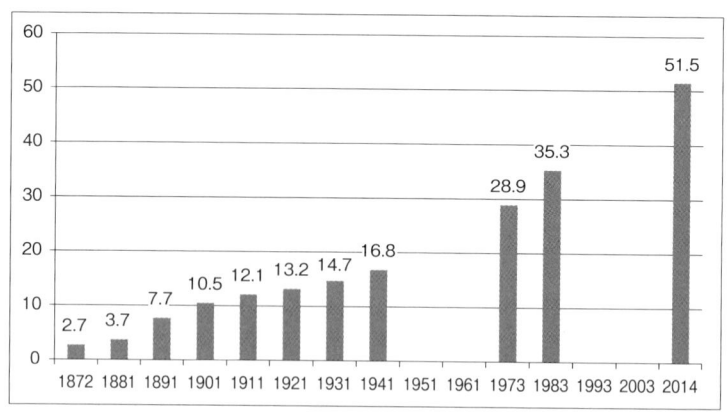

（出所）　Department of Population, Ministry of Immigration and Population, The Republic of The Union of Myanmar, 2015b, *The 2014 Myanmar Population and Housing Census, The Union Report, Census Report Volume 2*, May 2015, p.13より作成。

　独立後に実施された3回のセンサスと1993年の推計値をもとに1973年以降の10年間隔の年平均増加率は下記に示す通りである。

1973 ～ 1983年　2.02%

1983 ～ 1993年　1.41%

1993 ～ 2003年　1.38%

2003 ～ 2014年　0.89%

　2003年から2014年の0.89%というのは近隣諸国でもタイの0.30%、中国の0.61%に次いで低い水準となっている。インド、インドネシア、バングラデシュ、フィリピン、マレーシア、カンボジアなどミャンマーより所得水準が高いかほぼ同等の国々の人口増加率（軒並み1%を超えている）に比べて、ミャンマーはかなり低くなっている。すなわち、経済が成熟するかなり前に人口増加率の低下が始まっていることが分かる。

　ミャンマーの場合、人口増加率は1973年から83年の2.02%から2003年から14年にかけては0.89%に半減している。このようなトレンドは、第2次世界大戦が終了して間もなく独立したいわゆる発展途上国のそれと時間のずれ

はあってもおおむね似通ったパターンをたどったと考えられる。すなわち、発展が開始される前の社会を伝統社会と呼べば、伝統社会の人口動態は、高出生率、高死亡率で特徴づけられる。伝統社会は死亡率が高く、社会を存続させるためには高出生率にならざるを得ない。ミャンマーの場合でも1951年の普通死亡率は39.3人、普通出生率は46.1人に及んでいた。経済発展が開始され人々の生活水準が上がり、また、安全な水や近代的な医療へのアクセスが改善されると急速に死亡率が減る。例えば、ミャンマーの5歳未満の乳幼児死亡率(生きて生まれた1,000人の乳幼児が5歳になるまでの死亡者数)をみると、1951年は実に252.8人に達していたが、1961年には129.9人へと劇的に下がった。2014年のセンサスによればこの率は62人まで下がってきている。

　他方、出生率はその社会に形成されている価値観や子供に対する実際上の必要性から容易には下がらない。こうして、出生率と死亡率の格差が急速に拡大し、人口が急増する。途上国ではこのことが1960年代に実際に起こった。この時期、途上国の人口増加率は2.2％に達したが、ミャンマーの場合、上で示したように1973年から83年の時期においての人口増加率は2.02％の水準にあった。しかし、やがて出生率も下がり始める。子供が死ななくなるとたくさんの子供を産む必要性がなくなる。このことは人々にタイムラグをもって意識される。また、生活水準が上がり、ライフスタイル、権利意識、結婚観に変化が生じると出生率に大きな影響を与える。特に、そのことが女性に生じるとインパクトが大きい。例えば、女性の高等教育への進学率さらに就業率が高まると、どうしても初婚年齢が高くなる。結婚年齢が高くなると、確実に出産する子供の数が少なくなる。出生率の変化をみると、1951年の46.1人から1995年には都市部で28.0人に、また、農村部では30.4人に、さらに、1997年には都市部で27.8人に、農村部で29.2人にそれぞれ下がっている[3]。2014年のセンサスによると、この率は18.9人まで低下している。なお、同センサスによると合計特殊出生率は2.3であり、増加率は低下するものの

3　Hla Tun Aung, 2003, *Myanmar: The Study of Processes and Patterns,* National Centre for Human Resource Development, Publishing Committee, Ministry of Education, pp. 197-200.

当面ミャンマーの人口は増え続ける[4]。

（2）人口ピラミッド

　それでは5歳間隔で区切った年齢層別のいわゆる人口ピラミッドはどのように変化したであろう。図表3-2は1973年の人口ピラミッドと2014年のそれを比較したものである。1973年の場合、年齢層が若くなればなるほど人口が多くなる、きれいな富士山型の形状をしている（ただし、65歳以上人口が合算されているために65歳以上人口がやや突出している）。他方、2014年の場合、0〜4歳および5〜9歳の各層の人口がともに10〜14歳の人口を下回っている。こうした形状変化は主として出生率および人口増加率の低下によって引き起こされたものと考えることができる。

（3）管区・州別人口

　さてそれでは5,148万人という人口が管区・州にどのように分布しているのであろうか。それを示したのが図表3-3である。それによれば、人口が最も多いのがヤンゴン管区で736万人、それにエヤワディー管区の618万人、マンダレー管区の616万人、シャン州の582万人、サガイン管区の532万人が続く。上位五つの管区・州で総人口のほぼ60％を占める。この中でシャン州の人口が増えているのは、1983年のセンサスでは算入されていなかったシャン州のワ自治管区およびマインラーの人口が2014年のセンサスでは付け加わったためである。また、マンダレー管区の総人口に占める割合が減少しているのは、新たな首都になったネピドーの人口が除外されたためである[5]。エヤワディー管区で人口比率が減っているのは、2008年同管区を襲った巨大サイクロン・ナルギスの影響によるものと考えられている。また、マグエ管区の比率が下がっているのは、同地区は乾燥地帯で農業生産性が低く、

4　Department of Population, Ministry of Immigration and Population, The Republic of The Union of Myanmar, 2015b, *The 2014 Myanmar Population and Housing Census, The Union Report, Census Report Volume 2*, May 2015, p.35.

5　Department of Population, Ministry of Immigration and Population, The Republic of The Union of Myanmar, 2015b, p.15.

図表3-2 (1)：人口ピラミッド (1973年) (単位：千人)

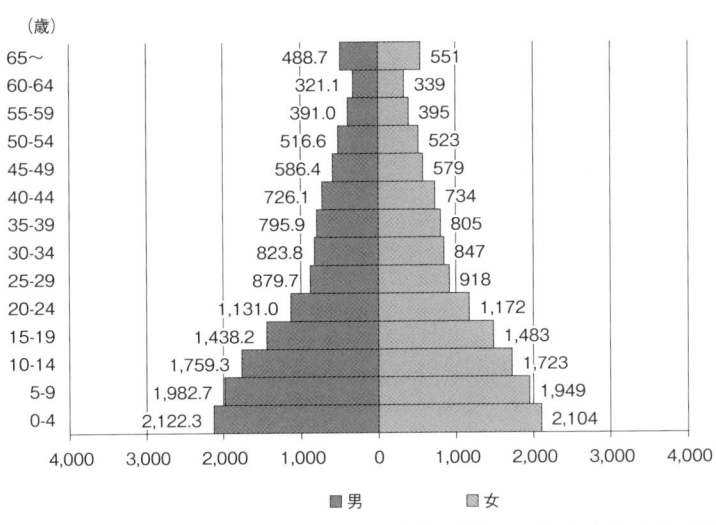

（出所）　M. Ismael Khin Maung, 1986, *The Population of Burma: An Analysis of the 1973 Census* より作成。

図表3-2 (2)：人口ピラミッド (2014年) (単位：千人)

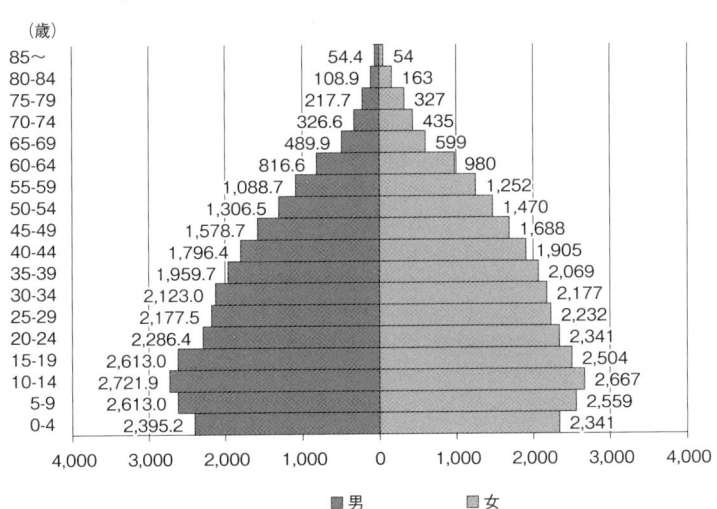

（出所）　Department of Population, Ministry of Immigration and Population, The Republic of The Union of Myanmar, 2015b, p.19等より作成。

図表3-3：管区・州の人口推移

	人口（万人）			州・管区毎の人口比率（%）		
	1973年	1983年	2014年	1973年	1983年	2014年
カチン州	73.7	90.4	168.9	2.6	2.6	3.3
カヤー州	12.7	16.8	28.7	0.4	0.5	0.6
カレン州	85.8	105.5	157.4	3.0	3.0	3.1
チン州	32.3	36.9	47.9	1.1	1.0	0.9
サガイン管区	311.9	386.2	532.5	10.8	10.9	10.3
タニンタリー管区	71.9	91.7	140.8	2.5	2.6	2.7
バゴー管区	318.0	380.0	486.7	11.0	10.8	9.5
マグエ管区	263.4	324.3	391.7	9.1	9.2	7.6
マンダレー管区	366.8	457.8	616.6	12.7	13.0	12.0
モン州	131.4	168.0	205.4	4.5	4.8	4.0
ラカイン州	171.2	204.6	318.9	5.9	5.8	6.2
ヤンゴン管区	318.9	396.6	736.1	11.0	11.2	14.3
シャン州	318.0	371.7	582.4	11.0	10.5	11.3
エヤワディー管区	415.7	499.4	618.5	14.4	14.1	12.0
ネピドー			116.0			2.3
合計	2,892.1	3,530.8	5,148.6	100.0	100.0	100.0

（出所）　Department of Population, Ministry of Immigration and Population, The Republic of The Union of Myanmar, 2015b, p.15.

貧困者が多く労働力が流出している可能性が考えられる。

(4) 都市と農村の人口

　次に、都市部と農村部に分けて人口の分布をみてみよう。2014年センサスの結果が示すところによれば、ミャンマーを全体としてみれば都市部に総人口の30%が、農村部に残りの70%が居住している。州・管区別に都市部、農村部のそれぞれの人口を示したのが図表3-4である。管区・州の中でヤンゴン管区が突出して高く、都市化率が70%に及んでいる。ヤンゴンは2006年にネピドーに首都が移転するまでの首都であり、商工業で栄えたミャンマー第一の都市であった。現在も内外の企業が経済特区や工業団地に活発に進出し、多くの工場労働者を雇用している。エヤワディーのデルタ地帯や上（かみ）ミャンマーからも職を求めてヤンゴンに流入してきている。ヤンゴン管区に次ぐのは、カチン州、マンダレー管区そしてネピドーなどで、いずれも都市

図表3-4：管区・州毎の都市部と農村部の人口

	人口（実地調査分：万人）			都市部・農村部の人口比率	
	都市部	農村部	合計	都市部(%)	農村部(%)
カチン州	59.2	105.0	164.2	36	64
カヤー州	7.2	21.4	28.7	25	75
カレン州	32.9	117.5	150.4	22	78
チン州	10.0	37.9	47.9	21	79
サガイン管区	91.1	441.4	532.5	17	83
タニンタリー管区	33.8	107.0	140.8	24	76
バゴー管区	107.2	379.5	486.7	22	78
マグエ管区	58.8	332.9	391.7	15	85
マンダレー管区	214.3	402.2	616.6	35	65
モン州	57.2	148.2	205.4	28	72
ラカイン州	35.4	174.4	209.9	17	83
ヤンゴン管区	516.0	220.0	736.0	70	30
シャン州	139.6	442.9	582.4	24	76
エヤワディー管区	87.2	531.2	618.4	14	86
ネピドー	37.5	78.5	116.0	32	68
合計	1,487.8	3,540.2	5,028.0	30	70

(出所)　Department of Population, Ministry of Immigration and Population, The Republic of The Union of Myanmar, 2015b, p.18.
(注)　この表における合計数値が5,028万人となっており、総人口の5,148万人と異なっているが、これは誤差の範囲内だと考えられえる。

人口は30％台に達している。他方、農村人口の比率が高いのがエヤワディー管区およびマグエ管区でそれぞれ86％、85％の高さに及んでいる。両管区ともミャンマーの貧困地帯として知られている。エヤワディー管区にはエヤワディー川がデルタを形成しており、ミャンマー有数のコメ生産地となっている。米作地帯であるから当然農村人口比率は高くなるが、農業の生産性が低いため貧困農民が多い。また、マグエ管区は乾燥地帯でやはり農業の生産性が低くミャンマーの貧困地帯となっている。そのほかサガイン管区、ラカイン州の農村人口が高く、いずれも8割を超えている。

(5) 主要都市の人口と世帯数

　次に主要都市の人口および世帯数をみておこう。人口最大の都市はヤンゴンである。ヤンゴンは植民地時代から2006年まで首都とされてきたことも

あり現在においても人口規模でミャンマー第1位の都市である。2014年にお
いて人口は520万人を数える（図表3-5参照）。テインセイン政権になって欧
米諸国の経済制裁が解除されたこともあり、外資系企業の進出が相次ぎ、工
場建設のラッシュが起こっている。ショッピング・モールがあちこちにでき、
個人商店、スーパーやコンビニなどの小売業者の進出も活発である。周辺地
域から工場労働者としてあるいはサービス産業従事者として人口の流入が続
いており急速に人口が増加している。不動産価格も高騰している。乗用車の
輸入が自由化されたこともあり、市内を走る乗用車の数が急増し、交通渋滞
が深刻な状態になっている。ネピドーに首都機能が移転されなければ、より
一層深刻な状況になっていたであろう。人口規模でヤンゴンに次ぐ都市はマ
ンダレーである。いうまでもなくマンダレーは上ミャンマーの中心都市であ
る。現在は、中国人が不動産、商業、流通などのビジネスへ積極的に投資を
行っており、そのプレゼンスが極めて高くなっている。人口は122万人でヤ

図表3-5：主要都市の人口と世帯数

都市名	人口（万人）	世帯数（万戸）
ヤンゴン	520.9	109.3
マンダレー	122.5	22.7
ネピドー	115.8	26.7
バゴー	49.1	10.8
パーアン	42.1	9.0
タウンジー	38.0	8.3
モニワ	37.1	7.7
ミッチナー	30.5	5.2
マグエ	28.8	7.0
モールミャイン	28.8	5.8
パテイン	28.6	6.7
シットウェー	14.9	3.0
ロイコー	12.9	2.7
ダウェー	12.5	2.6
ハッカ	4.8	1.0

（出所）　Department of Population, Ministry of Immigration and
　　　　　Population, The Republic of The Union of Myanmar,
　　　　　2015a, *The 2014 Myanmar Population and Housing
　　　　　Census, The Union Report, Census Report Volume 1*, May
　　　　　2015, p.11.

ンゴンの4分の1程度である。ネピドーは首都機能の移転に伴い人工的に作られた町であるから、住民は移動してきた公務員や軍人が多い。現在の人口はマンダレーのそれを若干下回るが、すでに116万に達している。これら三つの都市が100万人を超えている。第4位以下の主な都市はバゴー、パーアン、タウンジーなどであるが、いずれも人口規模は50万人を超えない。

(6) 年齢階層別人口と従属人口比率

　人口動態の分析で欠かすことのできないものは、年齢階層別人口である。いま人口を0〜14歳の年少人口、15〜64歳の生産年齢人口そして65歳以上の高齢者の三つの年齢層に分け、その人口の推移をみてみよう。それを示したのが図表3-6である。1973年と2014年の総人口に対する年齢層別人口割合の動きをみると、次の特徴を指摘することができる。すなわち、年少人口は1973年の41.5％から2014年には28.6％と大きく減少している。これはこの間に人口増加率が急速に低下していることと密接な関連があるとみてよいであろう。他方、生産年齢人口はこの間54.8％から65.6％へと10ポイント以

図表3-6：年齢階層別人口比率と従属人口比率の推移

	1973			1983			2014		
	全国	都市部	農村部	全国	都市部	農村部	全国	都市部	農村部
年齢階層別人口比率									
全体	100	100	100	100	100	100	100	100	100
0-14	41.5	40.7	41.7	38.6	35.7	39.5	28.6	24.1	30.6
15-64	54.8	55.7	54.6	57.5	60.5	56.5	65.6	69.9	63.8
65〜	3.7	3.3	3.8	3.9	3.8	4.0	5.8	6.0	5.7
従属人口比率									
全体	82.3	79.1	83.3	73.9	65.3	76.9	52.5	43.0	56.8
年少者従属指数	75.6	73.0	76.4	67.1	59.0	69.9	43.7	34.4	47.9
高齢者従属指数	6.7	6.1	6.9	6.8	6.3	7.0	8.8	8.5	8.9
高齢者指数	8.8	8.3	9.0	10.2	10.8	10.0	20.1	24.8	18.6

（出所）　Department of Population, Ministry of Immigration and Population, The Republic of The Union of Myanmar, 2015b, p.21.

上上昇した。つまり、現在、ミャンマーの人口の3分2は生産年齢人口層に属していることになる。都市部と農村部に分けてみると、生産年齢人口はいずれのセンサスにおいても都市部の方がその割合は高くなっている。しかも、その開きは1973年の1.1ポイント（55.7 – 54.6）から6.1ポイント（69.9 – 63.8）拡大しつつある。高齢者の割合は3.7％から5.8％へ漸増している。

　次に従属人口比率をみてみよう。年少者（子供）の従属比率は年少人口を生産年齢人口で割ったものであり、また、高齢者の従属比率は高齢者人口を生産年齢人口で割ったものである。全体の従属人口比率は両者を足したものである。高齢者指数は年少人口に対する高齢者の割合である。まず、第一に指摘できることは、従属人口比率が1973年と2014年の40年の間に82.8％から52.5％へと大きく低下していることである。これはこの間に出生率が大きく減り、人口増加率が急速に低下したことを示している。実際、年少者の従属比率は75.6％から43.7％へとまさに急減という減り方をしている。他方、高齢者の割合は同じ期間に6.7％から8.8％に上昇しているが、増え方は緩慢であったといえる。それゆえ従属人口比率は大きく低下したのである。高齢者指数は年少人口が相対的に減り、他方、高齢者人口は相対的にも絶対的にも増加したために、当然、上昇している。このように、従属人口比率の推移から見て、この40年間に人口動態に大きな変化が起こったことが分かる。

　生産年齢人口（A）と年少者および高齢者の従属人口（B）との比率（A/B）をみてみよう。生産年齢人口が従属人口の2倍を上回る場合、人口ボーナス期といわれる。この場合、農業から他産業への潤沢な労働力供給、農村部から都市部への活発な人口移動、旺盛な消費需要、社会保障費の低い負担などが期待され、経済の潜在力は高いとみなされている。ミャンマーの場合、この比率は1.9程度に下がってきており、すでに人口ボーナス期は過ぎていることになる。つまり経済が成熟すなわち高い経済水準に達し一定期間それを維持する前に、年金、医療、介護などの社会保障費が増大することになる。ただ、この比率が2を割ったとはいえ、ミャンマーの場合まだ高い水準にあることは変わりなく、生産年齢人口の就業率や労働生産性を高めてこの事態を回避することが求められている。他方、現在の先進国の多くが直面している

ように、高齢者の割合が高く生産年齢人口に比して従属人口が多い場合、人口が経済発展の重荷になることがある。これは人口オーナスといわれる。

(7) 外国人居住者

　ミャンマーの統計によると外国人とされる主な居住者は、インド・パキスタン人、中国人、バングラデシュ人である。植民地時代、ミャンマーはインド帝国の一部として支配されたため多数のインド人がミャンマーに移り住んだ。ヤンゴン（ラングーン）は戦前、さながらインド人の町の様相を呈していたといわれる。しかしながら第二次大戦中は日本軍に占領されたことから多数のインド人が難を逃れてインドに帰国した。また、1962年ネーウィン将軍がクーデターで権力を奪取し社会主義を志向したことから、あらゆる外国人の企業や資産が国有化のため接収の対象となった。いわゆる「ミャンマー化」である。そのため多くのインド人がミャンマーを後にした。現在、インド・パキスタン人は人口の1.3％、80万人弱と推定されている。他方、バングラデシュから多数の人が陸づたいに移り住んだとみられ、総人口の3.3％、およそ200万人に達する。彼らの多くはラカイン州に住んでいるが、宗教対立などを原因としてしばしばミャンマー人との対立を繰り返している。中国人は古くからミャンマーに移り住んでいた。国境を接する雲南省から陸づたいに入り込み、もっぱらマンダレーを中心とする上ミャンマーに住み着いた。他方、下ミャンマーには福建省や広東省出身者が海路で移住してきた。現在、政府の統計によると中国人の数は全体の0.7％、約40万人と推定されている。しかし、各種の推定によるとこれをはるかに上回る。厦門大学の範宏偉によると、軍が権力を奪取して中国との関係が大きく改善されてから相当数の中国人が移り住んでいる指摘している。彼らは卸小売業、流通業、不動産業、国境貿易などですでに相当な経済権益を築いているという[6]。

6　範宏偉（2014）「ミャンマーへの中国人移住」、西口清勝・西澤信善編著『メコン地域開発とASEAN共同体』第8章。

●2　労働力、雇用そして失業

(1) 労働力供給と雇用状況

　ミャンマーは人口5,148万人を数え、若くて優秀な労働力を豊富に有する。ミャンマーが注目されている一つの理由は、この人口規模と労働力である。しかも、15歳から64歳までのいわゆる生産年齢人口は全人口の58%を占めているところから、働き盛りの労働力を潤沢に供給できるのである。かつまた、年齢構成はピラミッド型の形状をしているため、当面、高い率での労働力供給が可能である。全要素生産性(TFP)分析が教えるように、高い労働力の伸び率は、経済成長率を高める効果がある。世界銀行はTFPを用いて、奇跡を遂げた「高実績のアジア経済」(HPAEs：High-Performing Asian Economies)は、技術進歩よりも資本や労働力がより大きく成長に寄与した「資源投入型経済成長」と論じた[7]。すなわち、ミャンマーは当面高い労働力の伸び率が見込まれ、その意味で高い成長のポテンシャリティーを有しているとみることができる。しかしながら、軍政下においては外資がもっぱら流入したのは、労働力を多く使ういわゆる労働集約型産業よりも資源開発であった。軍政下の投資状況を反映していると考えられる2011年5月31日時点では、エネルギーおよび鉱物資源、電源開発の3分野だけで直接投資の86%を吸収していた。これらは雇用に対する貢献はそれほど大きくなく、むしろ、多額に資金を必要とする資本集約的産業である。中国が支援している水力の電源開発や道路建設に必要な労働力は中国から連れてきているといわれている。他方、製造業への直接投資は5%にも満たなかった。つまり軍政下の人的資源の活用という点に関しては、不十分であったといえよう。

　センサスでの労働力の定義は、10歳以上の人口[8]で非労働力と分類されたもの以外を指す。非労働力とは、①職を探していないもの、②フルタイムの学生、③家事労働従事者、④年金受給者、リタイヤしたもの、高齢者、⑤病

7　世界銀行・白鳥正喜監訳・海外経済協力基金開発問題研究会訳(1994)『東アジアの奇跡』東洋経済新報社、64 ～ 66ページ。

8　なお、ミャンマーの義務教育は2015年まで小学校の5年間のみであった。

気および何らかの障がいで働けないもの、を指す。労働力は何らかの仕事に就いている者と失業者に分類される。前者は政府部門あるいは民間企業・機関等で雇用されているもの、自営業者、不払いの家族労働などを含む。失業者とは、センサス実施前の6カ月間仕事を探しているにもかかわらず、仕事がないか働くことができなかったものと定義されている。失業率は2014年センサスで初めて調査され、4.0％と公表された（図表3-7参照）。生産年齢人口のうち、何らかの職に就き、収入を得ているものの率は64.4％である。残りの35.6％は学生のように労働力として分類されていないか、失業中ということになる。

　上の労働力の定義のもとで労働参加率をみておこう。10歳以上の人口、およそ4,100万人のうち労働に参加しているものの率は、57.7％である。ただし、

図表3-7：労働参加率、失業率、雇用/人口比率

（単位：％）

	労働参加率 （15〜64歳）			失業率 （15〜64歳）			雇用/人口比率 （15〜64歳）		
	合計	男性	女性	合計	男性	女性	合計	男性	女性
全国	67.0	85.2	50.5	4.0	3.9	4.1	64.4	81.9	48.4
都市部	62.6	80.5	46.8	4.8	4.9	4.7	59.6	76.4	44.6
農村部	69.1	87.5	52.2	3.6	3.4	3.8	66.6	84.5	50.2
カチン州	67.2	85.7	45.9	3.7	3.5	4.3	64.6	82.6	44.0
カヤー州	74.2	88.1	60.4	2.7	2.7	2.6	72.3	85.7	58.9
カレン州	60.7	81.4	41.2	7.5	7.8	7.1	56.2	75.1	38.3
チン州	64.8	77.6	53.8	5.4	5.9	4.7	61.4	73.0	51.3
サガイン管区	72.3	87.5	59.1	3.6	3.4	3.9	69.7	84.5	56.8
タニンタリー管区	64.2	86.3	42.3	4.6	4.3	5.2	61.3	82.7	40.1
バゴー管区	62.4	85.4	42.0	5.1	4.7	5.8	59.2	81.4	39.5
マグエ管区	71.3	86.8	58.5	3.3	3.1	3.6	69.0	84.1	56.4
マンダレー管区	67.9	85.4	52.4	3.1	3.1	3.2	65.7	82.8	50.7
モン州	61.0	81.2	43.0	6.2	6.1	6.4	57.2	76.2	40.3
ラカイン州	58.8	83.2	38.1	10.4	9.1	12.8	52.6	75.6	33.2
ヤンゴン管区	63.1	81.8	46.4	4.1	4.3	3.9	60.5	78.3	44.6
シャン州	77.5	88.6	66.4	2.0	2.1	1.9	75.9	86.8	65.1
エヤワディー管区	63.8	85.6	43.5	3.4	3.2	3.8	61.6	82.9	41.8
ネピドー	69.8	87.1	53.7	2.9	2.9	2.9	67.8	84.5	52.1

（出所）　Department of Population, Ministry of Immigration and Population, The Republic of The Union of Myanmar, 2015b, p.29.

最低の年齢が10歳から15歳に引き上げられた場合のそれは63.4%になる。生産年齢人口（15 ～ 64歳）についてのそれをみると67.0%になる。すなわち、生産年齢人口の3人に1人は仕事に就いていないか、失業中ということになる。5歳間隔の年齢層別の労働参加率を曲線に描いてみると男性と女性の間に明瞭な差異がみられる。すなわち、男性の場合25歳から50歳にかけて労働参加率は90%を超え、ほぼ水平になっているが、女性のそれは20歳代の前半の60%でピークを打ち、それ以降はなだらかに低下し、そして50歳代以降はやや急な下がり方をしている。女性の労働参加率曲線は先進国の場合いわゆるM字曲線を描くが、ミャンマーの場合それはみられない。M字曲線とは出産および子育てが一段落つき再び労働力として復帰してくるため、女性の労働参加率のカーブが上向く現象である。これは出産、子育てを終えた女性の職場復帰が制度的に十分には整っていないことを示唆するものである。

(2) 国内外への移動

　ミャンマー国内において通常居住するところから移動したものの約53%が女性である。移動する主たる要因は、第1位が「家族についていく」で40.9%、第2位が「雇用あるいは仕事を求めて」の34.3%である。それに第3位の婚姻が15.7%で続く。教育は2.3%で現在ところまだそれほど高くない。2014年のセンサスによれば、ミャンマーの国外に居住するものは約200万人である。その6割に当たる120万人が男性である。国外の居住先で最も多いのが、タイで70%に及ぶ。それにマレーシアの15%が続く。また、国外居住者の170万人が15歳から39歳までの若年層となっている。そのうち110万人が男性である。

　海外での雇用についてみてみよう。ミャンマー人が働いている主たる国は、タイ、マレーシア、韓国、シンガポール、カタール、アラブ首長国連邦、日本そして香港などである。2014年度のデータでみると、このうち最も多くのミャンマー人が働いている国がタイで50.6%に達している（図表3-8参照）。それにマレーシアの41.2%が続く。2013年度から14年度にかけて国外の雇用は14.9%増加した。タイでは7.8%、マレーシアでは25.9%それぞれ増加し

図表3-8：ミャンマー人の海外雇用

（単位：千人）

年度	海外労働者	海外での就労国					
		タイ	マレーシア	韓国	シンガポール	日本	香港
2012年	75.6	43.1	28.9	2.9	0.6	−	−
2013年	61.6	33.2	23.2	4.4	0.7	0.1	−
2014年	70.8	35.8	29.2	4.2	0.5	0.9	0.1
2015年							
1月	7.1	3.5	3.2	0.1	0.1	0.1	−
2月	6.3	3.1	2.9	0.1	−	0.1	−
3月	6.6	4.0	2.2	0.2	0.8	0.1	−
4月	6.4	4.5	1.0	0.7	0.5	0.2	−

（出所）　Central Statistical Organization, *Selected Monthly Economic Indicators May 2015*, p.128.

　た。なお、図表3-8の海外労働者数はその年に海外にでた労働者の数でいわばフローの概念である。上で示したように国外に住む者はおよそ200万人とされているが、ここには労働者の家族や労働以外の目的で出たものも含まれていると考えられる。実際、政府軍と少数民族の武装ゲリラとの国境紛争でタイや中国に逃れたものが多数に上る。タイ国境付近だけでも10万人を超える難民がいると推定されている。こうした人たちがセンサスの海外居住者としてどの程度把握されているかは不明であるが、労働以外の目的であるいは非合法にタイやマレーシアに出稼ぎに出ているものが相当数いることは確実視されている。

🔵3　生計費と賃金

（1）生計費

　1世帯当たりどれくらいの支出を行っているのかをみてみよう。2012年の家計調査によると、全国平均で1世帯当たり16万7,434チャットの支出を行っている（図表3-9参照）。家計のサイズは4.72人である。支出の内訳をみると食費に63.5％、非食費に36.5％それぞれ支出している。食費の中では主食の

図表3-9：家計支出額（2012年）

支出項目		金額（チャット）	割合（%）	
食費		106,342	63.5	
	米	53,772		32.1
	肉	13,747		8.2
	野菜	10,711		6.4
	外食	9,041		5.4
	その他	19,071		11,4
非食費		61,092	36.5	
	交通費	9,042		5.4
	光熱費	9,028		5.4
	寄進	6,691		4.0
	衣料費	4,527		2.7
	教育費	4,995		3.0
	医療費	3,258		1.9
	その他	23,551		14.1
合計（食費＋非食費）		167,434	100.0	
平均家族人数（人）		4.72		

（出所）　Central Statistical Organization, *Statisitical Yearbook 2015*, p.147.

　米に32.1%、肉に8.2%、野菜に6.4%それぞれ支出している。ミャンマー人が多用するといわれている食用油には4.9%支出している。他方、非食費項目の中では光熱費の5.4%、国内移動費の5.4%、寄進等の4.0%などが目立つ。教育費や医療費のそれぞれの支出割合は、2.5%および2.0%で必ずしも多くない。管区・州別の家計支出額の多い順にみると、カチン州、ヤンゴン管区、マンダレー管区、カレン州、サガイン管区、モン州などの順になっている。家計の平均人数が違うために単純には比較できない。例えば、カチン州の場合、家計サイズは5.71人でヤンゴン管区の4.39人を大きく上回っている。ただ、貧困地帯とされるマグエ管区やエヤワディー管区の平均支出額は、それぞれ13万1,562チャット、13万5,523チャットで全国平均を大きく下回っている。

　ミャンマーはASEANの中で1人当たり所得が最も低いグループに属する。1人当たり所得が低いということは、労働者の賃金も安いことを意味する。しばしば報道されることであるが、ミャンマーの労働者の賃金は、中国の5

分の1（月額7,500円程度）である[9]。豊富で、安くてそして質の高い労働力であるならば、世界から注目されるのは当然のことである。労働集約型産業として縫製業や組み立て、サービス産業が注目される。縫製業に関しては関税の優遇措置を受けることのできる特恵関税制度が適用されるため、この点も有利な点である。とりわけ、日系企業は「チャイナ＋ワン」ということで中国以外に生産拠点を分散させる傾向にある。ミャンマーはその分散先の有力な対象国になっているのである。縫製品輸出に関しては2003年に経済制裁の一環としてアメリカから輸入禁止の措置をとられ大きな打撃をうけた。自動車やトラックの組み立てに関しては、日本やインドの企業が進出している。製造業の発達に伴い、卸売・小売業、流通や倉庫、金融、IT産業などの発達が促進される。これらのサービス業を中心とする第三次産業は大量の労働力を必要とする。

　このように開発初期で1人当たり所得も賃金も低い段階は、生産拠点として位置づけられよう。しかし、開発が進み持続的な成長が続き労働力が次第に枯渇してくると賃金が上昇してくる。1人当たり所得が上がり、中間層が形成されてくる。中間層が厚くなってくると今度は市場として魅力がでてくる。現在、ミャンマー政府によると人口の約4分の1が貧困層とされている。貧困層が減り中間層が増えてくれば市場が拡大し、その国内市場での販売を目的とした投資が増えてくる。中間層は家電製品、衣服、携帯電話、パソコン、車などの消費財の購入者であり、また、教育にも金をかける。消費拡大を受けてスーパーマーケットやコンビニの進出が活発になる。輸入の中古車が急速に普及し、交通渋滞がひどくなっている。大学進学率が高まるのも中間層の形成と密接な関係がある。中間層の上層部ともなれば住宅なども積極的に購入する。比較的コストの安い集合住宅の建設も始まっている。5,148万の人口に購買力がつけば、一大マーケットに変貌しよう。

9　「日本経済新聞」2012年11月15日付け。

（2）賃金

（a）最低賃金

　テインセイン政権下で最低賃金を検討してきた全国最低賃金委員会は2015年6月に、政労使の三者が1日3,600チャットとすることで原則合意した。最低賃金について労働組合側は4,000チャット、縫製工場の経営者は2,500チャットを要求していた。労働事務所の仲裁で3,600チャットに落ち着いた。この合意について早速、労使双方から反応があり、労働者側はミャンマー労働組合総連盟（CTUM）が歓迎する声明を出し、一方、ミャンマー衣料メーカー協会（MGMA）が代替案として提示した額が2,500チャットであった。ただ、労働組合でも全ミャンマー労働組合ネットワークは3,600チャットでは安すぎるとして4,000チャットを要求した。中国、韓国の一部のメーカーは別個に声明を出し、3,600チャットの最低賃金が強行されたら工場を閉鎖してミャンマーから撤退すると表明した。ミャンマーでは中国系および韓国系の縫製業者はそれぞれ30社、60社に上り、およそ20万人の労働者を雇用している。このように使用者側に強い反対があったが、全国最低賃金委員会は同年8月ネピドーで第8回会合を開き、平均的な1日8時間労働の賃金を3,600チャットとすることを最終的に決定した。これはすべての部門に適用されるが、従業員が15人に満たない零細企業や家族経営の事業体は適用を除外される。政府もこの決定を受け入れ、9月1日より施行される。縫製業の賃金は他業種に比較してかなり低い傾向にあり、縫製業会は3,600チャットいう水準はかなり割高で各種手当を削減する方向で対応する可能性が高い[10]。なお公務員の賃金に関しては、テインセイン大統領は2014年1月にその年の4月から公務員の給料を月当たり2万チャット引き上げると発表した。テインセイン政権になり2012年度および13年度の過去2年にわたり公務員の賃金は引き上げられた。この結果、公務員の給料は190％の引き上げとなった。これにより公務員の賃金は月最低6万チャット、また、初等学校の教員は7万3,000チャット、高校の校長は12万チャットにそれぞれなる。

10　MNB　2015年7月～9月号参照。

図表3-10：ワーカー(一般工職)クラスの賃金の国際比較

(単位：米ドル、月額)

都市	賃金	都市	賃金
北京	578	ソウル	1,895
上海	477	シンガポール	1,608
広州	561	クアラルンプール	317
深圳	435	ジャカルタ	257
大連	402	マニラ	317
瀋陽	395	バンコク	348
成都	488	ハノイ	181
重慶	496	ビエンチャン	179
香港	1,889	プノンペン	162
台北	1,010	ヤンゴン	127

(出所) 日本貿易振興機構(JETRO)海外事業部(2016)「第26回 アジア・オセアニア主要都市・地域の投資関連コスト比較」より作成。

(b) 賃金調査

　賃金調査については各種あるが、ここでは日本貿易振興機構(JETRO)の「第26回　アジア・オセアニア主要都市・地域の投資関連コスト比較」からワーカー(一般工職)・クラスの賃金および職階・職種別賃金、さらに民間調査機関の事務職・初級管理職の賃金調査をみておこう(図表3-10)。

　まず、JETROの調査による2016年のヤンゴンにおけるワーカー・クラスの賃金は月額127ドル(1ドル＝1.305チャット　2016年1月5日インターバンク・レートで換算)である。中国本土の各都市とヤンゴンのそれと比較してみるとおよそ3倍から4.5倍の開きがある。北京が最も高く578ドルに達している。他方、近隣のASEAN諸都市と比較してみると、シンガポールの1,895ドルは別格としてバンコク、クアラルンプール、マニラの3都市がいずれも300ドルを超えてきており、ミャンマーの2.5倍くらいの水準にある。いわゆるCLMV(カンボジア、ラオス、ミャンマー、ベトナム)はいずれも100ドル台であるが、高い方からハノイ、ビエンチャン、プノンペンそしてヤンゴンの順となっている。経済発展の段階でいえば、ベトナムが頭一つ抜け出しているが、カンボジアやラオスはミャンマーとそう大きな開きはない。賃金の差異は人口規模とも関係していよう。ソウル、香港、シンガポールそして台北の

図表3-11：職種・職階別賃金

職種・職階	賃金（月額）　米ドル
ワーカー（一般工職）	127
エンジニア（中堅技術者）	388
中間管理職（課長クラス）	951
非製造業のスタッフ（一般職）	336
非製造業のマネジャー（課長クラス）	801
店舗スタッフ（アパレル）	92
店舗スタッフ（飲食）	57
賞与支給額（固定賞与＋変動賞与）	基本給の1.32カ月分

（出所）　日本貿易振興機構（JETRO）海外調査部（2016）「第26回アジア・オセ
　　　　アニア主要都市・地域の投資関連コスト比較」参照。
（注）　　1ドル＝1.305チャット（2016年1月5日インターバンク・レート）

　諸都市では軒並み月額1,000ドルを超えてきており、前三者は1,600から1,900
ドルの間にある。これらの国・地域はミャンマーの労働集約産業に積極的に
投資を行っている。

　また、同調査は職種別、職階別賃金の調査を行っている。それによれば中
堅クラスのエンジニアは388ドルでワーカー・クラスのほぼ3倍、課長クラ
スの中間管理職になるとワーカー・クラスの7倍程度の賃金を得ている。他方、
アパレルやレストランの従業者の賃金はいずれも100ドルを割り、一般工よ
りも低い（図表3-11参照）。

　民間の調査機関による調査は事務職および初級管理職クラスの賃金調査で
ある。それを示したのが、図表3-12である。表の数字はいずれも中央値で
ある。チャット払いでみると初級管理職の場合、2014年には2002年と実に
10倍に跳ね上がっている。一方、ドル払いの方をみると、同じ期間に3倍弱
になっているだけである。これはインフレのせいでチャットがドルに対して
減価したことを示している。事務職の2014年の賃金は300ドルでJETROの
調査のワーカー（一般工職）よりも高い。初級管理職のそれは450ドルで中間
管理職（課長クラス）の半分程度になっている。

図表3-12：賃金の動向（初級管理職および事務職）

		1996	1998	2000	2002	2004	2010	2012	2014
チャット払い	初級管理職	7,750	11,000	15,000	25,000	35,000	100,000	150,000	250,000
	事務職	6,000	8,000	10,000	16,000	25,000	70,000	85,000	150,000
ドル払い	初級管理職	250	220	200	160	180	350	400	450
	事務職	150	150	100	80	120	160	195	300

（出所）　ヤンゴン日本人商工会議所（JCCY）・JETROヤンゴン事務所（2014年）『ミャンマービジネスガイドブック（2013－2014）』75ページ。

🌑小括

　2014年にセンサスが実施され、それまで6,300万人程度といわれていた人口が大幅に下方修正されおよそ5,148万人と公表された。この人口規模で、かつ、生産年齢人口が相対的に多いところから、当面潤沢な労働力供給ができ、さらに、人々に購買力がつけば一大マーケットになりうる。ミャンマーの本格的な発展は、テインセイン政権下で始まったとみてよいが、2003年から2014年にかけての年平均人口増加率は0.89％にまで下がっており、ミャンマーと同程度の発展状況にある国々のそれに比較するとすでに相当低くなっているといえる。2014年の人口ピラミッドをみると、0～4歳および5～9歳のそれぞれの人口が、10～14歳の人口を下回ってきている。すなわち、年齢が下がるほど人口が多くなる形状とはすでに異なっていることに注意する必要がある。

　管区州別の人口をみると、総人口の10％以上を占めるのは、多い順にヤンゴン管区（14.3％）、エヤワディー管区（12.0％）、マンダレー管区（12.0％）、シャン州（11.3％）、そしてサガイン管区（10.3％）の4管区1州である。概略的にいえば、マンダレー管区からエヤワディー川に沿って下流域のデルタ地帯にかけての地域が人口稠密地帯になっていることが分かる。人口を都市部と農村部に分けてみると、前者に約3割、後者に7割居住している。ミャンマーではまだ都市に人口が集中する現象は起こっていない。年齢階層別にそれぞれ

の人口構成比をみてみよう。まず、15〜64歳のいわゆる生産年齢人口の構成比をみると、1973年に54.8％であったが2014年には65.6％に増大している。つまり、現在、ミャンマーの人口の3人に2人が生産年齢人口ということになる。現在のミャンマーには、労働力は豊富に存在しているといえる。労働参加率をみると生産年齢人口の67％が何らかの仕事に就いている。他方、全国平均の失業率は4.0％と推定されている。管区州別の失業率をみるとラカイン州が突出して高く10.4％に達している。それにカレン州の7.5％、モン州の6.2％、チン州の5.4％が続く。

　次に生計費をみてみると、2012年の家計調査によると全国平均の1世帯当たりの月当たりの支出額はおよそ17万チャットである。そのうち食費に63.5％が食費に、残りの36.5％が非食費に充てられている。一方、賃金についてみると全国最低賃金委員会は2015年6月政労使の3者が合意した1日当たり3,600チャットを仮決めにした。この最低賃金については縫製業の経営者からかなり強い反対が出されたが、全国最低賃金委員会は同年9月この金額をもって最終的決定とした。ミャンマーのワーカー・クラスの賃金を中国や近隣ASEAN諸都市に比べるとミャンマーは最も低い水準になっている。中国の諸都市と比べると3分の1から4.5分の1程度の水準、また、バンコク、クアラルンプール、マニラ、ジャカルタなどと比べると半分以下である。ベトナム、ラオス、カンボジアに比較しても2〜3割程度低い。このことからミャンマーは当面労働集約産業に強みを有していることが分かる。

第4章

人的資源と人材育成
および職業紹介

（日本製のミシンで縫製作業をする女性：ヤンゴン
市内チャウンタダ・タウンシップの市場にて）

はじめに

　本章はミャンマーにおける人的資源と人材育成および職業紹介に関する政策とその動向をとりまとめたものである。統計数値や法制度、政策については、極力、政府発行の公式資料や統計数値を参照しているが、適切なものがない場合には、国際機関が発行した資料や統計数値に基づいて紹介する[1]。

1　労働生産性

　ミャンマーの人的資源を示す指標として、まず、労働生産性をみてみよう。図表4-1はミャンマー周辺のアジア諸国の労働生産性を比較したグラフである[2]。OECD（2013）は、このミャンマーの労働生産性の水準について、周辺のアジア諸国と比較して次のように分析している[3]。製造業労働者の労働コスト面では中国やタイの6分の1、ラオスの半分、高度人材であるエンジニアについては、中国の4分の1、タイの5分の1とされていることを踏まえて、ミャンマーの低い労働コストに比べて、労働生産性は決して低くないとしている[4]。

　2000年以降の労働生産性の推移をみたものが図表4-2である。ミャンマーは平均で年率8.7％上昇しており、ここで着目した諸国やグラフには示していないタイと比べても、最も高い伸びを示している。インドが年率平均で5.35％上昇、カンボジアが4.65％、ベトナムが4.18％、インドネシアが3.81％、バングラデシュが2.70％、タイが2.60％となっている。

1　本章で引用するインターネットに基づく資料は、特に断りのない限り、最終閲覧日は2017年1月6日である。

2　The Conference Board, 2015, Total Economy Database™, https://www.conference-board.org/data/economydatabase/index.cfm?id=27762

3　OECD, 2013, *Multi-dimensional Review of Myanmar, Volume 1, Initial Assessment*, OECD Development Pathways, pp.26-27（邦訳文献：OECD開発センター（2015）『ミャンマーの多角的分析——OECD第一次診断評価報告書』門田 清（翻訳）、明石書店、39ページ）。

4　The Conference Board（2015）にはラオスの数値が分析対象となっていないため、グラフに掲載していない。

図表4-1：ミャンマー周辺のアジア諸国の労働生産性（2015年）

（単位：米ドル）

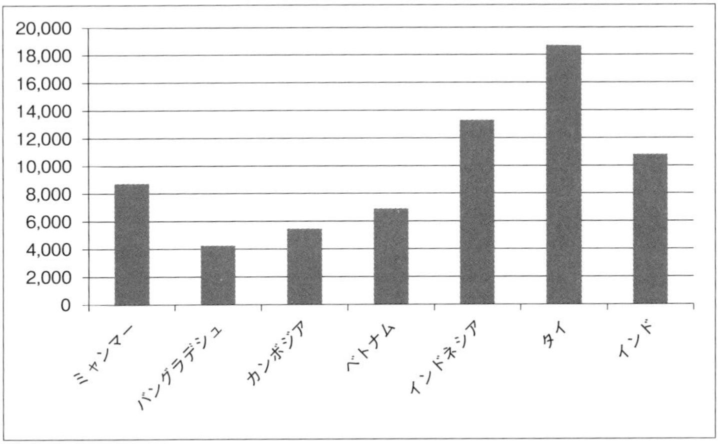

（出所）　The Conference Board, Total Economy Database™, September 2015.
注：PPPに基づき1990年を基準実質米ドル換算した就業者1人当たりGDPの値。

図表4-2：アジア諸国の労働生産性の推移（2000 ～ 15年）

（単位：米ドル）

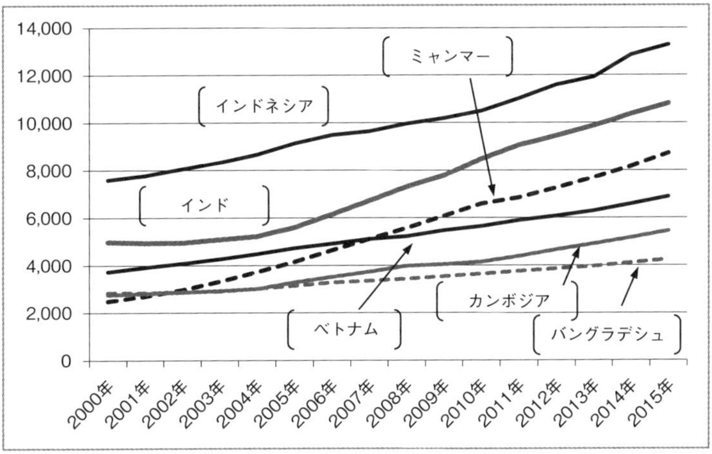

（出所）　図表4-1と同じ。

図表4-3：ミャンマー周辺のアジア諸国の成人識字率（2014年）

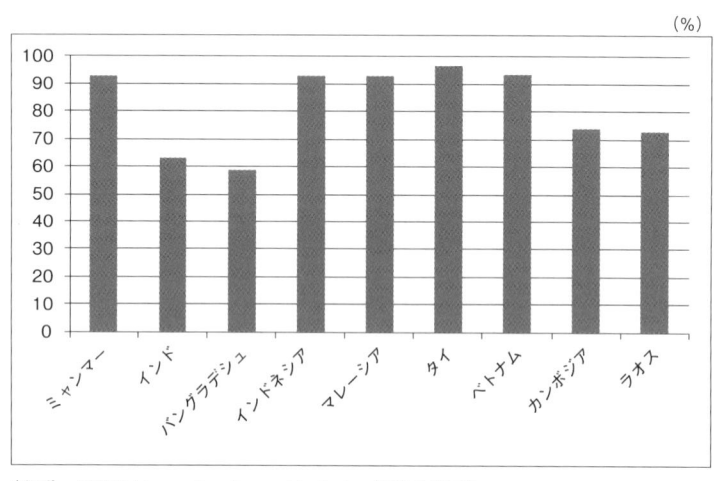

（出所）　UNDP, Human Development Indicators に基づき作成。

●2　成人識字率

（1）周辺アジア諸国と比較した識字率

　次に成人識字率に着目してみよう。UNDP の Human Development Indicators の一つの指標となっている成人識字率（Adult Literacy Rate、15歳以上の率）の2014年の数値をみると、ミャンマーは92.6％である[5]。ミャンマー周辺のアジア諸国と比較してみると、経済水準を勘案すれば中所得国と同等であることがわかる（図表4-3）。TAN, T'NG and YAP（1996）によれば、識字率および英語が使える人口が年々増加しているため、企業経営者にとって有望な人材のプールが期待できる[6]。

5　UNDP ウェブサイト参照：http://hdr.undp.org/en/countries/profiles/MMR
6　TAN See Chen, T'NG Siew and YAP Say Jou, 1996, "Characteristics of Myanmar's Labour Force", Tan Teck Meng, Low Aik Meng, John J. Williams, Ivan P. Polunin, *Business Opportunity in Myanmar*, Nanyang Technological University, Chapter 20, p.252.

　根本(1998)によれば、高いと言われる識字率の背景には、伝統的な僧院教育の存在が指摘されている[7]。上座部仏教徒の多いミャンマーでは、男子は幼少期に僧院生活を送ることになっている。後述する基礎教育に関する説明で若干触れるが、僧院教育は基礎的な読み書きの普及において重要な役割を担ってきた。

(2) 地域ごとの識字率

　上記のように識字率が高い反面、企業が求める人材が獲得しやすいかというと別の問題のようである。Dews(1997)によれば、ミャンマー人の識字率は高いが、企業が職務要件を充たす労働者を獲得することは容易ではないという[8]。

　実際にミャンマーに赴任して実務の現場に携わると、識字率は統計数値よりも低いのではないかという見解を示す者もいる。労働組合運動を支援する活動の一環として、農村での労働者支援に携わる連合(日本労働組合総連合会)の中島滋元総合国際局長は、次のように自身の見解を話している。農民労働者のうち文字を読み取れるのは3分の1程度であり、さらに3分の1程度は家族のいずれかが字を読み取れるために何とか書類を理解する手段がある者、残りの3分の1は家族・親類にも字を読める者がおらず、書類を理解する手段がない者という。そういった統計数値上の識字率の高さと、実際の識字率の間のギャップの背景には、地域間の格差があると考えられる。

　ミャンマー政府が公表している識字率のデータとして、『Census Report』がある[9]。その数値は、全土で平均すれば89.5％とされている[10]。ミャンマー政府は、数値目標を設定して識字率を向上させる政策を講じており、1990年

7　根本敬編著(1998)『海外・人づくりハンドブック 技術指導から生活・異文化体験まで ミャンマー』海外職業訓練協会、101ページ参照。

8　Dews, Philip, 1997, *Starting & Operating a Business in Myanmar*, McGraw-Hill Book, p.49.

9　Department of Population, Ministry of Immigration and Population, the Republic of the Union of Myanmar, 2015b, *The 2014 Myanmar Population and Housing Census, The Union Report, Census Report Volume 2*, p.24.

10　ただし、上記の国際比較とは数値に相違がある。

の88%（労働力調査）から改善が見られる。

　この数値は、地域別の数値も掲載されているが、地域間や男女間で格差があることがわかる（図表4-4参照）。この格差は都市において識字率が高く、地方において低いという差であるが、最も高いネピドーの男性の98.0%と最も低いシャン州の女性の59.4%では38.6ポイントの差がある。

　また、モン州、ラカイン州、カヤー州、チン州、カレン州、シャン州が平均以下になっており（図表4-5参照）、ラカイン州では男性は平均以上であるが、女性が平均よりもかなり下回るため（78.7%）、州全体として平均以下となっている。

図表4-4：識字率の州・管区間の比較

(%)

	全体	男性	女性
全土	89.5	92.6	86.9
都市	95.2	97.1	93.7
地方	87.0	90.7	83.8
カチン州	91.7	94.1	89.4
カヤー州	82.1	87.0	77.6
カレン州	74.4	78.4	70.9
チン州	79.4	88.5	71.9
ザガイン管区	93.7	96.6	91.4
タニンダーリ管区	92.8	94.5	91.2
バゴー管区	94.2	96.7	92.2
マグウェ管区	92.2	96.5	88.9
マンダレー管区	93.8	97.3	90.9
モン州	86.6	89.5	84.2
ラカイン州	84.7	92.2	78.7
ヤンゴン管区	96.6	98.0	95.5
シャン州	64.6	70.3	59.4
エーヤワディ管区	93.8	95.9	92.0
ネピドー	94.4	98.0	91.4

（出所）Department of Population, Ministry of Immigration and Population, The Republic of The Union of Myanmar, 2015b, p. 24 より作成。

図表4-5：識字率の州・管区間の平均と差

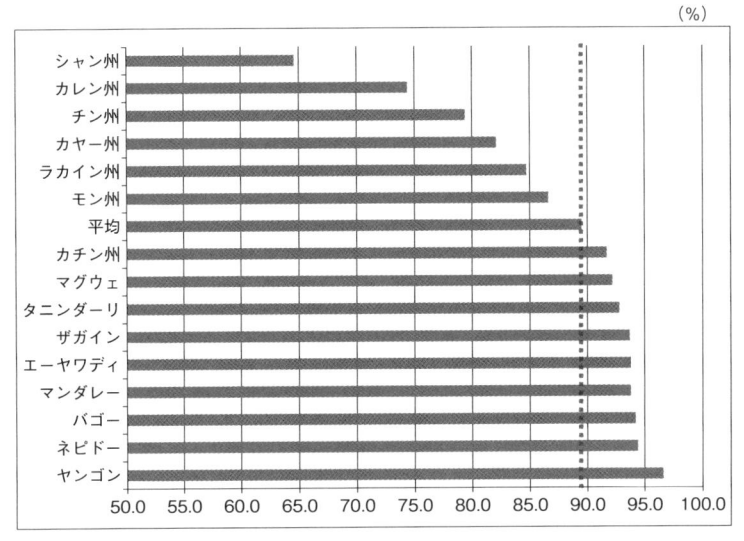

（出所）　図表4-4と同じ。
（注）　89.5%の位置の縦の線は平均値を示している。

●3　労働者としての特質や性格

　国際協力機構(2012)によれば、ミャンマー人は人柄としては真面目で親日的といった良い評価がなされている一方、納期順守のための残業対応に否定的であることや上昇志向の欠如など悪い側面も指摘されている[11]。ミャンマー人材の特徴を列挙すると以下のようになる。

・ミャンマー人の能力は高く、真面目でこつこつタイプ。手先が器用で、人柄も良い。
・ITスキルは他国と大差ないが、日本語習得能力は高い。
・文化として日本と親和性があり、親日的。中国と比較し、上司の指導を

11　国際協力機構(2012)『アジア地域カンボジア、ラオス、ミャンマー国民間連携による産業人材育成基礎調査』最終報告書、159ページ参照。

　　　素直に受け止め、仕事がやりやすい。
・縫製における研修で識字率の低い国と比較すると、ミャンマーの方が短期間で理解・習得する。
・識字率は高いが、一般常識に欠ける。
・ワーカーの英語力は中学生程度であり、レベルは意外に高くない。
・納期を守ることに対する意識が乏しく、残業してまでやり通す姿勢が希薄。
・ミャンマー人は基本的には指示待ちのカルチャーであり、ミャンマー人のゼネラル・マネジャーがどのような指示・命令を出すかが重要。ゼネラル・マネジャーの采配如何で経営が決まる要素があり、有能な人材を確保できるかが鍵である。
・ミャンマー人は真面目でおとなしい半面、向上心や上昇志向に欠けるため、スーパーバイザーになっても自立できない面があり、引き続き教育・指導が必要である。

　安藤(2005)は、ミャンマーに限定されたことではないと前置きした上で、ミャンマー人は基本的な生活習慣が近代的な工場労働のルールを遵守するようにはなっていないと指摘している[12]。この他に、ミャンマー人の職場における労働者としてのマイナス面を挙げれば、ミャンマー人は物事を深く分析したり、自由かつ独創的な発想で提案することに欠けるという。待遇面で経営者に要求するような場面では従業員同士で団結するけれども、業務を遂行する上でチームとして協力して取り組むようなことはしない傾向がある。さらにハングリーさに欠けるとも言われている。その反面、プラス面として繰り返し継続する作業に根気強く取り組むことは得意であり、視力が良いため細かい作業に適しているといったことが挙げられている。叶(2014)によれば、ミャンマー人の仕事は丁寧で、製品品質の良いものが生産できる、と指摘す

12　安藤智洋(2005)「第6章　ミャンマーの人的資源」石田正美編『メコン地域開発：残された東アジアのフロンティア』(アジ研選書)アジア経済研究所(2005/12)所収、159ページ参照。

る日本人駐在員の話を紹介している。この駐在員はさらに、仏教に対する信仰心が厚いためか勤勉で良質な労働者であるとしている[13]。

　TAN, T'NG and YAP(1996)によれば、ミャンマー人労働者は一般的に言って、基本的な教育を受けており、就労意欲が高く、勤労に対して前向きである[14]。

　根本(1998)には、ミャンマー人の性格について触れている箇所があり、現地に赴任した経験のある日本人の見解として、「何か依頼したり、約束する場合、上の考えや規則に明らかに反しない限り、自分からはっきりとNOを言わない」と表現している。また、「上からの命令には逆らえないといった社会構造からくるのか、NOというのは相手に失礼だとするミャンマー人の性格なのか、おそらく両方だろう」と分析している。さらに、「プライドが高いと言われる」ということを挙げている[15]。

　また、根本(1998)には、別のミャンマー駐在経験のある日本人の見解が記述されており、「ミャンマー人の技術者は一概に、勉強熱心であるが、自分の興味のないことにはあまり熱が入らない傾向がある」と分析している。また、「ミャンマーの若者を適材適所に配置できたとき、目覚ましい働きをする場合が多々ある。それこそ寝食を忘れて働いてくれるのだ」という経験が記されている。

　「社員間で家庭の問題や個人的な悩みなどは打ち明けないようだ。上司が部下や後輩社員が退職するのを直前まで知らないケースが時々ある。(社内規定で)退職願は2カ月前に文書で届けることになっているが、給料日に退職願いを提出して翌日から出社しないケースが多い」という問題点を指摘している[16]。

　加藤ほか(1995)には、ミャンマー人は「仏教が生活の中に溶け込んでいる」「信仰が強い」「遠慮がち」「シャイな性格」「日本人そっくり」であり、「すばら

13　叶芳和(2014)「ミャンマーの人的資源の展望」『日本経済大学大学院紀要』第2巻、第2号、65ページ参照。
14　TAN, T'NG and YAP, 1996, *op. cit. supra* note 6, p.253.
15　根本(1998)前掲注7、148ページ参照。
16　根本(1998)前掲注7、194ページ参照。

しい語学力」という3点が挙げられている[17]。

　ヤンゴン日本人商工会議所ほか(2014)は、「伝統的に仏教国であり宗教倫理が国民精神、生活に浸透しているため、人々は他者に対する施しを惜しまない」「国民性が誠実で、人が良い」「非常に親日的である」という点をミャンマー人の特徴として挙げた上で、以下の特徴を指摘している[18]。

・従順温和で命じられたことはよくやるが、創造性や自主性に欠ける。

・一般的に言って企業への帰属意識が希薄である。

・年功序列が厳格＝先輩・後輩関係が強く、上司の力が絶対的。

・他人に不快感を抱かせない方がいいという考え方が強く、相手の期待に沿うようにしたいという気持ちから「知らない」「出来ない」と答えることに抵抗がある。そのため結果が期待と大きく食い違うことがある。

●4　人材育成・職業教育訓練

(1) 教育政策の基本と動向

　ミャンマーは独立当初、人材不足の問題を抱えていた。それは、イギリス統治下で技術労働を担っていたインド人の技術労働者やエンジニアが帰国したからである。その人材不足解消のために、教育省による農業や工業分野の職業教育を担う高校、専門学校・大学が設立されていった。その結果、1970年代までは東南アジア諸国の中で最も優れた職業・技術教育訓練機関を持つ国となったと言われている。しかし、1960年代からの社会主義体制への移行、1988年6月に起きた学生による民主化運動以降、ほぼ10年わたって全ての大学の閉鎖といった政治体制の変遷の中で、教育水準は低下していった[19]。

　2011年からは民政移管という体制の大きな変化の中で、人材育成や教育訓練の分野でも改革が進んでいる。就学年数の改正が実際に行われたほか、

17　加藤徳道・丸紅広報部(1995)『ミャンマーは、いま。―アジア最後のビジネスフロンティア(商社マンの目)』ダイヤモンド社、62、64、76、78、79ページ参照。

18　ヤンゴン日本人商工会議所(JCCY)・日本貿易振興機構ヤンゴン事務所(2014)『ミャンマービジネスガイドブック(2013-2014)』、75ページ参照。

19　増田知子(2010)「ミャンマー軍事政権の教育政策」工藤年博編『ミャンマー軍事政権の行方』アジア経済研究所調査研究報告書、第5章所収。

2015年のASEAN経済統合による域内の人材移動の自由化へ向かう流れに対応するため、ASEANやその他諸外国と連携した教育プログラムの拡充、ASEAN基準を満たした教育機関の認定などのための法整備が進んでいる。

長期的な教育政策の推進としては、2001-2002年度から2030-2031年度までの30年間の計画、「基礎教育発展30年長期計画」が策定されている。その10項目は以下の通りである[20]。

1. 国家の近代化と発展のための教育制度の確立
2. 万人のための基礎教育
3. 基礎教育の質の向上
4. 就業前職業教育と基礎教育各段階における職業教育の提供
5. 授業・学習へのアクセスとeラーニングに向けた通信技術の改革
6. 全ての分野での発達した市民の育成
7. 教育行政の基盤構築
8. 地域社会との協働による基礎教育活動の実践
9. 非公式教育活動の改革
10. 教育研究の改革

(2) 基礎教育と職業教育の関係

ミャンマーの就学開始年齢は5歳であり、小学校5年間、中学校4年間、高校2年間の「5＋4＋2制」が長年とられていた。つまり、初等教育および中等教育あわせて11年間の教育を受けることになる制度であった。民政移管後のテインセイン政権下で急速に進む国内の諸改革の一つとして、教育部門の改革がすすみ、2015年から「6＋3＋3制」になった。

従来のミャンマーにおける小学校の5年制について、OECD（2013）は周辺アジア諸国と比べて短いことを指摘している。タイや中国、カンボジアが10年、インドネシア、ベトナム、インド、フィリピン、マレーシアが6年であり、

---

20 教育省ウェブサイト等参照。
（http://www.myanmar-education.edu.mm/dhel/education-system-in-myanmar/education-development-plans/）

ミャンマーと同じ5年を採用している国として、ラオスだけが挙げられている[21]。

　5＋4＋2制の下での基礎教育と職業教育の関係に着目すれば、小学校を終えると、中学校に進学するか、就業前学校に進学するか、そのまま就職するという進路を歩む（図表4-6参照）。また、高等学校を終えるにあたって10年生試験があり、基礎教育の卒業認定試験としての意味合いがあると同時に、大学入学資格試験を兼ねている。

（a）就業前学校

　就業前学校は、教育省管轄の教育施設であり、120校程度設置されている[22]。1週間に少なくとも1コマ職業教育を目的とする授業（農業、手工業、家計経済等）に当てられている。ただ、教育内容が充実しているとは言いがたく、教育不足のため職業教育科目を実施できない学校もあるという[23]。

（b）僧院学校

　学校の設置主体は、教育省ばかりでなく、寺院が開講する僧院学校もある。僧院学校は宗教省管轄下の学校である。

　僧院学校には、若い出家者に対して専門的な仏教教育を行う教学僧院と世俗教育を行う僧院学校がある[24]。後者の僧院学校は、主に貧しい子どもたちに教育の機会を与えようという僧侶によって開設された学校である。増田（2010）によれば、僧院学校は、貧困層の子供、ストリート・チルドレンや孤児などを中心に公立学校から受け入れを拒否された子供の教育を行っている。基礎教育におけるセーフティネットの役割を果たしていると言う[25]。

21　OECD, 2013, *op. cit. supra* note 3, p.128, 邦訳の180ページ参照。

22　Simona Milio, Elitsa Garni zova and Alma Shkreli, 2014, *Assessment Study of Technical and Vocational Education and Training (TVET) in Myanmar*, ILO Asia- Pacific Working Paper Series, p.60.

23　*Ibid.*, pp.70-71.

24　藏本龍介（2011）「ミャンマー都市部の僧院経営」富士ゼロックス株式会社小林節太郎記念基金研究報告論文、17 ～ 19ページ参照。

25　増田（2010）前掲注19、5 ～ 15ページ参照。

図表4-6：教育制度と就職

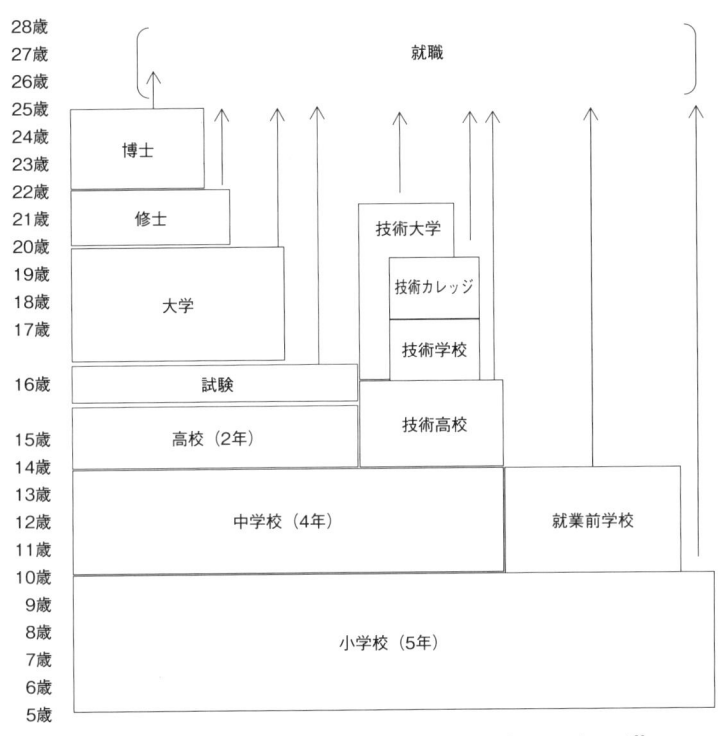

（出所）　Simona Milio, Elitsa Garni zova and Alma Shkreli（2014）、JICA（2013）[26]、Khin Soe Thu（1998）[27]等を参照して作成。
（注）　５＋４＋２制から６＋３＋３制に移行しているが、本文中の参考文献が５＋４＋２制に基づいて既述されているため、上記の表も旧体制の５＋４＋２制として掲示している。

26　国際協力機構（JICA）（2013）後掲注30、109ページ参照。
27　Khin Soe Thu（1998）「ミャンマー」『その国の専門家による海外調査報告＜No. 11＞—職業訓練・教育制度などの情報—』海外職業訓練協会、198ページ。

(c) 就学率

　Ministry of Education(2012)によれば、ミャンマーの小学校純就学率は、2010年度の数値では84.6％、中学校純就学率は47.2％、高校純就学率は、30.0％であった[28]。1988年の数値がそれぞれ、74.7％、23.6％、10.1％であるから、10ポイントから24ポイント程度の改善が見られることになる。

(d) 基礎教育に対する評価

　安藤(2005)によれば、基礎教育を修了した者であっても、四則演算を理解していなかったり、ミャンマー文字の数字の読み書きができても、算用数字が読めなかったりといったケースもあるという[29]。

(3) 省ごとに実施されている職業教育訓練

　国際協力機構(2013)によれば、1996年まで教育省が基礎教育も職業教育も一元的に所管していた[30]。しかし、1996年以降は各省庁に権限を移譲して、それぞれの分野に専門化した職業教育・訓練が実施されるようになった。図表4-7は、前政権下における各省とその省庁下に設置されている職業訓練機関の一覧である。

　本書第5章労働法令の第2節(4)雇用訓練に関する法律で記述されているが、科学技術省が所管する職業訓練制度(能力開発行政)は、1974年農業・工業・職業教育法(1989年改訂)に基づいて実施されている。科学技術省職業技術開発局が管轄する教育訓練機関として、技術大学(Technology University, TU)が27校、政府技術カレッジ(Government Technical College, GTC)が3校、政府技術学校(Government Technical School, GTS)が11校、政府技術高校

28　Ministry of Education, The Government of the Republic of the Union of Myanmar, 2012, *Education for All: Access to and Quality of Education in Myanmar*, Conference on Development Policy Options with Special Reference to Education and Health in Myanmar(13-16 February, 2012, Nay Pyi Taw, Myanmar).

29　安藤(2005)前掲注12、160ページ参照。

30　国際協力機構(JICA)(2013)『ミャンマー国教育セクター情報収集・確認調査　ファイナルレポート』2013年2月、20ページ参照。

図表4-7：各省庁が設置する職業教育訓練機関の一覧

省庁	分野	教育訓練機関	機関数
教育省	文科・理科(人材開発プログラム)	人文科学系大学(32)	32
	教員養成	教員養成校(20)	20
	就業前教育	就業前教育校(120)	120
科学技術省	工学	<職業技術教育局管轄>技術大学(TU)(27)、ヤタナポン・サイバー・シティ工科大学(1)、政府技術カレッジ(GTC)(3)、政府技術学校(GTS)(11)、政府技術高校(GTHS)(36)	108
		<先端科学技術局管轄>ミャンマー航空工科大学(1)、工科大学(4)、コンピュータ大学(25)	
工業省	工学	工業研修センター(6)	6
労働省	工学、語学、IT	技術訓練センター(短期研修)(3)	3
商業省	貿易	貿易研修校(短期研修)(1)	1
運輸省	海洋工学など	ミャンマー海洋工学大学(1)、ミャンマー商業海洋カレッジ(1)	2
農業灌漑省	農業科学	イェシン農業大学(1)農業学校(10)	11
畜水産省	畜産科学、漁業	イェシン畜産科学大学(1)、漁業科学学校(1)、酪農研修センター(2)	4
環境保全・林業省	林業	林業大学(1)、林業研修センター(1)、中央林業開発研修センター(2)	4
協同組合省	文科、経営、会計	協同組合大学(2)、短大(2)	4
	家内工業技術	漆器短大(1)、サンダー織物学校(2)、基礎織物学校(5)、高度織物学校(8)(短期研修)	16
保健省	医科学	医科大学(4)、薬科大学(2)、パラメディカル科学大学(2)、歯科大学(2)、看護大学(2)、公衆衛生大学(1)、地域保健大学(1)、看護師・助産師養成校(46)、伝統医薬大学(1)	61
社会福祉救済復興省	非公式教育	成人障がい者向け青年ケア・職業訓練センター(10)、聾・盲・障がい者学校(4)	14
文化省	演劇、音楽、彫刻、絵画	国家芸術文化大学(1)	1
スポーツ省	体育教育	スポーツ物理科学校(高校レベル)(2)	2
観光省	観光教育	観光訓練校(短期研修)(1)	1
鉄道省	鉄道	運輸通信中央学校(短期研修)(1)	1
宗教省	パーリー仏教	国際上座部仏教伝道大学(1)	1
国防省	軍事、医科学、工学など	防衛大学(1)、防衛医科大学(1)、防衛工科大学(1)、パラメディカル科学・薬学防衛校(1)、防衛カレッジ(1)	5
連邦公務院	公務員研修	行政中央学校(短期研修)(2)	2
国境省	人文科学、教員養成	サガイン国家民族開発大学(1)、国家青年開発学位カレッジ・中央研修校(2)	3
	職業訓練	女性向け職業訓練校(39)国境地域の青年育成訓練校(29)	68

(出所)　Simona Milio, Elitsa Garni zova and Alma Shkreli (2014) p.39 and p.56 および国際協力機構(2013)、104 ～ 105ページを参照して作成。

(注)　2016年3月30日の新政権発足に伴い現在の省庁は再編されている。この表は現政権発足以前の省庁に基づくプログラムである。

(Government Technical High School, GTHS)が36校設置されている。

　また、同じく本書第5章で記述した通り、労働・入国管理・人口省が管轄する職業訓練についての基本法は、2013年雇用および技能向上法(2013年12月1日施行)である。同法によれば、中央に雇用と訓練に関する政労使による審議機関が設置され、そのもとに雇用開発チームと訓練開発チームが設置されている。訓練開発チームは職務分類をして、訓練開発の仕分けを行って、訓練の政策立案、熟練評価の整備を行う。訓練所の登録認証発行、熟練評価の認証発行、訓練発展基金の管理を担当する(2013年1月現在)。

(4) 科学技術省の職業訓練プログラム

　国際協力機構(2013)によると、政府技術高校(GTHS)には専攻が、電子工学基礎、機械工学基礎、建築工学基礎、建設設備工学、自動車整備工学、電気工学基礎、金属加工工学など基礎的な科目が開講されている。それに対して、政府技術学校(GTS)、政府技術カレッジ(GTC)、技術大学(TU)ではさらにレベルの高い教育内容となっており、土木工学、電子工学、電力工学、機械工学、情報技術工学、メカトロニクス工学、化学工学、建築工学、石油工学、繊維工学、鉱山工学、生物工学、原子力工学等の専攻が設置されている[31]。

　図表4-8に挙げたのが、科学技術開発省職業技術教育局所管の職業教育訓練校の概要である。

　技術大学で教えられている分野は、土木工学、電子工学、電力工学、機械工学、メカトロニクス、IT、化学工学、鉱山工学、繊維工学、石油工学、冶金工学、建築工学、生物工学、原子力工学といった専攻が設けられており、多岐にわたる。ただ、どの大学にも設置されているのは、土木工学、電子工学、電力工学、機械工学であり、メカトロニクス、ITはおよそ半数の大学に設置されている一方で、その他の専攻は1～3大学に設置されているに過

31　国際協力機構(JICA)(2013)前掲注30、109ページ参照。

図表4-8：科学技術省所管の職業訓練施設

種類	施設数	設置地域	就学年	学生数	教員数
技術高校（GTHS）	36	カチン（3）、シャン（4）、サガイン（3）、チン（1）など		1,501	539
技術学校（GTS）	11	サガイン（2）、マグウェイ（2）	2年	5,251	517
技術カレッジ（GTC）	3	サガイン、マンダレー、カチン	2年	5,176	223
技術大学（TU）	27	チン州以外の全ての州	5年	66,317	2,957

（出所）　Simona Milio, Elitsa Garni zova and Alma Shkreli（2014）[32]等を参照して作成。
（注）　空欄は不明。

図表4-9：科学技術省所管の職業訓練施設と設置されている教育分野

	土木工学	電子工学	電力工学	機械工学	メカトロニクス	IT	化学工学	鉱山工学	繊維工学	石油工学	冶金工学	建築工学	生物工学	原子力工学
技術大学（27）	27	27	27	27	9	10	3	2	1	2	1	3	1	1
技術学校（11）	11	6	11	11	1	1	0	0	0	0	0	0	0	0
技術カレッジ（3）	3	3	3	3	0	3	0	0	0	0	0	0	0	0

（出所）　国際協力機構（2013）[33]を参照して作成。

ぎない（図表4-9参照）。

（5）労働省の職業訓練プログラム

　労働省が管轄する職業訓練機関には、技術訓練センター（Skill Training Centre: STC）がある。このセンターでは、工学系の訓練の他、外国への研修生・労働者の派遣前研修や、語学研修にも力を入れている。

　国際協力機構（2013）によれば、STCはヤンキン（ヤンゴン）、マンダレー、パテインの3カ所に設置されている。ヤンキンのセンターは、ILOとUNDPの支援によって1972年に設置され、マンダレーのセンターは2008年の設立

32　Simona Milio, Elitsa Garni zova and Alma Shkreli, 2014, *op. cit. supra* note 22, p.92.
33　国際協力機構（JICA）（2013）前掲注30、A5-7 ～ A58ページ参照。

であり、パテインは2011年である[34]。

　受講者数は、9,549 人(2011/2012年度：ヤンキン)であり、このうち、技術訓練445人、韓国語訓練1,426人、海外派遣前ブリーフィング7,678人で、政府職員・民間企業職員など、就業後の受講生が多い。

　開設学科・コースは、管理者養成、指導技術、貿易技術試験、生産性向上、溶接、電気、機械、配管、コンピュータ、韓国語、海外派遣前ブリーフィングに関するもので、期間は2週間〜1.5カ月の短期コースである。カリキュラムや教材には、労働省のものが使用され、卒業後は国家資格が与えられる。ただ、課題として、技術短期研修については、設備が老朽化し、受講者も少ないことが挙げられる。

(6) 工業省の職業訓練施設

　工業省管轄の職業訓練施設として「工業研修センター(Industrial Training Centre: ITC)」がある[35]。このセンターは中央乾燥地帯を中心にマンダレー、シンデ、タガヤ、パコック、マグウェイ、ミンジャンの6カ所が設置されている。設立年は、マンダレーが2008年であり、シンデ1979年、タガヤ2009年、パコック2010年、マグウェイ2011年などである。

　受講者数は各センター、120 〜 216人である。受講対象者は、11年生修了者の若者であり、年齢は17 〜 25歳程度となっている。

　開設学科・コースは、機械製図、工作機械操作、電気組立、コンピュータ＆ CAD/CAM、溶接・電気メッキ表面処理、工具・金型、自動車整備、産業電機、電子メカニック、板金・溶接などであり、期間は1年間のコースとなっている。

　課題として、支援国の違いにより、センター毎に充実度が異なることが挙げられる。例えば、シンデは、ドイツの支援が30年以上前に終わっており、設備が老朽化している。マンダレーも中国の支援は現在止まっており、設備の拡充が困難な状況にある。一方、韓国の支援するタガヤでは現在も専門家

34　国際協力機構(JICA)(2013)前掲注30、116ページ参照。
35　国際協力機構(JICA)(2013)前掲注30、117ページ参照。

が派遣され支援が継続されている。

(7) 職業訓練制度の評価(経営者の満足度など)

Milio, Elitsa Garni zova and Alma Shkreli(2014)によれば、ミャンマーにおける職業教育は、企業の現場ではそれほど高い評価を受けているわけではないことがわかる。ある建設業に関する事例では、職業訓練施設の修了者の知識や技能は極めてレベルが低く、簡単な質問にも回答できないと不満を述べているという。工場の生産労働者に関する事例では、中学校2年程度の教育レベルにも達していないと不満をもらす者や、工業団地で就労する労働者のほとんどが教育水準の低い者であると不満をあらわにした経験を証言する中小企業関連部局の担当官の話を紹介している[36]。

その一方で、ミャンマーにおいて製造業の中でも重要な位置を占める縫製業の事例では、賛否両論が聞かれるようだ。ある企業経営者は、就職してくる生産労働者に技能を求めているわけではなく、働き始めて5カ月ほどの間に職場で技能を身につけていくものだから、職業訓練自体に何ら問題を感じていないという。問題となるのは職場の上司であり、指導する立場にある者の方であるという。だが、民間事業者団体の関係者は、技術訓練校の中等訓練が欠如していることの問題点を指摘している[37]。20年から30年前には多くの職業訓練施設が存在したが、政府はそれらの訓練施設を廃止していった。技能者自体が不足しているが、技能を習得する機会も少なすぎるという。これに関連して、経営者自体の問題を指摘する者もいる。労働者の態度や勤労意欲は経営者にかかっていると言える。

ただ、国際協力機構(2013)は、人材の需給にはギャップが存在するとした上で、縫製業に関して、需要に比べて供給が少ない状況にあると指摘する[38]。縫製業に関連する職業教育が訓練校でほとんど行われておらず、企業内での訓練に依存している。職人を育成するシステムが存在せず、採用後に職場で

36　Simona Milio, Elitsa Garni zova and Alma Shkreli, 2014, *op. cit. supra* note 22, p.91.
37　Simona Milio, Elitsa Garni zova and Alma Shkreli, 2014, *op. cit. supra* note 22, p.92.
38　国際協力機構(JICA)(2013)前掲注30、159ページ参照。

トレーニングを受けることが必須であるというのが現状だとして事例を紹介している。

●5　職業紹介

Ministry of Labour, Department of Labour(1997) [39] お よ び Ministry of Labour, Department of Labour(1990)[40]、TAN, T'NG and YAP(1996)[41]などによれば、タウンシップに設置されている労働事務所では18歳以上の者に関して求人登録することができる[42]。

（1）公共職業安定所を通じた職業紹介

図表4-10および図表4-11は、労働事務所を通じた求人求職者数の推移である。ヤンゴン管区とそれ以外の管区および州レベルで集計がとられているが、ヤンゴン管区はそれ以外の管区および州の1.1倍の規模となっている。

ヤンゴン管区では毎月4万5,000人から4万7,000人程度が労働事務所に求職登録しており、毎月末の求職登録者数は40万人前後となっている。2012年から2014年にかけて増加傾向が見られる。

この数値を見る限りでは、毎月3万人前後が公共職安を通した就職をせずに、求職者登録から抹消されていることなる。この中には公共職安以外のルートで就職した者や就職活動を行わなくなった者が含まれていると考えられる。

ちなみに、Dews(1997)には、1992年から1994年までの労働事務所を通じた求人・求職者数が掲載されている（図表4-12参照）[43]。これを図表4-10および図表4-11と比較してみると、新規求職登録者数は3分の1程度の規模で、

39　Ministry of Labour, Department of Labour, 1997, *An Overview of Labour Services and Aspects of Labour Laws Enforcement in the Union of Myanmar.*

40　Ministry of Labour, Department of Labour, 1990, *General Labour Practices in Brief, Ministry of Labour.*

41　TAN, T'NG and YAP, 1996, *op. cit. supra* note 6, p.251.

42　法的には16歳以上の者が就労することが可能である。しかし、現地調査の聞き取りから判断すると、この年齢制限は厳しく順守されているとは言い難い。

43　Dews, Philip, *op. cit. supra* note 8, p.49.

図表4-10：労働事務所を通じた職業紹介（ヤンゴン管区）

	ヤンゴン管区						
	新規求職者登録数（A）	求人数	応募数	就職者数（B）	期末の求職登録者数（C）	(A)−(B)	(A)−(B)と(C)の差
2012年度	618,650	212,792	214,692	212,099	122,409	406,551	284,142
2013年度	598,543	217,054	218,206	216,847	378,889	381,696	2,807
2014年度	513,736	135,704	137,131	135,593	394,289	378,143	− 16,146
2015年度	638,042	115,366	115,935	115,748	514,243	522,294	8,051
2016年							
1月	55,472	11,048	11,065	11,097	496,801	530,132	33,331
2月	52,810	11,556	11,741	11,574	505,399	538,037	32,638
3月	48,510	12,548	12,558	12,548	508,635	541,361	32,726
4月	42,271	5,882	5,853	5,893	514,243	545,013	30,770

（出所）　CSO＝中央統計局ウェブサイト[44]参照、*Selected Monthly Economic Indicators*、2016年5月号に基づき作成。
注：表中の「(A)−(B)と(C)の差」とは、前期末登録者数に新規求職者数を加えて、その期間内の就職者数を差し引いた人数と、期末登録者数との差を示している。理屈から言えば、就職しないにもかかわらず、求職者登録が抹消された人数のことになる。あるいは、公共職安を通さないで就職した人数も含まれるであろう。

求人数は4分の1程度の規模であるが、期末の登録者数は2倍から4倍の規模である。登録抹消数は5倍から6倍の規模であることがわかる。

(2) 民間職業紹介機関

　現在ではインターネット上の職業紹介機能も発達していることがうかがい知ることができる。Jobs in Myanmar, jobs in Yangonというサイト[45]を参照すると、測量技師、店舗店員、プロジェクトエンジニアや会計士といった職に関する求人広告がある。そのサイトでは、例えば、Sky One Construction Co., Ltdという建設会社が測量士の求人広告を掲載しているのが見つかった。

44　Central Statistical Organization（CSO）：
　　（http://www.csostat.gov.mm/s7.1MA0201.htm）
45　Jobs in Myanmar, jobs in Yangon:
　　（http://www.jobsinyangon.com/app/ad-ifr-euus?id=20520151757584351）

図表4-11：労働事務所を通じた職業紹介（ヤンゴン管区以外）

	ヤンゴン以外の管区および州						
	新規求職者登録数(A)	求人数	応募数	就職者数(B)	期末の求職登録者数(C)	(A)−(B)	(A)−(B)と(C)の差
2012年度	460,869	197,887	200,465	195,711	148,501	265,158	116,657
2013年度	505,133	202,661	214,743	200,742	356,219	304,391	−51,828
2014年度	380,707	146,928	153,384	146,486	342,289	234,221	−108,068
2015年度	383,593	90,137	93,379	89,243	362,636	294,350	−68,286
2016年							
1月	46,051	7,869	7,640	7,184	314,832	332,226	17,394
2月	50,902	6,652	7,063	7,095	340,356	358,639	18,283
3月	43,111	6,229	6,750	6,510	358,285	376,957	18,672
4月	24,233	3,510	3,725	2,928	362,636	379,590	16,954

（出所） 図表4-10と同じ。

図表4-12：労働事務所を通じた職業紹介（1992年度から1994年度）

	新規求職者登録数(A)	求人数	就職者数(B)	期末の求職登録者数(C)	登録抹消数
1992年度	173,130	46,151	39,157	502,551	185,059
1993年度	191,589	62,726	31,881	518,172	147,571
1994年度	194,919	39,663	33,474	541,488	143,634

（出所） Dews（1997）に基づき作成。

職務定義、求められる経験やスキル、語学能力、勤務地、男性、女性のどちらを求人しているか、給与に関しては応相談等が記載されている。「職務定義」の欄には、「誠実に職務に当たること」「性格が良いこと」といった、日本人にとっては職務定義とは判断できないような内容が書かれている。国際協力機構(2013)には、地場製造業企業の採用面談で留意している点について、ワーカー採用要件として業務経験や保有資格などではなく、人柄やコミュニケーション能力を重視しているという指摘がある[46]。そこにミャンマーの人材育成

46　国際協力機構（JICA）（2013）前掲注30、157ページ参照。

に関する政策の問題点があると言えるが、技能や職歴、知識や経験に関する共通認識が求人側と求職側の間になく、実務的な技能を習得する手段が乏しいことが、企業側にとっても、労働者側にとっても課題となっていることを如実に語っていると考えられる。

小括

　ミャンマーにおける労働力の質は、識字率の高さや労働生産性という数値の高さからして、決して低い水準にあるわけではない。ただ、職場での職務遂行上の技能という点では、企業経営者の評価が決して高いわけではない。また、勤労意識についても、仕事に対して意欲的ではないと指摘する調査結果もある。

　政府による職業教育や人材育成の政策の変遷をみると、全国の大学が1988年以降の軍事政権下による民主化勢力の押さえ込みを目的として、約10年間閉鎖された結果、「教育の質」が低下していったとされる。その一方で軍関係の医科大学、工科大学は閉鎖されず、防衛関係の高等教育機関が拡充され[47]偏りがある教育政策がとられてきた。また、1996年以降は従来、教育省に一元化されていた職業訓練政策が、各省庁に権限移譲され、それぞれの分野に専門化した職業教育・訓練が実施されるようになり、国全体としての一貫性には若干欠ける職業能力開発行政が行われてきたと言える。

　職業紹介については、労働事務所が無料の公共職業紹介所として役割を果たしているが、登録者数は全労働力人口の（統計数値上把握されている限りの）2％程度を占めるに過ぎない。また、毎月、登録されている求職者数の30％程度しか就職できていないのに加えて、毎月の新規求職登録者数の30〜40％程度の人数が、公共職安を通じた就職活動をせずに求職者登録から抹消されていると考えられることからも、十分に機能しているとは言いがたいのが実情であろう。

　そういった人的資源、職業訓練、職業紹介についての課題にNLD新政権

47　増田(2010)前掲注19、5〜13ページ参照。

が対応していくことになる。職場で必要とされる人材を育成していくための
教育政策や職業訓練政策、求人求職のマッチング機能を整えていく政策が急
務となる。

第5章

労働法令

（ヤンゴン大学法学部の入口）

（ヤンゴン大学構内のカフェテリア）

❂はじめに

　本章では、ミャンマーの労働法令の内容についてまとめる。特に個別的労働関係に関する労働法令をここで述べることにする。

　ミャンマー労働法令は、英語で表記された法律・規則とミャンマー語で表記された法律・規則が混在していること、70年以上も前の古い法律がまだ効力を持っていること、労働法令が1冊の本にまとまって出版されていないことなどの理由で調べにくいという問題がある。

　軍が政治の実権を握っている期間が長く続いたことから、民主化が遅れ、労働法令の整備が不十分な状況にあった。そこで2011年になって民政に移行して新しい労働法令が次々と制定されたり、改正されたりしている。この動きは当分続くものと思われる。

❂1　労働基本法令

　ミャンマーの労働法令は形成途上にある。イギリスの植民地時代にインド経由で入ってきた労働法令がいまだに存在すると同時に、2011年4月1日から民政に移管してからミャンマー労働法が新しく制定されはじめている。英領インドで制定されたインドの法律がミャンマーに移植されてビルマ法典（The Burma Code、全13巻）にまとめられてきた。その中に労働法令も含まれてきた。それらは今後面目を一新してあたらしく制定されるか、全面改正される予定になっている。そのためには時間がかかるであろう。そこで現段階では形成途上にあると言わざるを得ない。

　軍政時代に労働者の基本的な労働条件を定めた労働者の基本的な権利と義務に関する法律（1964年）の制定があったが、これは2011年12月に廃止されている。そこで、日本の労働基準法のように包括的に労働基準を定めた法律は存在せず、個別の法律に委ねられている。そこで現行法として有効な法律を挙げておこう[1]。

1　ミャンマー労働法令を解説した文献として、独立行政法人日本貿易振興機構（JETRO）（SAGA国際法律事務所が作成）「ミャンマー労務ガイドブック」2015年10月。

1　1923年労働者災害補償法

2　1933年児童(労働の誓約)法

3　1948年雇用統計法

4　1951年工場法

5　1951年休暇および休日法

6　1951年油田(労働および福利厚生)法

7　1959年雇用制限法

8　1994年鉱山法

9　1999年海外雇用に関する法

10　2011年労働組織法

11　2012年労働紛争解決法

12　2012年社会保障法

13　2013年最低賃金法

14　2013年雇用および技能向上法

15　2016年賃金支払法

16　2016年店舗および商業施設法

現在検討されている法案は以下に挙げておこう。

(17　労働安全衛生法案)

(18　外国人雇用法案)

労働者災害補償法は第7章で述べ、労働組織法、労働紛争解決法は第6章、社会保障法は第8章で述べることとする。それ以外を本章で述べる。

●2　雇用契約に関する法令

雇用契約についての法令として、2013年雇用および技能向上法がある。これによれば、企業は政府の常勤労働者、訓練生、試用期間中の者を除き、雇

堤雄史・藤井俊亮(2013)『ミャンマー・ビジネスの法務・会計・税務』中央経済社、2013年12月、ヤンゴン日本人商工会議所・JETROヤンゴン事務所編(2014)『ミャンマービジネスガイドブック(2013-2014)』2014年11月、57～135ページ等がある。

用開始後30日以内に雇用契約を締結しなければならない。雇用契約締結後、契約書の写しを管轄する労働事務所に送付してチェックを受けなければならない。雇用契約書には以下の事項を定めなければならない。

　職種、試用期間、給与、勤務地、契約期間、休暇および休日、時間外労働、勤務中の食事の手配、住宅施設、医療手当、仕事および出張における車の手配、労働者が順守すべき規則、研修後勤務しなければならない期間、退職および解雇、期間満了時の対応、契約において順守すべき義務、合意退職、契約書の規定の修正および追記の方法、雑則である。

　そもそも雇用契約書が締結されていない場合には、6カ月以下の禁固刑、または罰金、あるいはその両方が科せられる。上記の事項が記載されない場合には、3カ月以下の禁固刑、または罰金、あるいはその両方が科せられる。

　本法施行以前に締結された雇用契約の場合は、それが終了するまで有効であるという経過措置が設けられている。したがって、次に更新の際には本法に則した雇用契約とするよう注意しなければならない。

　雇用契約書で用いられる言語について法的規制はないが、労働者が理解できる言語にすべきであろう。

　試用期間は明確な制限規定はないが、その期間の賃金は最低賃金法規則では最賃の75%を下回らない額としなければならないし、その期間は3カ月を超えてはならないとしている。そこで試用期間を3カ月とするのが通常である。

　雇用期間の規制についての規定は存在しない。法令によって雇用期間を設定しようとする議論があるが、まだ実現されていない。そこで雇用契約書に雇用期間を定めることができる。雇用期間を定めた場合、複数回繰り返すことによって期間の定めのない雇用契約に変わることはない。

（1）外国投資法に基づく企業の場合

　外国投資法に基づいて設立された会社では、一定の割合でミャンマー国民を雇用することが義務づけられている。熟練工、技術者、専門職を雇用する場合、原則として、事業開始から2年で25%、4年で50%、6年で75%以上

の割合で雇用しなければならない。熟練を要しない業務には、ミャンマー国民を雇用しなければならない。雇用後30日以内に文書で雇用契約を締結しなければならないし、研修を与えなければならない。そのために毎年実務訓練年次計画を工業省に提出しなければならない。

経済特区に設立される会社も、上記の雇用義務が課せられている。しかし、会社法によって設立された会社には、以上のような雇用義務はない。

(2) 海外雇用に関する法

この法律は正規の手続によって海外で雇用される場合の規定が定められている。ただし、船員、海外の公務員、政府機関によって任命される専門家の雇用は除かれる。

海外雇用に関する中央委員会は、海外雇用の方針の立案、サービス・エージェンス・ライセンスの交付や取消についての指導を担当する。この中央委員会の下に監督委員会が設けられ、方針の具体的な実施、違法な海外雇用の防止、サービス・エージェンス・ライセンスの発行、取消の決定を担当する。

労働事務所に強制登録を義務づける海外雇用の種類を定め、それを希望する者は登録しなければならない。実際に海外で雇用を確保した場合にも、労働事務所に登録しなければならない。強制登録の対象でなくても、実際に雇用された場合は、労働事務所に登録しなければならない。

出国前には健康診断書と登録証明書を取得しなければならない。海外で雇用されてから、雇用条件が食い違っている場合、サービス・エージェントに報告しなければならない。もし、就労しない場合には、ミャンマー大使館に報告しなければならない。海外で損害を受けた場合、サービス・エージェントを通じて損害賠償請求ができる。海外雇用労働者は労働事務所とサービス・エージェンシーに手数料を支払わなければならない。

サービス・エージェンスの業務を行うためには、労働事務所が発行するライセンスを取得しなければならない。労働事務所が審査をして交付の決定を行う。交付を拒否する場合は監督委員会の承認が必要である。手数料を支払えばライセンスが交付される。ライセンス取得者は労働事務所に海外雇用に

関する会計報告の義務がある。さらに海外雇用者が権利侵害を受けた場合に、それを回復するよう配慮する義務を負う。もし、ライセンス条件違反、労働者への業務不履行、ライセンスの無断譲渡等があれば、ライセンスは取り消される。

　この法律の手続によらないで海外で不法就労する事例が多くみられることに注意しておく必要がある。これについては後述する。

　この法律も修正案を策定中である。

（3）雇用統計法

　雇用統計法に相当するインド側の法律は存在しない。ミャンマー独自の法律であると思われる。あらゆる業種の使用者に以下の項目の統計を当局に提出することが義務づけられている。雇用に関する基本的統計を整備するためである。

　一般家庭で消費する各種の物資の価格、欠勤、生活水準、債務の状況、家賃、賃金、退職準備の積み立て、諸手当、労働時間、失業、労使紛争、疾病、従業員数とそのカテゴリーごとの数、休暇、生産性などである。

　これも現在修正案を策定中である。

（4）雇用訓練に関する法律

　1951年雇用訓練法では旧労働・雇用・社会保障省のもとで、職業紹介所の開設と訓練促進を行う権限を認めたものである。第二次世界大戦後、復員兵の雇用促進のために1946年にヤンゴンにはじめて職業紹介所が設置された。しかし、この法律は2013年雇用および技能向上法が施行されたことによって廃止された。現在はこの法律が労働者・入国管理・人口省が管轄する職業訓練についての基本法となっている。2013年12月1日から施行されている。

　2013年雇用および技能向上法によれば、中央に雇用と訓練に関する政労使による審議機関を設置し、そのもとに雇用開発チームと訓練開発チームが設置される。訓練開発チームは職務分類をして、訓練開発の仕分けを行って、訓練の政策立案、熟練評価の整備を行う。訓練所の登録認証発行、熟練評価

の認証発行、訓練発展基金の管理を担当する。

　使用者は訓練発展チームの作成した計画によって訓練を実施するとともに、個別や集団でOJTや職場での訓練、外部の訓練所での訓練を実施する。

　この法律によって、技能向上基金に支払う義務が規定されている。この基金は、技術向上のための研修や訓練、契約終了後他の職種に移動するために必要な研修、これらの研修を行うための資金の融資の三つの目的をもっている。

　産業およびサービス業の使用者は、管理監督者およびそれ以下の労働者に対して支払われる賃金総額の0.5％以上を基金に毎月支払われなければならない。やむを得ない事情がある場合は支払いが免除される。その場合以外に支払わない場合は、6カ月以下の禁固または罰金、またはその両方が科せられる。

　労働・入国管理・人口省の労働局では公務員対象の在職職業訓練校を運営している。雇用および技能向上法が施行されたことを受けて、教育省とどのように調整して職業訓練制度を構築するかが問われている。

　労働・入国管理・人口省以外でも職業訓練を管轄する省がある。教育省の管轄の下で、1974年農業・工業・職業教育法が制定され、1989年に市場経済が導入され、民間投資を拡大するために熟練労働者や技術者への需要が拡大することを見越して1989年に改正されている。この法律によって教育省の下に、技能・農業・職業評議会が設置され、職業訓練校の開設・増設・指針などを教育省に勧告し、公的職業訓練制度を学校に設置している。

　さらに工業省の下に1994年科学技術開発法がある。これは産業部門での技術者や専門家を養成する目的で制定された。この法律は農業・技能・職業訓練法を補完することが期待されている。

(5) 雇用制限法

　1959年雇用制限法は主に、求職者が能力等に応じた適切な雇用の機会を得ることができるよう支援する機関およびサービス等に関して定める法律である。雇用制限法によれば、50人以上の労働者を雇用する事業主は、労働

事務所に対して欠員の通報をすることが義務づけられている。1975年に修正され、5人以上の労働者を雇用する事業主に適用が拡大された。

●3 賃金に関する法令

（1）賃金支払法

　賃金支払法はインドの1936年賃金支払法を取り込んだ法律であり、ミャンマーでは1937年3月28日から施行された。それが2016年賃金支払法にかわった。

　賃金支払いの責任を負う者は賃金支払期間を定めなければならない。それは1カ月を超えてはならない。賃金計算期間の最後の日から、100人以上雇用している場合は5日以内に、100人未満の場合には計算期間の終了日に賃金を支払わなければならない。雇用が終了する場合は、終了する日から2日以内に賃金を支払わなければならない。賃金は硬貨か紙幣で労働日に支払われなければならない。

　賃金からの控除は細かく定められている。欠勤のための賃金カット、損害額、提供された住宅の費用、食事・水・電気の代金、前払賃金や過払賃金の精算、所得税、裁判所によって命じられた額、退職準備金のための掛け金、生協への支払い、貯金のための額を控除できる。全控除額は賃金の50％を超えてはならない。労働者の過失により使用者から預かった物品・金銭を紛失や損傷を与えた場合、雇用契約で違反行為に金銭による罰金が定められている場合に、その額を控除できる。控除できるのは、1カ月の賃金の5％までに限られている。

（2）最低賃金法

　軍政から民政に移行してから、最低賃金法が2013年に制定された。1949年最低賃金法を改定することによって、新たな最低賃金法が2013年3月22日に成立し、同年6月4日に施行された。1949年最低賃金法はイギリスの1945年賃金審議会法とインドの1947年最低賃金法を継受して制定された。1953年たばこ産業、1957年精米業に最低賃金が設定されたが、それ以来最

低賃金額が決められることなく、50年以上が経過した。

2013年最低賃金法に基づいて全国審議会が組織され、そこでの検討を踏まえて2015年9月1日から最低賃金額として従業員15人以上の事業所で、日給3,600チャットが施行された。これがどのような問題を持つのかを検討してみたい[2]。

(a) 最低賃金法の内容

2013年最低賃金法の内容を整理しておこう。なお2013年7月12日に最低賃金規則を公布している。

全国審議会は政府機関、労働組織や労働者代表、使用者組織や使用者代表、専門家から構成される。委員の任期は3年である。政府側の委員は労働、農業、牧畜、経済、商業、生産、社会問題を管轄している機関から選ばれる。労使の代表はそれぞれの利益を代表し、同数とする。賃金問題の専門家が1名ないし数名選ばれ、労使間の公平な調整を行うことが任務となっている。

連邦直轄領、管区や州レベルでの審議会が最低賃金を決めるに必要な事実を調査し、それを全国審議会に報告し、そこで最低賃金額をいくらにするか提案を行う。このことは全国一律だけでなく、連邦直轄領、管区や州レベルでの最低賃金額を設定することがあると想定しているものと思われる。また商業、製造業、サービス業、農業、牧畜業ごとに最低賃金額を決めることを想定している。最賃規則ではもっと小さい業種に分けて最賃を決める場合も想定している。したがってさまざまな単位で最低賃金額を決めることができるような仕組みになっている。

全国審議会による最低賃金額の提案を中央政府の承認を得た上で公表する。最低賃金額を時間、日、週、月のどれを基準に決めるか、あるいはパートタイマーのための最低賃金額を決めるのかを決定して、その内容を公表する。もし、提案した額に反対意見がある場合には、連邦直轄領、管区、州レベルでの審議会で再度検討して全国審議会にそれを提案し、そこで再提案が

2 　香川孝三(2015)「ミャンマー最低賃金制度」『季刊労働法』251号、2015年9月、189〜197ページ。

検討されて、中央政府への再提案がなされる。この場合にも中央政府の承認を得た上で告示する。2年ごとに最低賃金額を変更することができる設計になっている。

　さらに特別経済区では経営委員会がその特別経済区の労働者や職員のための最低賃金額の提案を全国審議会に申し出ることができる。

　最低賃金額を決める場合に、調査すべき事項を次のように定めている。労働者やその家族にとっての必要性、賃金の実態、社会保障給付金、生計費とその変更の内容、生活水準、国の経済や生産の発展に即した雇用機会、国民1人当たりの国内総生産、健康に危険性のある労働の性質、その他の労働・入国管理・人口省が定め、中央政府が承認するその他の事実である。

　全国審議会は施行日の最低60日前までに、官報や新聞に最低賃金額を公表する。それに反対がなく、中央政府の承認を得れば、その額を最低賃金として告示する。反対があれば、その根拠となるデータを30日以内に提出する。それを受けて三者の代表に適切な額の提示を求める。その提示を受けて全国審議会が最低賃金額を再公表する。中央政府の承認があれば、それを最低賃金額として告示する。それに不服のある者は最高裁判所に令状の発給を求めて、額の変更を訴えることができる。

　使用者には以下の義務が課せられる。最低賃金額を下回る額を支払うことはできない。最低賃金額以上の額を支払わなければならない。法律で認められた以外の額を賃金から控除することが禁止されている。現金での支払いが求められているが、例外的に全額または一部の額を現物によって支払うことも可能である。その地域での価格で本人の希望によって可能になる。労働者の多数の希望がある場合や労働協約の定めがある場合にも現金だけでなく、現物によって支払うことが可能である。労働者に最低賃金額を通知し、見やすい場所に掲示をする。また、以下のことが求められる。賃金台帳に支払った賃金額を記録して管理すること、その記録を所轄の官庁に提出すること、監督官の要請があれば査察を受け入れ、記録を提出すること、監督官の企業内への出入りを認めること、労働者が病気の場合、治療のための休日を付与すること、家族や両親の葬式の場合には、最低賃金額から控除することなく

休暇を付与すること。

（ア）労働者の権利

　労働者は以下の権利を有する。最低賃金額を受け取る権利、最低賃金額を超える額を受け取る権利、雇用契約に定める賃金が最低賃金額を下回る場合、最低賃金額を受け取る権利、二つ以上の仕事をする場合、それぞれの仕事で最低賃金額を受け取る権利、パートタイマーの場合、時間単位の最低賃金額を受け取る権利、有給休暇を受ける権利、休暇に労働する場合は残業手当を受ける権利、労働者の希望による場合や使用者の責めに帰すべき事由がある場合、定められた労働時間より短い時間しか働いていない場合であっても、全額受けとる権利、男女で最低賃金額に格差があってはならず、商業、製造業、サービス業に従事する労働者の場合、最低賃金額を現金で受けとる権利、本人の希望によって全額または一部を現物によって受け取る権利、農業、牧畜業に従事する労働者の場合、最低賃金額の一部を現金、一部を現物によって受けとる権利、その時の地域の慣習や過半数以上の労働者の希望や労働協約に基づいて地域の価格で現物の額が決められる権利、試用期間中の労働者は最賃の75％を下回らない額を受ける権利、試用期間は3カ月を超えてはならず、訓練期間中の者は3カ月以内であれば最賃額の50％を下回らない額を受け取る権利、である。

　最低賃金額の支払いがなされない場合、その日から1年以内に審議会や労働事務所に申し立てることができる。または裁判所に支払いを求めて訴えることができる。

　労働・入国管理・人口省は労働監督のために監督官の任務を指示する。監督官は職場に入って賃金台帳の記録を調査し、調査のために関係する者を呼び出す権限が与えられている。企業外で働いている労働者がいる場合、その者の記録、勤務状況、住所についての情報を調査し、調査の結果は労働・入国管理・人口省に報告する。使用者から求められれば、身分証を呈示する義務がある。

（イ）罰則

　以下の場合に、使用者には1年を超えない禁固刑または50万チャットを超えない罰金、またはその両方が科せられる。①最低賃金額を支払わない場合、労働者に支払う義務のある額を支払わない場合、②賃金台帳に虚偽の記録をする場合、③所管の局に報告しない場合、監督官から求められた資料を提出しない場合、④監督官の呼び出しに応じない場合、⑤監督官の監督を妨害や介入する場合。

　以下の場合、使用者は6カ月以下の禁固刑または30万チャットを超えない罰金またはその両方が科される。①最低賃金の告示の内容に違反する場合、②労働者に最低賃金額を通知しない場合や見やすい場所に掲示しない場合である。

　裁判所は使用者から支払われる罰金を労働者に支払われるべき額に充当することができる。

　以上の他に、本法に違反するいかなる者も、3カ月の禁固刑または罰金刑、またはその両方が科せられる。

　雇用契約に最低賃金額を下回る額の支払いの内容がある場合、その部分は無効となる。

　適用範囲についてであるが、この最低賃金法は海上労働者、公務員、使用者の妻、夫、子ども、両親、血のつながりのある兄弟姉妹には適用されない。

（ウ）最低賃金の範囲

　最低賃金額に入る賃金の範囲を限定している。これは重要なポイントである。以下の項目は賃金に含まれない。通勤手当、返金や報奨金、社会保障に基づく現金給付、住宅手当、食事手当、電気手当、飲料水手当、税金、治療費やレクレーション手当、解雇手当や葬祭費、その他労働省が中央政府の承認を得て告示で定める手当。これらの手当を支払っても最低賃金額には計算上含まれないということである。残業手当と賞与は最賃額に含まれている。

(b) 最低賃金額の決定

　最低賃金法に基づき全国審議会が設置された。委員は労使代表が5名ずつ、政府委員は17名(この中には専門家も含まれている)で、合計27名からなっている。連邦直轄領、管区、州レベルで審議会による賃金実態の調査が行われた。その結果は公表されていない。

　CTUM(ミャンマー労働組合総連盟)は5人以上を雇用する事業場には最低賃金を4,000チャット、15人以上雇用する事業場には5,000チャットとすることを要求した。経営側は2,000チャットを要求していた。6月18日に審議会は1日8時間労働を前提として1日3,600チャット(ドルに換算すると2.8ドル)を最低賃金とするという提案を行った。

　1日3,600チャットとなったのはどうしてだろうか。様々な要因を考慮した結果であるように読める。

　第1点は、最低賃金法では業種や地域によって額を異にすることが可能になっているが、全国統一した一つの最低賃金を決めたことである。これにはILOの指導があったことが分かった。できるかぎりシンプルで分かりやすい制度にすることをILOは指導した。これは2015年9月3日、ILOヤンゴン事務所でのヒアリングにより判明したものである。全国統一の最低賃金額にすれば、最低賃金額の適用範囲をめぐって紛争を避けることができる。しかし、地域によって賃金額が違っているのが実態であり、ヤンゴンのような都市部と農村部では生活レベルも違っているし、賃金額も違ってきている。そこで農村部、地方部において最低賃金額が遵守されるのかという疑問がわいてくる。

　第2点は、15人以上の事業場に適用を限定したことである。14人以下の事業場には適用にならないことになるが、これを悪用して事業場に14人以下の従業員しか雇用しないとか、分社化して従業員数を14人以下に減らすという戦略をとる企業がでてくる可能性がある。

　第3点は、最賃が施行された2015年9月は11月8日の総選挙に近い時期であり、与党(連邦団結発展党)にとって高い水準の最低賃金額を決めることは選挙対策になるという政治的意図が感じられることである。スーチーが率い

る国民民主連盟(NLD)に対抗するためには、国民の人気を得る必要がある。しかし、額によってはマイナスに評価される可能性も持っている。そこで組合側が要求した額に近い額になっていることは票集めを考慮して決めた額であると思われる。

　第4点は、労働集約型産業、特に縫製業の場合、国際競争を勝ち抜くためには、あまり高くすることには問題がある。ASEAN諸国やミャンマー近隣国との競争を考えると、バングラデシュ以上であって、カンボジア以下の額になることが国際競争を勝ち抜くのに有利であるという判断があったとされている[3]。

　カンボジアの縫製業では2015年1月1日から最低賃金額として月128ドルを施行した。それまでの月80ドルから月128ドルまで上昇した[4]。バングラデシュ縫製業では2013年12月から月68ドル(5,300タカ)に上がった[5]。ただミャンマーと違うのは諸手当が最低賃金額に含まれていることである。最低賃金額のうち、基本給が3,000タカ、住居手当が1,200タカ、医療手当が250タカ、通勤手当が200タカ、食事手当が650タカ、合計5,300タカとなる。

　これに対して、ミャンマーの1日3,600チャット(約2.8ドル)を月に直すと、月30日とすると84ドル、月25日では70ドルとなる。月単位でみると、カンボジアとバングラデシュとの間に設定していることが分かる。

　第5点は、50年近く最低賃金制度が機能せず、事実上最低賃金は国有企業や公務員の給与が基準となってきた慣例があった。それらと比較して3,600チャットという数字がでてくることになったのではないか。2009年に財務省は最低賃金として1日当たり1,000チャットを定めたが、これが公務員の最低賃金額となった。2012年4月公務員賃金がインフレを考慮して引き上げら

3　*Myanmar Times,*"Can Myanmar's minimum wage avoid pitfalls of Bangladesh's garment sector?" Friday, 18 September 2015.
　(http://www.mmtimes.com/index.php/opinion/16541-can-myanmar-s-minimum-wage-avoid-pitfalls-of-bangladesh-s-garment-sector.html)
4　インドシナニュース「カンボジア政府、縫製産業の最低賃金を128ドルに決定」
　(http://www.fashinsnap.com/the-posts/2014-11-13/cambodia128)
5　ロイター「バングラデシュ政府、衣料部門労働者の最低賃金77％引き上げを承認」
　(http://jp.reuters.com/article/2013/11/23/idJPL4NOJIP20131122)

れ、物価手当が月3万チャットとなった。2014年4月からは公務員賃金が月
額一律に2万チャットあがった。さらに2015年4月から公務員賃金の最賃額
が月75ドル（7万5,000チャット）から月125ドル（12万チャット）に引き上げら
れた[6]。このことも考慮に入れざるをえなかったであろう。

　第6点は、ミャンマーから隣国に約300万人とも400万人ともいわれる労
働者が流出している。その中には熟練労働者が含まれており、ミャンマーに
帰国して働いてもらいたい労働力である。2003年にアメリカの経済制裁が
なされたためにミャンマーの工場が閉鎖され、熟練を持った労働者が隣国に
移動した。隣国に行った労働者からの外貨の送金というメリットはあるが、
同時に労働力の流出という問題でもある[7]。タイでは最低賃金が1日300バー
ツ（約10ドル）ぐらいであることを考慮すれば、それに近い額でなければ帰国
しないという判断があったであろう。

　以上の要素を総合的に判断して3,600チャットになったのではないかと思
われる。

(c) 最低賃金額をめぐる問題点

　次に問題となる点を指摘しておきたい。

(ア) 月額最賃額の計算方法

　最低賃金額を1日単位で決定したが、月単位ではいくらになるのか。

　通常であれば、月の勤務日数をかければ月単位の額が出てくる。しかし、
日本企業でのヒアリングでは、労働省は月の日数をかけた額が月単位の最低
賃金額であると考えているということを伺った。休日にも最低賃金額を支払
うという考えを取っているということである。そうなると月30日の場合、
10万8,000チャットということになる。

6　ミャンマージャポン「ミャンマーの公務員給与、約2倍に引き上げ」
　（http://myanmarjapon/newsdigest/2015/04/13-000689.php）
7　山田美和(2012)「ミャンマー人移民の問題—越境する人的資源のゆくえ」工藤年博
　編『ミャンマー政治の実像—軍政23年の功罪と新政権のゆくえ』アジア経済研究所、
　2012年3月、271〜308ページ。

（イ）残業手当の計算方法

　最低賃金額を前提として残業手当はいくらになるか。

　残業手当は規定上では標準賃金の2倍とされている。1日3,600チャットは1日8時間労働を前提としているため、単純に計算すると1時間当たり450チャットになる。しかし、ミャンマーでは1日8時間、土曜日が半日勤務であるため1週44時間制をとっているが、週当たり賃金の計算では、勤務日＝6日分支払う必要があるとされている。つまり、1週間に支払われるべき最低の賃金は3,600チャット／日×6日≒21,600チャットということになる。この週当たり賃金から1時間当たり賃金を逆算すると、週44時間労働であるから、21,600チャット／週÷44時間＝490チャットになる。1日8時間労働として日額を単純に時間数で除する場合と相違がでる。この1時間当たり賃金490チャットを基準として2倍の残業手当を支払うことになると、残業手当は1時間当たり981チャットになる。この981チャットは、3,600チャットを日給として8時間就労した場合の時間給450チャットから計算すると、2.18倍になる。つまり、法律上の規定では2倍を支払うことが求められているが、実質的な計算では2.18倍の割増率で支払わなければならないことになる。これでは残業手当を払うより新しい労働者を雇った方が安上がりとなる。これまで基本給を低く抑えて残業手当である程度の生活ができる額になるという賃金対策を採用してきたが、それが成り立たない場合がでてくる。

（ウ）諸手当の扱い

　最低賃金には基本給、残業手当、賞与が含まれる。これまで基本給を低く抑えて諸手当を合算してある程度の生活ができる額になっていたが、諸手当は最低賃金法の定めによって、最低賃金額に含まれないことになる。例えば初任給が1時間450チャットで、食事手当、交通手当、皆勤手当、生活手当などを合算して2,000〜3,000チャットという企業もある。手当はそれぞれに一定の目的があって設けられている。皆勤手当は欠勤、遅刻、早退をしないこと、つまり欠勤率を下げることを促進するために設けられている。それらが最低賃金額に含まれないので、賃金額の決め方を変えざるを得なくなる。

それまでの手当をどうするのか、基本給をアップさせるのか。

　基本給を上げるとなると、個々の労働者の生産性をあげることで対応できるのであろうか。そもそも縫製業で生産性をどう上げればいいのか。

(エ) 最賃額遵守と経営者の反応

　1日3,600チャットの最低賃金額にミャンマー縫製業協会は7月2日に反対の意思表示を行った[8]。これに対して、アメリカ、カナダ、スウェーデンなどの先進国の企業[9]と国際的労働組合は賛成の意思表示をした。ミャンマー企業に製品を発注している欧米や日本などの企業はサプライ・チェーン・マネジメントとしてミャンマー企業の最低賃金の順守を求めなければならない。それが企業の社会的責任として求められることになる[10]。

　これに対して中国、韓国の企業の中には1日3,600チャットも払えないことを理由に撤退すると脅しをかけている企業がある。労働省では単なる脅しにすぎないと楽観視していた。

　しかし、企業閉鎖をして全員解雇した企業もでてきている。例えば、8月31日にJasmine Pwint工場が閉鎖された。237人の労働者に総額2億チャットが支払われた[11]。1人当たり、平均843チャットが退職金として支払われたことになる。これは雇用契約によって雇用期間に応じて退職金が支払われることになっているからである。今後閉鎖する企業が増えるのかどうかは最低賃金の定着程度を見る一つの基準となろう。

8　*Frontier Myanmar*, September 3, 2015, p.8.

9　*Investment and Finance*, September 10-16, 2015, p.22.

10　*International Business Times*, "In Myanmar, Garment Factories That Source Popular Brand-Name Clothing Retailers Aim To Defeat A 40-Cent Hourly Minimum Wages." (http://ibtimes.com/myanmar-garment-factories-source-brand-name-clothing-retailers-defeat-40-2010505)

11　SAGA国際法律事務所ミャンマーオフィス「最低賃金の施行により、何千ものミャンマーの労働者が職を失う」(28th November, 2015) (http://www.sagaasialaw.com/myanmarnews/946)

(3) 賞与

賞与についての法令は存在しない。支払いは企業の任意にまかされている。年1回の場合と、2回の場合とがある。支払う時期は4月の水かけ祭り（ミャンマーのお正月）の前と、10月のダディンチェ（雨安居、僧侶が修行をはげむ時期）の前が多い。

(4) 退職金

退職金についての法令はない。退職金の支払いは企業の任意にまかされている。長期間働いてもらうインセンティブを高めるために、退職金制度を設けている企業は存在する。

●4 労働時間・休日・休暇に関する法令

(1) 工場法

ミャンマーの工場法はインドの1947年工場法を引き継いでいる。したがって両者の内容は似通っている。2016年1月の工場法改正施行で一部修正された。

「工場」とは、動力を用いて製造工程で操業している区域で、過去12カ月以内または現在5人以上雇用している建物、または動力を用いないで製造工程で操業している区域で、過去12カ月以内または現在10人以上雇用している建物を指している。

「労働者」とは賃金の有無に関係なく、製造工程において機械や建物の清掃、または製造工程に付随したり関連する業務に雇用されている者を指している。ただし事務員として雇用される者は除かれる。

適用範囲は工場の労働者だけでなく、100人以上働いている倉庫や貯蔵所、動力が使われている港、波止場、埠頭や倉庫、港・波止場・埠頭における荷物の積み下ろし作業や給油作業、自動車の修理や塗装工場、プレス工場、石油工場である。

労働時間および時間外労働について以下のような定めがある。

18歳以上の労働者の労働時間は、原則として1週間44時間、1日8時間（59

条、62条)である。ただし、技術的理由で労働継続が必要な場合は週48時間まで認められる(59条)。この時間を超える場合、原則として2倍の賃金を支払わなければならない(73条)。

労働時間が5時間を超える前に、30分以上の休憩時間を付与しなければならない(63条)。労働時間と休憩時間の合計が原則として10時間を超えてはならない(64条)。

日曜日が法定休日とされており、日曜日の前後3日以内に代休日が付与されないかぎり、日曜日に労働する義務は負わない(60条)。代休が付与されない場合、休日出勤した月またはその月の翌々月までに代休を付与しなければならない(61条)。

この工場法も修正案を策定中である。なお、労働安全衛生に関する内容は第7章を参照。

(2) 店舗および商業施設法

店舗および商業施設法はインドの州段階で制定されている店舗および商業施設法をもとに、ミャンマー全体に適用される法律として制定された。新たに2016年に同名の法律が制定された。一般的に、これまでの規制を緩和する方向で規定されている。

「店舗」とは、現金や信用取引で商品販売業や卸売業、小売業のために利用されている営業所、理容や美容のための営業所、または大統領令によって店舗と告知される営業所を意味する。ただし、商業施設、公共娯楽施設、工場、産業施設は「店舗」から除かれる(2条e)。

「商業施設」とは、広告業、問屋業、運送業、代理業が営まれる施設、工場、商業の事務部門、保険会社、株式会社、銀行、仲介業者の施設、また大統領が通知で商業施設と定める施設を意味する(2条f)。店舗および公共娯楽施設は「商業施設」から除かれる。

「公共娯楽施設」とは、映画館、劇場または大統領令によって告知される公共娯楽施設を意味する(2条g)。ただし、店舗、商業施設、工場、産業施設は「公共娯楽施設」から除かれる。

　この法律は、店舗、商業施設、公共娯楽施設やそれらの関連する施設で雇用される労働者、事務員や会計係、守衛、清掃人、料理人、配達人、介護人、運搬人に適用される（2条1項）。

　店舗および商業施設では毎週1日完全に閉店しなければならないし、閉店日は労働者の休日となり、賃金カットしてはならない（16条）。

　店舗と商業施設では閉店時間を午後11時まで延長できる。開店は午前5時から可能である。一定のサービス業の店舗では労働事務所への事前報告により、24時間営業が可能となっている（10条）。ホテル、飲食店、病院、薬局、電力、給油、給水などの事業がそれに当たる（11条）。

　店舗、商業施設、公共娯楽施設では、原則として1日8時間以上、1週間48時間以上働くことはできない。しかし、棚卸、決算書の作成、決算、その他の事業上の必要があれば、1日8時間以上、週48時間以上働くことが認められる。ただし、時間外労働は原則として12時間、特段の事情がある場合は週に16時間までの残業が許される（12条）。時間外労働には2倍以上の平均賃金を残業手当として支払わなければならない（8条）。

　店舗、商業施設、公共娯楽施設の労働者は1日5時間以上働く場合、少なくとも30分以上の休憩時間が付与されなければならない（13条a）。ただし、警備員や管理人の場合は休憩時間を不要とすることできる（13条b）。労働時間と休憩時間と残業時間の合計が、店舗と商業施設、公共娯楽施設の場合は1日当たり11時間を超えてはならない（13条a）。

　店舗、商業施設、公共娯楽施設では、翌日の7日までに賃金を支払わなければならない（17条）。

(3) 鉱山法

　資源・環境保護省の管轄下にある1994年9月6日成立の鉱山法によれば、週5日を超えて働かせることが禁止され、通常1日8時間、週40時間を超えることを禁止している。例外として作業の都合で週48時間まで認めている。坑外労働については休憩時間を含めて1日10時間を超えてはならない。1時間の休憩時間を取らない場合、5時間を超えて働かせてはならない。坑内で

は1日8時間を超えてはならない。シフト制が採用されている場合でも8時間を超えてはならない。シフト勤務の場合、深夜0時をまたいで働く場合、当該シフト勤務終了後24時間後から働くことができる。坑外と坑内勤務の開始時間と終了時間を明示し、その通知を事務所の外に掲示しなければならず、その写しを統括監督官に提出しなければならない。土曜日または日曜の直前または直後の3日以内に休日を与えないかぎり、土曜日や日曜に働かせてはならない。それができない場合には1カ月以内に代休を与えなければならない。

　規定されている通常の労働時間を超えて残業した場合には、2倍の残業手当が支払われる。公休日に労働した場合には労働・入国管理・人口省が定める手当が支払われる。出来高払い制で支払われる場合には、できるだけ平均賃金に近い時間給が支払われなければならない。

　鉱山での14歳以下の児童の雇用を禁止している。15歳以上および18歳未満の子どもも鉱山での労働を原則禁止しているが、適性と年齢を証明する保健局の証明書があれば働かせることができる。生年月日の証明書を持たない子どもの場合には、保健局から派遣される医師によって年齢が判定される。

　坑内での女性の雇用は禁止されている。ただし、保健と福利厚生の分野に雇用することは認められている。

(4) 休暇および休日法

　休暇および休日法は1951年制定の法律であるが、2014年7月18日に一部改正されている。すべての事業所に適用になり、常勤労働者だけでなく、臨時労働者、日雇労働者にも適用される。ただし、家族従事者、共同経営者、料理人、清掃人、ベビーシッター、警備員には適用されない（2条）。

　少なくとも週1日有給で休みを認めなければならない。祝日は政府によって定められる。休日、祝日に労働した場合は200パーセントの残業手当を支払わなければならない（3条）。

　法律に定める祝日は以下である。

　　　　　独立記念日　　　　　　　1月4日

連邦記念日	2月12日
農民の日	3月2日
タバウン祭り	3月の満月の日
国軍記念日	3月27日
水かけ祭り	4月中旬
新年	水かけ祭りの翌日
メーデー	5月1日
カソン祭り	5月の満月の日
レジスタンスの日	7月19日
ワーゾォ祭り	7月の満月の日
タディンチェ祭り	10月の満月の日
カテイン祭り	11月の満月の日
国民の日	11月14日
カレン族の新年	12月中旬
クリスマス	12月25日

　12カ月以上勤務し、各月20日以上勤務した者は年間10日の有給休暇を取得できる。ただし、合計で90日を超えない範囲で、病気、事故、適法なストライキまたはロックアウトによる欠勤があっても12カ月以上勤務したものとみなされる(4条)。取得しなかった年休の繰り越しは、3年を超えない期間認められる。退職、解雇、死亡によって取得されずに残っている場合、30日間の平均日給で計算した額を支払う義務が発生する。退職や解雇の場合は2日以内に、死亡の場合はできるかぎり早期に支払う義務がある。

　冠婚葬祭等の緊急の私的用事のために、年間6日の有給の臨時休暇が認められる。取得のための勤続要件はない。1回当たり、3日間が最長である。取得しない場合には翌年へ繰り越しは認められない。

　病気治療のために年間30日間有給の病気休暇が認められる(7条)。6カ月以上勤務した労働者が取得できる。ただし最初の3日間だけは賃金の半額しか支払われない。6カ月未満しか勤務していない労働者も無休の医療休暇を

取得できる。週ごとに支払いを請求することができる。通常の有給休暇と組み合わせて取得することも可能である。取得しない病気休暇を翌年に繰越すことはできない。

　以上の休暇の取得手続についてはなにも規定がない。そこで事前の届出については就業規則や雇用契約書に定めておくことが望ましい。

　妊産婦は産前6週間、産後8週間の有給の休暇を取得できる。適用労働者に勤続要件は課されていない。医療休暇とセットにして取得することも可能である。産休時に1年以上勤務し、6カ月以上保険料を支払っている者は産休期間中に平均賃金の70％の給付を受けることができる（社会保障法27条）。出産時には1児の場合は1カ月の平均賃金の50％、2児以上の場合は平均賃金の75％を出産手当として受け取ることができる。

　妻が出産したとき、幼児の世話のために夫は15日間の休暇をとれ（社会保障法28条）、その間に、妻が保険加入者の場合は平均賃金の70％、非加入者の場合は50％を受け取ることができる。

　この休暇および休日法も修正案を策定中である。

5　雇用の終了に関する法令

　解雇事由に関する規制は法令にはないので、解雇事由や解雇手続きは、就業規則や雇用契約書に定めておくのが望ましい。ミャンマーがイギリスの植民地であった時代にはイギリスでは解雇は判例法によって処理されてきたために、法律で定められなかった。そのためにミャンマーでも解雇を規制する法律が制定されないままになっている。1962年以来の軍政期には、その権威を示すために解雇を規制するという発想は生まれなかったと思われる。自由に解雇することによって労働者を軍政に従わせることができたからである。軍政期に解雇を裁判所で争うことは非常に困難であったと思われるので、当然判例法が形成されることもなかった。その状態は今日まで続いてきたが、今後は法律によって解雇を規制する必要がある。2012年労働組織法では、組合活動を理由とする解雇や懲戒処分が違法とされる規定があるが、それだけでなく広く解雇を規制する法律が不可欠である。労使紛争で最も多い問題

は解雇と賃金の紛争だからである。

　労働者が解雇された場合に、勤続年数に応じて解雇手当が支払われる制度が社会保障法に定められている。勤続年数に応じて手当の月数が定められている。これを見ると、勤続年数が短い者ほど月数が有利になっており、勤続年数が多い者はむしろ不利になっている。5年勤続で解雇されたとすると4カ月分の給与をもらえるが、それを5回繰り返したとすると20カ月分の給与をもらえる。ところが25年継続勤務すると13カ月分しかもらえない。日本とは逆になっており、長期勤続を奨励することにはなっていない。これは勤続年数が短くて退職を繰り返す労働者を保護していこうとする考えのあらわれである。現実に離職を繰り返す労働者が多いことを反映した取り扱いと言えよう。

勤続期間が6カ月以上1年未満の場合	0.5カ月分
1年以上2年未満の場合	1カ月分
2年以上3年未満の場合	1.5カ月分
3年以上4年未満の場合	3カ月分
4年以上6年未満の場合	4カ月分
6年以上8年未満の場合	5カ月分
8年以上10年未満の場合	6カ月分
10年以上20年未満の場合	8カ月分
20年以上25年未満の場合	10カ月分
25年以上の場合	13カ月分

　さらに、解雇補償金や退職金についての法律上の定めはないが、2015年に通達（Notification No.85/2015）が出された。解雇や退職の直前にもらっていた月の給与額に、以下の％をかけて得られる額が解雇補償金として支払われる。

6カ月以上1年未満	50％

1年以上2年未満	100%
2年以上3年未満	150%
3年以上4年未満	300%
4年以上6年未満	400%
6年以上8年未満	500%
8年以上10年未満	600%
10年以上20年未満	800%
20年以上25年未満	1000%
25年以上	1300%

　この額がどのような場合に支払われるか明確になっていない。この通達は、最低賃金額が施行されてから、ミャンマーから撤退する企業が出る可能性があったために、労働者保護のために金銭によって救済するために作られた。このことを考慮すると会社側の事情で解雇される場合、たとえば整理解雇の場合に限定される可能性もある。しかし、これを広く運用すれば、一般的に解雇や退職の場合にも適用される可能性も持っている。小刻みにパーセントを変えており、勤続年数が短く、転職を繰り返す労働者への配慮がうかがえる。

　任意退職することは可能であるが、その場合に退職金が支払われるかどうかは就業規則や雇用契約書の内容いかんによる。

　公務員以外には、定年に関する法的規制はない。そもそも定年制を設けない企業もある。定年制を設けるには就業規則や雇用契約書に定めておく必要がある。公務員は60歳が定年年齢であるが、63歳に延長することが国会で議論された。だが、失業者が多いこと、若い人々にとって公務員になる機会が減少する可能性があることで反対意見があって、60歳定年制が堅持されている[12]。

12　「ミャンマーの公務員の定年年齢の引き上げに対して議員が反対を述べ混乱する」
　（SAGA国際法律事務所ミャンマーオフィス、8 September, 2015）。
　〈http://www.sagaasialaw.com/myanmarnews/639〉

●6　非典型雇用契約に関する法令

　雇用期間を規制する法令は存在しない。したがって、労使の合意があれば雇用期間を設けて、雇用契約書にその旨を書くことができる。そこには、期間の更新の有無、常雇とするための条件、賃金額などを書くことができる。

　期間の定めのない場合と期間の定めのある場合での労働条件の格差が問題となるが、ミャンマーではこれに対する対応がみあたらない。

　ミャンマーでは定年まで長期間勤務する慣習は一般的ではなく、むしろ期間を定める雇用契約が通常である。

●7　女性労働保護と男女間の雇用差別問題

　憲法348条では民族、出生、宗教、社会的地位、身分、文化、性別および貧富による差別を国に禁止している。350条では女性は、同じ職種において、男性と同等の権利を享受し、同等の給与を受ける権利を有する。352条では、職務および公務員の任命に際し、その職務に就くための要件を満たしているかぎり、民族、出生、宗教、性別に基づいてミャンマー国民を差別や優遇することを国に禁止している。ただし、男性のみが就くことが適切な地位に男性のみを任命することを妨げない。これらを具体化する法律は制定されていない。しかし、女性の地位の向上のための国家戦略計画を2013年から2022年の10年間実施している。そのために社会福祉・救済復興省社会福祉局のもとで国家女性問題委員会が設置され具体的計画が練られている。この委員会は1996年7月3日に設置されたために、この日がミャンマー女性の日となっている。

　ミャンマーの女性の地位に関して相反する二つの見方が存在する。一つは女性は男性と比べて低い地位にあり、差別を受けており、雇用面でも女性は不利益を受けているという見方である。もう一つは、東南アジアに共通して言えることであるが、慣習法では女性は男性と均等に相続権を有し、女性は家庭内での財布の紐を握っており、女性の方が男性より働き者であるという評価がなされている。意思決定の場でも男女対等の立場にたっているという

見方である。ミャンマーでは結婚しても妻は夫の姓に変える必要はないし、「家」意識は弱く、結婚後どちらの家に同居するのか、それとも独立するのかはケース・バイ・ケースであり、夫婦対等の関係がみられるという[13]。

世界銀行の2014年の統計[14]によると、女性の労働力参加率は75％で、男性の場合は85％となっている。全体の労働力のうち女性が49％を占めている。女性は農業部門での雇用が多いが、2010年には非農業部門への女性の労働力参加率は全体の44.7％であった。やや古い数値であるが1983年の労働力の統計によると男性の労働力率は女性の2倍ぐらいになっている[15]。それと比べると徐々に男女の労働力参加率の格差は小さくなってきている。

女性の年齢別労働力率をみてみると、日本のM字型とは違って台形型になっている。結婚出産期に退職しないで、継続して働いていることを示している[16]。

伝統的に男性が従事してきた職種に女性が就くことは困難な状況にある。しかし、女性が従来から活躍する分野もみられる。例えば政府機関には女性の職員が多い。国家公務員の中で女性が52％を占めている。課長補佐以上の女性の割合は37％である。さらに教育や看護の分野にも女性が多い[17]。民

13　土佐桂子(1997)「社会の中の女性、精神世界の中の女性」田村克己・根本敬編『ビルマ（暮らしがわかるアジア読本）』河出書房新社、137ページ、
Ni Ni Myint, 2002, *The Status of Myanmar Women*, Kitakyushu Forum on Asian Women, Japan、Mi Mi Khaing, 1984, *The World of Burmese Women*, Zed Books、Win May, 1995, *Status of Women in Myanmar*, Yangon（翻訳として、伊野憲治訳(2003)『ミャンマーにおける女性の地位』アジア女性交流・研究フォーラム、2003年3月）。

14　The World Bank, "Labor force, female (% of the total labor force)",
(http://data.worldbank.org/indicator/SL.TLF.TOTL.FE.ZS),
The World Bank, " Labour force participation rate, female (% of female population ages 15+)",
(http://data.worldbank.org/indicator/SL.TLF.CACT.FE.ZS),
The World Bank, " Labour force participation rate, male (% of male population ages 15-64)",
(http://data.worldbank.org/indicator/SL.TL.F.AGY.MA.ZS).

15　M. Ismael Khin Maung, 1985, *The Myanmar Labour Force-Growth and Change 1973-83*, Institute of Southeast Asian Studies, p.33.

16　*Ibid.*, pp.37-38.

17　国際協力機構編(2013)『国別ジェンダー情報整備調査 ミャンマー国報告書』2013年12月。

間部門への就職の機会が少ないために政府関係機関に就職希望者が集中する傾向にある。

　国軍は50年以上にわたって政治的経済的に実権を握ってきたために、立身出世を希望する男性は国軍に入隊しているのではないかと想像される。約40万人の軍人が兵役に従事しており、労働市場から除かれるために、女性が活躍できる分野が広がってきていると思われる。政府関係機関の高い地位には軍人や退役軍人が就いているために女性が不利益を被っているが、それでも4割近くの女性管理職がいる。

　比較的高い学歴の女性は男性と対等な処遇を受けることができる。恵まれた家庭ではエインボーと呼ばれる家事使用人を雇用して家事を担当させることができ、自分は外で働き、夫婦共稼ぎができる。

　ところが、学歴の低い女性の場合、賃金や昇進の面でも女性が不利益を受けやすい。単純労働に従事する割合が高いために女性の賃金が低い。ミャンマーでは男女の役割分業の考えが強くあって、男性の雇用を重視する傾向にあり、女性は育児や家事労働のために単純労働やインフォーマル・セクターに従事する傾向がある。

　以上のように女性労働に男女平等を享受できる層とそうでない層との二極化がみられるのではないかと思われる。これはミャンマーの上下の格差が女性の地位にも反映していると言えよう。

　女性の地位に関連して無視できないのは軍人による女性へのレイプ事件である。特に少数民族の女性へのレイプ事件である。1999年に設置されたビルマ女性連盟の調査によれば、レイプされた後殺害される女性もおり、国軍が少数民族を抑圧する手段として、女性へ性的暴力が使われていることが報告されている[18]。

──────────

　（http://gwweb.jica.go.jp/km/FSubject1501.nsf/cfe2928f2c56e150492571c7002a982c/74875bed7d20467349257b010026a259/$FILE/ATT8JZOW.pdf/%E6%97%A5%E6%9C%AC%E8%AA%9E%E7%89%88%202013.pdf）
　大和総研・アジアンインサイト（2013）「ミャンマー女性をめぐるトレンド（1）」
　（http://www.dir.co.jp/consulting/asian_insight/20130711_007420.html）
18　Women's League of Burma ed., 2014, *Same Impunity, Same Patterns---Sexual Abuses*

　世界経済フォーラムが発表しているジェンダー格差指数の統計は2016年版までミャンマーを対象としていない。これは統計資料が整備されていないためであろうと思われる。

　2015年総選挙では女性は801名が立候補し、64名が当選した。2010年の総選挙では100名の女性が立候補して19名が当選している。2012年の補欠選挙では女性が29名当選している。軍人枠議員の中にも2010年選挙の時には2名の女性議員がいる。しだいに女性議員が増加している[19]。

　女性の福祉向上のために、1949年売春禁止法、1954年仏教徒女性に関する特別婚姻および相続法、1990年母子福祉協会法、1990年看護師助産師関連法が制定されている。ドメスティック・バイオレンスやセクハラに関する特別法は存在しない。

●8　障がい者の保護

　障がい者の支援を行うNGOは存在しているが、基本的にはこれまで家族によってその生活が保護されている。したがって貧しい家庭では障がい者の面倒を見ることが難しかったと思われる。

　政府による障がい者への積極的な保護政策はとられてこなかった。1955年障がい者雇用法が制定されたが、これがミャンマーで最初の障がい者に関する法律であった。そこには治療や職業訓練を受ける権利、求職の登録、雇用権の保障が定められている。児童法18条には障がいを負った児童の保護が定められている。民間部門での障がい者の就労を支援することは積極的には実施されてはいない。

　これらの政策の転機となる障がい者の権利に関する法律が2015年6月5日に制定された。これは2008年憲法32条に定められた障がい者の保護を具体的に実施するための法律である。障がい者のための国家審議会を設置して、

by the Burma Army will not stop until there is a genuine civilian government, WLB、
　ビルマ連邦連合政府編（ビルマ国際議連・日本、菅原秀、箱田徹訳）(1999)『ビルマの人権』
　明石書店、143 〜 156ページ。
19　飯岡有佳子(2016)「ジェンダーをめぐる問題」阿曽村邦昭・奥平龍二編著『ミャンマー
　国家と民族』古今書院、2016年3月、595ページ。

障がい者の教育、健康、政治や市民参加、職業機会の促進などの提言を行うことになっている。これによって障がい者のための政策策定のスタートになったと言えよう。

●9　民族や宗教による差別問題

　ミャンマーには1983年の国勢調査によると135の少数民族がいる。行政区分名になっているカチン、カヤー、カレン、チン、モン、ラカイン、シャンの七つの民族が主要な少数民族とされている。人口の約7割を占めるビルマ族に対して少数民族であることを理由に募集や雇用の場で差別や不利益を受けることがないように配慮する必要がある。

　この民族と宗教とのつながりがみられる。多数派のビルマ族は仏教徒であるが、仏教徒は全体の9割を占めている。クリスチャンは人口の5％ぐらいであるが、少数民族に集中している。カチン、カヤー、チン、カレンの四つの民族に多い。この四つの民族の中にも仏教徒は存在する。インド系や中国系の人々も存在しており、宗教による差別と民族による差別が重なってくる。その問題にも十分注意を払わなければならない。

　2008年憲法22条で、民族の言語、文化、芸術の発展支援や、教育、保健、経済、交通などの社会経済開発支援、民族相互間の助け合い支援を国の責任としている。365条では、民族に文学、芸術、慣習を発展させる権利を承認しているが、民族の団結に害を及ぼすことを避ける義務を課している。これらを受けて2015年民族の権利保護法(Protection of the Rights of National Races Act)を成立させた。これまで国境大臣が担当していた民族(少数民族)問題を担当するために新たに民族大臣を任命し、少数民族の経済社会開発を促進することを定めている。しかし、少数民族と多数派を占めているビルマ族との差別を禁止する明文の規定は見られない。少数民族が住む地域に企業進出する場合には、地域社会への配慮、少数民族の従業員への配慮が不可欠となる[20]。

20　Myanmar Centre for Responsible Business ed., 2016, Indigenous Peoples' Rights and Business in Myanmar, p.16.

　最近反イスラム団体である「ミャンマー民族宗教保護協会」が中心となってイスラム教徒を抑圧することを目指した法律が成立している。仏教徒女性と非仏教徒男性の婚姻にはタウンシップ当局の事前の許可を必要とする「ミャンマー仏教徒女性特別婚姻法（宗教間婚姻法）」、宗教の改宗にタウンシップ当局の許可を必要とする「改宗法」、一夫一婦制でない婚姻を非合法とする「一夫一婦法」、36カ月の間隔をあけた出産を強制することを認める「人口抑制法」が2015年8月までに成立した[21]。これは反イスラム運動の高まりを受けて成立しており、ミャンマー国内には多数派を占める仏教徒による排他的な感情があることを示している。今後ミャンマーでのイスラム教徒への差別問題が企業の中でも起きてこないかという懸念がある。

10　就業規則

　ミャンマーでは就業規則の制定を義務づける法律上の規定は存在しない。雇用契約で個人的に労働条件を決めていくという方式が採用されている。労働者が多い企業では、労働条件を就業規則で集団的に決めているが、それは企業の任意に任されている。

　雇用契約にこだわっているのは、個人的二者関係からなる個人中心のネットワークによって社会関係が維持されてきたミャンマー社会の特質にマッチしている。しかし、企業規模が大きくなっていくと、個別に労働条件を処理するには限界があるのではなかろうか。就業規則の必要性が高まってくるであろう。

　インドでは1946年工業雇用（就業規則）法が制定されており、これを参考にしてミャンマーに就業規則法を導入することも考えられる。しかし、これはまだ導入されていない。これから民間企業が大きくなっていくにつれて就業規則の制定を義務づける必要性が高くなってこよう。

　(http://www.myanmar-resposiblebusiness.org/publications/indebenous-peopoles-rights-and-business-in-myanmar.html)
21　光成歩(2015)「ミャンマー仏教徒女性特別婚姻法の成立」『外国の立法』国立国会図書館、265-1号、26～27ページ、2015年10月。

11　労働基準監督機関

労働者・入国管理・人口省のもとに工場労働法監督局があり、そのもとに州、管区、タウンシップ毎に労働事務所が設置されている。そこが労働基準監督機関となっている。

工場監督官は工場法と油田（労働および福利厚生）法に基づき、工場や油田の監督を行う。労働法監督官は雇用契約や紛争解決法にもとづく決定の実施を監督する。決定の実施のために労働法監督官は税務官と同じ権限を有していて、不払い分を強制的に取り立てることができる。

安全衛生部門では、安全衛生の情報提供や相談事業、安全衛生委員会の設置の奨励、安全衛生に関する意識向上のためのセミナーを実施している。労働条件についての情報提供やそれらの順守を確保するための監督の実施を行っている。職業病や労働災害についての報告書が作成されなければならない。

12　労働争議解決機関

2012年3月28日に労働争議解決法が制定されたが、それは植民地時代に制定された1929年労働争議法を改正する形で制定された。この法律では紛争を個別紛争と集団紛争に分け、集団紛争を処理するために労働争議解決法が制定された。草案を作成する過程でカンボジアの1997年労働法[22]に定められている労働争議調整手続を参考にしたとされている[23]。個別紛争と集団紛争で異なる解決方法を採用し、個別紛争では調停を利用できるが、調停で解決しない場合、裁判所での処理を取り入れ、集団紛争では調停から仲裁で処理する手法をミャンマーは採用している。

4段階にわたる紛争解決機関が設置されている。

22　カンボジア労働法の文献としてILO Better Factories Cambodia ed., Cambodia Labour Law Guide, ILO, 2014。
23　The Republic of the Union of Myanmar, Ministry of Commerce, 2014, *Union Minister's Office, Post-Hearing Brief Support of Myanmar as a BDC and LDBDC*, April 9, 2014.

（1）職場調整委員会

　この委員会は30人以上の労働者を雇用する企業に設置が義務づけられている。労働組合が50％以上の労働者を組織している場合には、その労働組合から2名、50％未満しか組織していない場合にはその労働組合から1名と選挙で選ばれる労働者代表1名の計2名、労働組合がない場合には選挙によって選ばれた労働者代表2名と使用者代表2名、以上の合計4名の委員で構成される。任期は1年である。委員は21歳以上でなければならない。

　この委員会の任務は労働条件、安全衛生、職場環境、福利厚生および生産性を向上させることである。労働組合や労働者、使用者が苦情を委員会に申し立てた場合、申し立てを受領した日から公休を除いて5日以内に交渉して解決を図らなければならない。合意ができれば、協定書を作成して上位の調停機関に送付しなければならない。30人未満のために職場調整機関が設置されない場合であっても、労働者から苦情が申し立てられた場合には、使用者は5日以内に紛争を処理しなければならない。いずれの場合にも、解決できない場合は、上位の調停機関に申し立てすることができる。

（2）調停機関

　州や管区のタウンシップに11名で構成される調停機関が設置される。議長として州や管区から任命される者1名、労働者または労働組織から3名、使用者や使用者団体から3名、タウンシップから1名、有識者2名、労働省から書記として指名される1名で構成される。任期は2年である。委員は21歳以上でなければならない。2014年時点で325の調停機関が設置されている[24]。

　調停機関は当該紛争が個別紛争か集団紛争かを判定する。個別紛争の場合には、調停機関で解決できなければ、裁判所に提訴することができる。

　集団紛争の場合には、労働・入国管理・人口省、州、管区にそのことが伝えられなければならない。調停機関は受理した日から公休日を除いて3日以

24　*Ibid.*

内に調停しなければならない。合意ができれば協定書が締結される。合意ができない場合には、公休日を除いて2日以内に仲裁機関に付託しなければならない。そのことを関係当事者に通知しなければならない。解決できなかった場合には、そのことについての意見をまとめた報告書を州や管区に送付しなければならない。調停に不服がある場合には、裁判所に訴えを提起することもできる。

調停機関が処理できる事項の例が次のように示されている。

①職場に関する事項

②職場の基礎労働組合や基礎使用者団体の承認に関する事項

③使用者団体や労働組合によって認められた仕事に関わる権利の申請に関する事項

④職場における労使の関係に関する事項

⑤仕事の実施や社会生活の安寧や安定を脅かす問題

⑥解雇や退職に関する事項

処理することのできない事項の例示が次のように示されている。

①宗教、社会問題、慈善事業から生じる問題やビジネスに関係しない問題

②出訴期限法によって出訴期限を過ぎた紛争

(3) 仲裁機関

州または管区に11名からなる仲裁機関が設置されている。議長として州または管区によって任命される者1名、労働組織の代表3名、使用者団体の代表3名、州または管区から選ばれる代表1名、有識者2名、書記として州または管区から任命される者1名からなる。任期は2年である。委員は25歳以上でなければならない。2014年時点で14の仲裁機関が設置されている[25]。

---

25 "Factory Workers Weary of the Arbitration Council", The Myanmar Times, Friday, 25 September 2015.
（http://www.mmtimes.com/index.php/national-news/16690-factory-workers-weary-of-）

　付託されてから公休日を除いて7日以内に決定を下さなければならない。決定がなされたときには、その日から公休日を除く2日以内に関係者に通知しなければならない。紛争が重要事業や公益事業の場合には、その写しを労働大臣、州または管区に送付しなければならない。その決定に不服な場合には、二つの方法がある。一つは仲裁評議会に公休日を除いて7日以内に申し立てを行うことである。もう一つはロックアウトまたはストライキを実施することである。ただし重要事業の場合には公休日を除いて7日以内に仲裁評議会に申し立てしなければならない。

(4) 仲裁評議会

　仲裁評議会は15名の法律専門家と労働問題の専門家から構成される。その内訳は労働省が選ぶ5名、労働組合が指名する者から選ぶ5名、使用者団体が指名する者から選ぶ5名からなっている。任期は2年である。委員は35歳以上でなければならない。全国に一つだけ設置されている。

　仲裁評議会は独立機関であって、社会正義、ディーセント・ワーク、公平の原則によって決定を下すことを任務としている。3名からなる委員会で集団紛争の聞き取り調査を行って決定を下す。その委員会は付託を受けてから公休日を除いて7日以内に決定を下す。決定がなされたときには、その日から公休日を除いて2日以内に関係者に通知を行う。その写しを労働大臣、州または管区に送付する。

　調停機関や仲裁機関、仲裁評議会の決定は定めた日から有効になる。有効日から3カ月が経てば当事者の合意で修正できる。新しい協約で合意ができれば、調停や仲裁で合意された部分を無効とすることができる。

　決定は紛争に関係するすべての者に効力が及ぶ。紛争にかかわる使用者の法的相続人、紛争当時だけでなく紛争後雇用された者にも効力が及ぶ。

　当事者に以下の義務が課せられている。使用者は十分な根拠なく交渉や調停を進める努力を怠ってはならない。つまり使用者に正当な理由なく交渉を拒否したり、交渉の努力を怠らないという交渉義務を課している。さらに使用者は紛争が調停や仲裁に付託されている間、紛争にかかわる労働条件を

変更してはならない。

　当事者は交渉、調停、仲裁の手続を経ないでロックアウトやストライキを行ってはならない。これは労働組合がない場合であっても一部の労働者が突然ストライキに入って生産を阻害することを禁止するためである。これに違反した者は10万チャットの罰金を科せられる。

　決定や協約が有効な期間に決められた事項を変更するために、ロックアウトやストライキを行ってはならない。これは平和義務を定めたものである。これに違反した者は3万チャットの罰金が科せられる。

　調停機関や仲裁機関で決められた事項は履行しなければならない。それに違反した場合、10万チャットの罰金が科せられる。仲裁機関や仲裁評議会が紛争処理のために書類の閲覧を求めた場合にはそれに応じなければならないし、証人として呼び出しを受けた場合、本人またはその法定代理人は所定の期日内に出頭しなければならない。これに応じない場合10万チャットの罰金が科せられる。

　当事者は本法に基づく調整や仲裁機関に付託されていても、刑事や民事裁判を提起することを妨げられない。

　ストライキは雇用契約の一時停止を意味するので、使用者はストライキ期間中の賃金を支払う義務がない。つまりストライキ期間中は労働者は労務の不提供を行っているので、それの対価である賃金を支払う義務は使用者には発生しない。ノーワーク・ノーペイの原則を規定している。

　労働省と最高裁判所が協力して、将来労働裁判所を設置して労使紛争を処理することを目指すことを定めている。

　施行されて約3年が経過した2015年9月の段階で調停にかけられた3,050件のうち、288件が仲裁評議会に付託され、約99％が解決したとされている[26]。

26　*Ibid.*

●13　法整備支援

　ミャンマー労働法の制定や改正のために海外からの法整備支援がなされている。先に述べたようにミャンマーの労働法の中には古い時代に制定されたままで効力を持つ法律があり、それを現代の状況に合わせて改正していく作業が残されている。それを支援するための枠組が以下のように設けられている。

　一つは、ILOヤンゴン事務所が労働立法の制定や改正の支援を行い、国際労働基準の普及を目指していることである。ミャンマー労働・入国管理・人口省内で作られた法案へのコメントを通じて、支援がなされている。

　もう一つは、2014年11月にアメリカの提案でILO、日本、デンマークが参加している「ミャンマーにおける労働者の基本的な権利と慣行の促進に関するイニシィアティブ」(略称はミャンマー労働イニシィアティブ)が締結されたことである。これは二つの目標があり、労働法改革のための人材育成や能力構築によって労働行政制度を改善していくことと、政労使や市民団体との話しあいによって関係を深めていくことである。2015年5月にはEUが参加した[27]。このイニシアティブはアメリカの指導によってすすめられているが、2012年11月19日、オバマ大統領が現職のアメリカ大統領としてはじめてミャンマーを訪問したが、それより1カ月以上前に、アメリカ労働省、AFL・CIO、ソリダリティー・センターの担当者がミャンマーを訪問し、ミャンマー労働・雇用・社会保障省(当時の名称)、ILOヤンゴン事務所、FTUM、ミャンマー商工会議所連合会、ITUCヤンゴン事務所などで労働事情の調査を行った。これをもとにミャンマー労働法の改正や労使関係の改善についての提言を行った。そこで、経済制裁を完全に解除するために、民主化をより一層進めるためであると同時に、海外からの投資環境を整備するためにこのイニシィアティブが立ち上げられた[28]。そのためにミャンマー政府内に労働法

27　香川孝三(2016)「ミャンマーの政権交代と労働法」『労働法律旬報』1857号、2016年2月、
　　4〜5ページ。

28　Stakeholders Forum on Labour Law Reform.

改革と人材育成のための技術委員会(労働法改革集団)を組織し、アメリカ政府は専門家を派遣するための資金援助を実施することを決定した。その最初の事業として2015年5月18〜19日、日本政府の主催で「労働法改革と制度的能力向上に関するステークホルダー・フォーラム」を開催した。200名以上の労使、市民団体、政府関係者が参加して労働法改革、労働争議、児童労働、最低賃金、人材育成等について議論した[29]。日本側ではこのイニシアティブはミャンマーの民主化を促進するという意味だけでなく、ミャンマーに進出する日本企業にとってもプラスになるという判断があったものと思われる。第2回のフォーラムが2016年9月29〜30日に開催され、今後の労働立法改正のロードマップが議論された[29]。

　ミャンマー連邦共和国日本国大使館に2015年4月に厚生労働省から初代の厚生労働担当の書記官が赴任している。さらに、日本の厚生労働省から、ミャンマー労働者・入国管理・人口省に労働法整備支援を目的としてJICA専門家が派遣されている。これは直接労働立法への支援につながってこよう。

　さらに、もう一つの法整備支援がなされている。日本の法務省はミャンマーで法整備支援を2013年から実施しており、JICAの長期専門家2名と調整員1名が連邦法務長官府(Attorney General Office)において議会に提出する前の法案を検討する仕事の支援を行っている。そこでは労働立法も対象に含まれる。これまで日本の法務省では法務省が管轄する法律の範囲内での支援であったが、ミャンマーではそれを越えた分野の仕事も行わざるを得ない状況になっている。連邦法務長官府は議会に提出されるあらゆる法案をチェックしているが、現在は形式的なチェックだけのようである。

　さらに国際労働財団がミャンマー労働組合連盟とともに「労使関係・労働政策セミナー」を開催した[30]。2015年11月28〜29日に健全な労使関係の構

　(http://www.ilo.org/yangon/whatwedo/events/WCMS_403560/lang---en/index.htm)

29　Second Stakeholders Forum on Ladow law Reform and Institatinal Capacity Batding, http://www.luther-services.com/uploads/tx_fwluther/SF_agneda_final_with_logo_03.pdf

30　国際労働財団、ミャンマー労使関係・労働政策セミナー。
　(http://www.jilaf.or.jp/report_admin/basics/view/1029)

築と労働政策のあり方をメーンテーマとして約100名が参加して開催された[30]。これは外務省の日本NGO支援無償資金協力事業から資金援助を受けて実施された。これもミャンマーの労働法改正への支援にもなっている。

　ミャンマーでは法律用語としてミャンマー語がつかわれているが、英語で使われている法律をミャンマー語に訳すことを求める法律翻訳委員会に関する法律が2015年4月9日制定された。日本の専門家が法整備支援を行う場合、英語が使える方が援助しやすいが、ミャンマー国民にとって英語のできない人々がいることを考慮すれば、ミャンマー語で表記される法律が不可欠であろう。

●14　強制労働、児童労働と移住労働者、人身取引

(1) 強制労働問題

　国軍や政府によって強制的に荷物運びや道路、鉄道やダム建設、軍事キャンプの設営・維持、国軍を補佐する作業等々に徴用されて、しかも十分な食事が提供されず、賃金が契約どおりに支払われず働かされていたという実態があった。1907年村落法の中に、軍政時代に、「村落内にある道路を清掃し修理しなければならない」という定めが追加された。これは村落の仕事に村人を動員することを目的としている。動員のためにタウンシップや村に一定の人数の動員を割り当てられたが、その動員を拒否する者は殺されたり、畑を取り上げられたり、刑務所に入れられた。動員されても過労や栄養失調に陥り、苦しい労働から逃れるために逃亡すれば殺されたり、刑務所に入れられた[31]。これらがILO29号条約(強制労働の禁止)に違反する強制労働ではないという問題が生じた[32]。ミャンマーは1955年にこの条約を批准していた。

　1991年当時のICFTU(国際自由労連、現在はITUC)からミャンマーのILO29号条約の適用状況についての情報がILOに提供され、1992年総会での基準適用委員会で案件として取り上げられ、ミャンマー政府に対して報告の提供

31　Richard Horsey, 2011, *Ending Forced Labour in Myanmar*, Routledge.

32　ILO, 2013, *Update on the operation of the complaint mechanism in Myanmar*,(GB.322 / INS/INF/2), p.3.

を求めた。1993年1月25日、ICFTUは29号条約の不順守の申し立てをILOに提起した。ILO理事会はこれを受理し、政労使の理事による委員会が設置された。

　1994年11月、委員会から理事会に報告書が提出され、その中で村落法および都市法に基づく荷物運びの強要は29号違反であると結論づけた。村落法の中に「公務で村落区を訪れる官吏に対して食料、輸送手段、道案内などの提供をしなければならない」という規定を根拠として強制労働と判断されたのである。理事会は1907年村落法および1907年都市法の改正、強制労働を課す権限の廃止、強制労働を命じた者への処罰をミャンマー政府に求めた。

　その後理事会の勧告が度々なされたが、遵守されないので、1999年総会決議によってミャンマー政府はILOの技術援助や支援を受けられないこと、ILO主催の会合、シンポジウム、セミナーに招待されないことが決定された。さらに2000年6月の総会では、ILO憲章33条がはじめて発動されて、理事会が勧告した措置に関する決議がなされた。そこには、今後総会基準適用委員会の特別会合で審議すること、ILO加盟国にミャンマーとの関係の見直しの再検討を促すこと、他の国際機関に通知してミャンマーとの関係の再検討を促すことなどが書かれていた。

　ミャンマー側も村落法および都市法に基づく労働者の徴用を停止する命令が2000年1月に成立した。そこで強制労働禁止のためにILOが技術協力を提供し、2001年5月ハイレベル・チームがミャンマーを訪問して実態調査を実施した。さらに2002年10月からILO連絡官がヤンゴンに常駐することになった。

　2003年5月、ミャンマー政府とILOは強制労働撤廃のための行動計画の合意に達した。しかし、それが実行困難になり、ILOの活動に協力する者が有罪判決を受けたり、ILO連絡官が殺害の脅迫を受けるという事態が発生した。このことがEUやアメリカが経済制裁に踏み切る要因の一つになった。

　2006年、総会で強制労働の申し立てを処理する仕組みを設置するためにミャンマーとILOが話し合いに入ることが決まった。これを受けて2007年2月26日、強制労働の被害者の救済のためにILO連絡官が申し立ての仕組み

の運営に参加することが補足覚書に定められた。

　つまり、強制労働に従事させられた犠牲者は村、タウンシップ、県レベルでの地方の代表に申し立てをし、そこのリクルートセンターで審査を受けることができるが、それが不適切な場合にはILO連絡官に申し立てを行うことができることになっている。申し立てたことを理由に嫌がらせや訴追、報復を受けることがないようにILO連絡官が犠牲者と接触することが認められている。ILO連絡官は提出された記録を調査し、その意見を政府のワーキンググループに送付する。それに基づいてワーキンググループが調査を命じ、その会合を開催して適切な勧告を行う。このような手続はミャンマー側だけに強制労働の取り扱いを任すことへの不信をILOが持っていることの表れである。この補足覚書は毎年更新されており、2015年末までに強制労働を全廃することを決めている。

　2007年2月28日から2014年9月19日までに強制労働として申し立てられた事件が3,639件であり、そのうちILOがかかわった事件が1,744件であった。262人の軍人と10人の公務員が罰則を受けた。うち23人の軍人と2人の公務員は刑務所に入れられたという[33]。

　2008年に制定された憲法359条では、国家は法律に違反した受刑者に対する懲罰としての労働および国民の利益のために国家法に基づき課した任務を除き、強制労働を禁止するという規定が設けられた。これは国家法が課した任務であれば、国民の利益になる場合には、強制労働が可能となる余地を残している。2012年には「区・村落管理法」が新しく制定されて、民主的に区長が選出されることになり[34]、さらに強制労働を使う者に罰則を科す規定も設けられた。

　ILOは2012年6月総会で、それまでの強制労働を理由とするミャンマーへ

33　International Trade Union Confederation, 2015, *Foreign Direct Investment in Myanmar: What Impact on Human Rights?* , 2015 October, p.16.
　（http://www.ituc-csi.org/IMG/pdf/ituc-burma.pdf）
34　高橋昭雄（2012）『ミャンマーの国と民―日緬比較村落社会論の試み』明石書店、2012年11月。U. S. Department of State, 2015, *2015 Investment Climate Statement in Myanmar*, May 2015, p.10.

の制裁を解除することを決議した。2010年11月13日スーチーが自宅軟禁から解放され、さらに政治犯も徐々に解放されていった。2011年4月からは民政に移行し、村落法および都市法を廃止する2012年区・村落管理法や2011年労働組織法が制定され、民主化が進んだ。

　現段階で本当に強制労働が廃止されたのであろうか。特に少数民族に対する強制労働がなくなったのであろうか。国軍と少数民族の軍隊との闘いが完全にはなくなっていない状況にあり、そこでの国軍が少数民族への強制労働がなくなったかどうかは確認が難しい。

（2）児童労働

　ミャンマーの児童労働の状況を知るために、イギリスのメイプルクロフト（企業のリスク分析をおこなう調査会社）が発表している「児童労働指数2014」を見ると、197カ国のうち、ミャンマーはエリトリア、ソマリア、コンゴに次いで4番目に深刻な国になっている。アジアの中では最悪の国である。このランキングは児童労働の数や割合、労働条件の厳しさ、政府の対策、違反者への罰則などから算出されている。

　ILOによれば2012年の児童労働に従事している割合は10.6％で、2008年より3％下がっている。UNICEFによると貧しい家庭の10歳から14歳の児童の18％が働いている[35]。

　児童労働の実態調査をミャンマー政府とUNICEFが共同で実施することが報道されたのは2014年7月である。これは児童労働撲滅の4カ年計画の一環として実施されるものである。アジアで最悪の児童労働でありながらやっと実態調査計画が立てられたところである。

　工場法の2016年改正によれば14歳から16歳未満の者は1日4時間の軽い作業の労働が認められている。16歳以上は医師の診断書があれば18歳以上

35　U. S. Depatment of Labor, 2013, "TECHNICAL COOPERATION PROJECT SUMMARY," "My-PEC: Myanmar Program on the Elimination of Child Labor." （http://www.dol.gov/ilab/projects/summaries/Burma_MyPEC.pdf#search=' IPEC%2C+myanmar）

の労働者と同じ時間働くことができる。

　最悪の児童労働に関するILO182号条約は2013年12月18日に批准されたが、最低就労年齢を定めたILO138号条約は批准されていない。

　児童労働は様々な分野でみられる。エビや魚などの食品加工、路上の食堂や物売り、ゴミ拾い、レストラン、喫茶店、縫製業などの軽工業、米、サトウキビやゴム樹液を採取する農業などに児童が従事している。国軍と少数民族との内戦や洪水やサイクロンなどの自然災害の影響を受けてホームレスやストリート・チルドレンとして生活し、そのためにゴミ拾い、窃盗、物乞い、売春などに従事している児童がみられる。ミャンマーは鉱物資源が豊かであるが、その鉱山で低賃金のもと危険な環境の中で働いている児童もいる。

　児童が売春やポルノの撮影の対象となっている場合もある。児童法では後見人の監視下にある16歳未満の女子が売春によって生活の糧を得ていることを知りながら売春する者に罰則を科しているが、その対象は限定的である。少年は対象に入っていないし、年齢は16歳未満に限定しているからである。

　ミャンマーでは児童が年齢を詐称して働いている場合がある。別人の国民登録証を提出して、その人になりすまして働くケースもある。コネによって働く場を見つける場合にはこのようなことが可能になる。年齢確認には注意をする必要がある。

　2014年4月から小学校5年、中学校4年の義務教育制度が実施されたが、この途中でドロップ・アウトする児童が貧困のために労働に従事しているものと思われる。

　ILOはミャンマーで児童労働撲滅計画をアメリカ労働省からの拠金で実施している。2013年12月から2017年12月までの4年間の計画である。児童労働者数の統計の取り方の支援、農業部門に従事する児童労働の実態調査の支援、児童労働をなくすための啓発発動、政府、市民団体、労働組合、使用者団体などによる児童労働撲滅のために人材育成、具体的に3カ所の地域で児童を労働から教育の場に移行するための支援がなされている[36]。

36　ILO, 2014, *Report on ILO Activities in Myanmar*,（GB.320/NS/6（Rev.））, February 2014, p.4.

　さらに児童兵士の存在が指摘されている。国軍やカチン族やシャン族など
の少数民族の軍隊の中で児童が働いている事例が報告されている。孤児やス
トリート・チルドレンが児童兵士に引き込まれる危険性が高い。これは強制
労働の問題とも関係しており、紛争地域での荷物運びや地雷探査に児童兵士
が使われている。国軍は18歳未満の者を兵士として雇用することを禁止し
ている。強制労働救済の仕組みによって2007年から2014年までに1,260件の
申し立てがあり、485名の児童が軍隊から解放されたというILOの報告があ
る[37]。

　児童が人身売買の対象となって、国内だけでなく、タイや中国、マレーシ
ア、シンガポールに売られていく事例がアメリカ国務省の報告に書かれてい
る。ミャンマーでは2005年人身取引防止法が制定され、2007年から2012年
に人身売買撲滅第一次国家行動計画、2012年から2016年に第二次国家行動
計画を実施している。

　人身取引防止法では、女性、子ども、若者を人身取引の対象とする者には
10年から無期の禁固刑と罰金が科せられ、それ以外の者を人身取引の対象
とする者は5年から10年の禁固刑と罰金に処せられる。ポルノ撮影に被害者
を利用する者は5年から10年の禁固刑と罰金に処せられる。養子縁組や結婚
を手段として人身取引する者は5年から7年の禁固刑と罰金に処せられる。
犯罪組織に所属する者が実行した場合はそれぞれ重い刑罰が科せられてい
る。罰金の中から被害者に損害賠償の支払を裁判所が命じることができる。
犠牲者の保護のために基金を設け、本国への帰還、シェルター設置、健康診
断、安全確保、職業訓練の実施、弁護士の雇用の費用を支出する。

　2008年憲法358条では奴隷制度や人身売買を禁止する規定がある。これら
の動きを考慮したのか、2015年のアメリカ国務省の報告書では、ミャンマー
は人身売買での対策は十分ではないが、努力の跡がみられるとして第2ラン

37　U.S. Depatment of Labor, 2013, "TECHNICAL COOPERATION PROJECT
　　SUMMARY," "My-PEC: Myanmar Program on the Elimination of Child Labour."
　　（http://www.dol.gov/ilab/projects/summaries/Burma_MyPEC.pdf#search='IPEC%2C
　　+myanmar'）

クに位置づけられている。2010年と2011年は第3ランクであったが、2012年に第2ランクに評価が格上げされ、2015年までその第2ランクが継続している[38]。このことがアメリカの経済制裁解除の根拠の一つとなっている。

　さらに2009年10月、アメリカは児童労働や強制労働によって作られた商品の輸入禁止のリストを公表している。これは国際的労働基準に違反して製造されているために、輸入対象品から除外されている。ミャンマーでは、カレン州、シャン州、アラカン州での軍隊のキャンプ近くで子どもが竹の伐採に駆り出されていること、豆の生産、レンガの製造、米の生産、ゴムの製造、サトウキビの一連の生産過程、チーク材の伐採に軍隊によって児童が強制的に働かされていることを理由に輸入禁止品に挙げられている[39]。

　児童労働の救済機関として、ミャンマー国内人権委員会がある。ここは調査の権限を持っており、児童を労働の場から救済することができる。これは2011年に設置され、2014年3月にやっと規則が施行されて、活動を始めたところである。市民団体からはこの委員会が政府からの独立性に欠け、事件処理の効率が悪いという批判がなされている。

　ミャンマーに商品の製造を発注している先進国の企業はサプライ・チェーン・マネジメントの必要性から、児童が雇用されていないかどうか神経をとがらしている。年齢を証明するものがない場合や年齢をごまかす場合もあり、年齢のチェックにも工夫が必要になっている。ミャンマーに進出している外資系企業も児童の雇用には留意し始めている。もし児童労働が見つかった場合には企業の評判を落とし、売り上げに影響を及ぼすからである。

(3) 移住労働者

　ここではミャンマーから外国に移住する労働者の問題をみてみよう。ミャ

38　U. S. Department of State, Office to Monitor and Combat Trafficking in Persons, Burma, 2014 Trafficking in Persons Report.
　（http://www.state.gov/j/tip/rls/tiprpt/countries/2014/226691.htm）
39　Bureau of International Labor Affairs, U. S. Department of Labor, 2014, *List of Goods Produced by Child or Forced Labour*, U. S. Department of Labor.
　（https://www.dol.gov/ilab/reports/pdf/tvpra_report2014.pdf）

ンマー難民の歴史は18世紀から発生しているが、現在につながる難民は独立直後から生じている。1948年ビルマ連邦としてイギリスから独立した翌年にはカレン族による独立闘争から内戦状態に陥り、1962年にネーウィンが政権を握ってから少数民族の反発がより強まった。そこで、軍部との抗争に耐え切れず、少数民族は隣国のタイ、バングラデシュ、マレーシア、インドネシア、インド、中国南部に移住していった。カレン族やカレンニー族、シャン族らはタイに逃れ、国境沿いに9カ所ある難民キャンプで10万人以上が暮らしている。

　1988年民主化運動がおこり、その指導者の中には軍政による弾圧を逃れて外国に難民として移住する者もでてきている。それらの中から第三国定住としてアメリカ、オーストラリアなどに移住していったが、日本も2010年から年間30人のミャンマー難民を対象として第三国定住を受け入れている。日本は難民条約の批准や難民の地位に関する議定書の批准を受けて難民の受け入れも実施しているが、2012年末までに616人の難民を受け入れているが、その半分の322人がミャンマー人である。日本が難民として受け入れた人数は2011年491人、2012年368人、2013年380人、2014年434人となっている。民政移管後はこれらの難民がミャンマーに帰国することをミャンマー政府は歓迎している。

　ミャンマーから隣国に働きにでかけているミャンマー人がいる。軍政の下ではあるが、それまでの一国社会主義から市場経済化を目指して対外開放政策に変更された。これによって国外に出かける者が増加した。国内での雇用の機会が少ないこと、農村の貧困、経済の不振から海外での就労の機会を求める者が増加した。タイの場合、1990年には約23万人のミャンマー人が在留していたが、2013年には100万人を超え、2015年には200万人近くになっている。家族を含めれば300万人を超えていると推測されている。マレーシアには2013年末に17.4万人、シンガポールは出身国別の数字を発表していないが、10万人ぐらいがいると推測されている[40]。

40　山田美和(2015)「ASEAN域内の労働者移動の現状」浦田秀次郎・牛山隆一・可部繁三郎編『ASEAN経済統合の実態』文眞堂、2015年9月、121〜144ページ。

　ミャンマーから労働者を海外に送りだすための法律としては1999年海外就労に関する法律が存在する。これは政府の許可を受けたあっせん業者によって、事前に労働・入国管理・人口省労働事務所に登録された就労希望者は健康診断を受け、就職先のあっせんを受ける。手数料を労働事務所とあっせん業者に支払う。労働者が海外で被害を受けた場合、あっせん業者を通じて賠償金の支払いを請求することを認めている。法律ができる以前からタイの経済成長とともにミャンマー人がタイで働いていたが、1992年に登録して労働許可を与えるという方式でタイ政府は就労を認めた。さらに、タイとの間では2003年6月に締結された2国間の覚書(施行は2010年7月)によってミャンマー労働者を受け入れている[41]。ミャンマー側の送り出し企業の団体としてミャンマー海外労働者派遣企業協会が結成されている。

　ミャンマー政府の統計によると、海外に派遣された労働者数として図表5-1のような数字が出ている。

図表5-1：海外への労働者派遣数

	総計	タイ	マレーシア	韓国	シンガポール	日本	香港
2012－2013年	75,584	43,099	28,892	2,931	605	8	—
2013－2014年	61,645	33,172	23,243	4,366	699	63	19
2014－2015年	70,787	35,820	29,224	4,220	493	875	153

（出所）　Central Statistical Organization, Ministry of National Planning and Economic Development, *Selected Monthly Economic Indicators*, May 2015.

江橋正彦(2015)「ミャンマーにおける国際労働移動の実態と課題」トラン・ヴァン・トウ・松本邦愛、ド・マン・ホーン編『東アジア経済と労働移動』文眞堂、2015年6月、1〜18ページ。

41　ナンミャケーカイン(2016)「ミャンマーの労働者派遣システム─タイとマレーシアへの派遣を事例に」『アジ研ワールド・トレンド』245号、2016年3月、39〜42ページ。

　軍政のもとで2003年アメリカなどの経済制裁がなされ、それによってミャンマー企業が倒産して多くの整理解雇者を出した。そのうちから、この覚書によってタイに働きに出かける者が出てきた。実際にはこの覚書によらないで不法に入国して就労したミャンマー人が圧倒的に多い。水産加工業に従事している割合が高い。3K労働と呼ばれる単純な未熟練労働に従事している。これらの労働者からの送金が外貨を稼ぐ手段であるが、どのぐらいの外貨が国庫に入っているのか不明である。闇のルートで送金されるためである。

　移住先で悲惨な労働条件のもとで働かされたり、自分自身だけでなく家族も含めて社会的保護を受けられない場合があることから，ミャンマー、カンボジア、ラオス3カ国の間で2015年「移住者福祉基金」を設立して移住労働者の保護に乗り出すことになった。移住労働者の社会保障給付の補充、病気、負傷、障がい、死亡の場合の補償、緊急時のサービス、雇用主との紛争の調整などを目指している[42]。

　移住労働者が人身取引の犠牲になる事例が生じている。問題として指摘されているのはロヒンギャの問題である。1982年国籍法によって、イスラム教徒であるロヒンギャはミャンマーでの滞在が認められなくなった。そこで船でベンガル湾に乗り出し、イスラム教徒の多いマレーシアやインドネシアに脱出しようとしたが、その際に人身売買によって強制的に漁船に乗せられ働かされている場合がある。十分な食事も与えられず長時間労働を強制されても海上のために逃げることができない。操業中に海に転落しても救済されず死亡に至る事例がある[43]。

　ネスレ社で、加工食品の材料となる魚介類の仕入先に奴隷労働があることがアメリカ公正労働協会によって公表された[44]。

42　ILO ASEAN TRIANGLE Project, 2015, *Establishing Migrant Welfare Funds in Canbodia, Lao PDR and Myanmar*, Policy Brief Issue No. 3, November 2015.（http://apmigration.ilo.org/resources/establishing-migrant-welfare-funds-in-cambodia-lao-pdr-and-myanmar）

43　ロヒンギャについての文献としてNoah Bevatsky and Frank Chalk, 2015, *Genocide & Restruction, Burma*, Greenhouse Press.

44　「ネスレ社、タイにおける奴隷労働の存在を認める」国際労働財団E-Mail Magazine 369号参照。

　日本で働く在留ミャンマー人は2015年6月末段階で1万2,132人である。在留資格別でみていくと、最も多いのは留学3,075人、定住者2,312人、永住者とその配偶者1,706人、技術・人文知識が1,279人、技能実習1号が1,274人、技能実習2号が104人となっている[45]。2013年5月20日に技能実習2号がミャンマーを対象とすることが施行されたばかりなので少ない数になっている。今後増加することが見込まれる。

15　国際的動きとの関わり

(1) ILO条約

　ミャンマーは1948年5月18日にILOに加盟した。これまで23のILO条約を批准しているが、そのうち二つが失効しており、現在は21の条約が批准され効力を有している。そのうち13の条約はイギリスの植民地時代に批准をし、それが独立後も引き継がれている。独立後は8条約を批准しているにすぎない。最も新しく批准されたのは182号条約であるが、その前に批准されたのは1961年であり、ネーウィンによるクーデターの前である。したがって50年以上の間批准されなかったことになる。

　批准した条約は以下の通りである。1号(8時間労働)、2号(失業)、4号(女性の深夜勤務、これは1961年11月9日に失効した)、6号(年少者の深夜勤務)、11号(団結権・農業)、14号(週休制・工業)、15号(最低年齢、石炭夫・火夫)、16号(年少者体格検査、海上)、17号(労働者災害補償)、18号(職業病補償)、19号(均等待遇、災害補償)、21号(移民監督)、22号(海員雇入契約)、26号(最低賃金決定制度)、27号(船荷重量表示)、29号(強制労働)、41号(女性の深夜勤務、これは1967年3月30日に失効した)、42号(職業病補償)、52号(有給休暇)、63号(賃金・労働時間統計)、87号(結社の自由)、182号(最悪の形態の児童労働)である。

　中核的労働基準の中では、強制労働の29号条約と結社の自由の87号条約

　　(http://mail.google.com/mail/u/0/?ui=2&ik=b9368d429&view=pt&search=inbox&th)
45　「国籍・地域別　入国外国人の年齢及び男女別」2014年(政府統計の総合窓口 e-Stat、出入国管理統計)
　　(http://www.e-stat.go.jp/SG1/estat/GL08020103.do?_toGL08020103_&listID=00000113
　　+ 4068&requestSender=estat)

だけが批准されている。そこで29号と87号条約をめぐってILOの理事会や総会、結社の自由委員会で問題となった。

(2) 国連で成立した条約

1991年8月15日に子ども権利条約を批准された。それを受けて1993年7月児童法が制定された。また1997年8月21日に女子差別撤廃条約も批准された。2004年には国際組織犯罪防止条約人身取引議定書が批准された。それを受けて2005年人身取引防止法が制定された。

2011年12月7日に障がい者権利条約を批准し、これを受けて2015年障がい者法を制定した。しかし、国際人権規約といわれる市民的および政治的権利に関する国際規約も経済的、社会的および文化的権利に関する国際規約もまだ批准をしていない。ミャンマー国家人権委員会はこの二つの国際人権規約の批准を勧告している。

(3) ASEANとの関係

ASEANとの関係はミャンマーにとって極めて重要である。ASEANの意思決定方式では、多数決ではなく加盟国すべてが賛成するコンセンサス方式が採用されている。対立を避けてコンセンサスが得られるまで協議を重ねている。決められた決議は法的拘束力を認められず、努力目標とされている。それをどのように実施するかは加盟国にまかされている。加盟国の主権を尊重し、他国への批判を避ける内政不干渉主義を採用している。そこで決議の実効性は弱い。対立を避け、調和を図りつつ物事を決めるという方式はアジア社会に親和的な意思決定方式である。ミャンマーが軍政でありながらASEANに加盟・活動できたのはこのおかげである。

ASEAN経済共同体は2015年12月31日に成立したが、労働関係のうち熟練労働者の中で、エンジニア、看護師、建築士、測量士、医師、歯科医師、会計士、旅行業専門職の移住の自由を認める方針が出されている[46]。ミャン

46　香川孝三(2015)「ASEAN経済統合が各国労働法制に与える影響」『Business Labour trend』489号、2015年12月、4〜11ページ。

マーの場合、すでに医師や看護師などが海外に頭脳流出しており、今後の経済発展のためには熟練労働者は国内に確保しておきたいであろう。どの職種の熟練労働者の移住を認めるかは各国に任されている。そこでミャンマー政府は積極的に移住を認める政策を打ち出さない可能性がある。

　ASEAN移住労働者委員会では、移住労働者の権利保護と促進に関する2007年ASEAN宣言について、法的拘束力のある文書とするかどうかを協議している。

　ASEAN女性と子どもの権利委員会は2010年に設置されたが、それまでにいくつかの宣言が作成されている。1988年「ASEAN地域における女性の地位向上宣言」、2001年「ASEAN子どもに対するコミットメントに関する宣言」、2001年「HIV/エイズに関する宣言」、2004年「ASEAN地域における女性に対する暴力撲滅宣言」、2004年「女性と子どもの人身売買撲滅宣言」、2010年「女性と子どもの社会福祉と発展促進のための宣言」である。2004年の宣言を受けて人身売買に反対するメコン閣僚イニシアティブ(Coordinated Mekong Ministerial Initiative against Trafficking: COMMIT)が6カ国による地域協定として締結された。ミャンマーは6カ国の一つとして加盟している。さらに2015年11月2日、ASEANで特に女性と子どもに対する人身売買禁止条約が成立し、加盟国によって署名がなされた。これは先の「女性と子どもの人身売買撲滅宣言」をもとに条約化したものである。今後各国で批准の手続が行われる。

(4) グローバル・コンパクト，SA8000, ISO26000

　国連グローバル・コンパクト事務局の報道によると、ミャンマーからの加盟は2016年9月3日段階で356の組織が登録しいる[47]。これは意外に多い数である。業種別にみると、旅行・ホテル関係56、一般小売業54、食品加工業40、サポート業(工業製品の保守点検や修理をおこなう事業) 33、建設業20、

47　UN Global Compact, Myanmar.
　　(http://unglobal.compact.org/what-is-gc/participants/seach?search%5Bcounties%5D%5B%D=127)

不動産業13、電機13、ソフトウエア12、飲料業12、製薬業11、銀行および金融11、メディア8、ヘルス・ケア6、ハードウエア6、鉱山4、自動車4等となっている。サービス業が最も多くなっており、製造業関係が少ないのは産業の現状を反映している。

　入会の年度をみてみると、2012年44、2013年26、2014年113、2015年110、2016年19となっており、民政化以降であることがわかる。グローバル・コンパクトには人権尊重が入っているので軍政の時期には加入ができなかったのは当然であろう。加入の中心は企業であり、大企業が69、中小企業が278、NGOが5、使用者団体が2、基金が2となっている。中小企業が非常に多いのが特徴である。それを受けて2014年12月にはミャンマーでのグローバル・コンパクト加盟団体組織が結成されている。

　なぜ急に加入したのであろうか。人権尊重、中核的労働基準の順守、環境基準の順守、腐敗禁止の4項目ともミャンマーでは問題を抱えた論点であるにもかかわらず、なぜ加入したのであろうか。加入するメリットはどのぐらいあるのであろうか。ミャンマーは人権侵害をしている国として有名になっているので、そこの企業として人権遵守を唱えることは国際的にアピールすることになるという配慮があるのであろうか。

　ミャンマーの人権状況に関する特別報告者トーマス・キンタナ（第2章脚注13参照）から人権理事会に2013年3月に提出された報告の中では、「ビジネスと人権の指導原則」を遵守することを求めている。これは開発に際して人権を無視する国や企業のやり方を問題視しているからである。一部の企業はこのことを重視してグローバル・コンパクトに加入したとも考えられる。

　UN Women（ジェンダーや女性のエンパワーメント向上を担う国連の専門機関）とグローバル・コンパクトが共同で作った「国連女性のエンパワーメント原則」（2009年3月）についてはミャンマーの企業は加入していない。これはグローバル・コンパクトの一部である男女差別禁止の項目を発展させて女性のエンパワーメントを促進するための原則を定めたものであるが、ミャンマーではあまり知られていないのではないかと思われる。

　なおSA8000（Social Accountability Internationalが作った就労環境評価の国際

規格)にはまだミャンマーの企業は加入していない。しかし、SA8000の認証機関はミャンマー内に設置されているので、これから加入する企業がでてくるものと思われる。

　ISO26000(国際標準化機構が作った組織の社会的責任についての国際規格)もその内容を勉強している最中であり、ミャンマー商工会議所を中心にして普及活動をこれから実施するものと思われる。

(5) OECD多国籍企業ガイダンス

　OECDはミャンマー政府の要望に応えて「ミャンマー投資政策評価」を作成した。1976年OECDは多国籍企業ガイダンスを公表しており、それを基礎に評価基準を作成した。その基準の中に「責任あるビジネス行動」(responsible business conduct, RBC)が掲げられている[48]。これは人権、労働者の権利、腐敗防止、環境保護、消費者保護が含まれている。労働者の権利の中で述べられているのは強制労働の廃止、結社の自由の尊重(組合活動を理由とする差別禁止)、低賃金や長時間労働の防止、セクハラ禁止、人種差別禁止、デュープロセスを踏まない解雇禁止である。

(6) アメリカ政府の規制

　アメリカ政府はミャンマーに進出し50万ドル(2016年5月17日から500万ドル)[49]以上の投資をするアメリカ企業と、国有企業であるミャンマー石油ガス会社と契約を締結するアメリカ企業に、人権と法の支配に関する報告をアメリカ国務省に毎年提出することを2013年以来求めている。この報告は公開

48　The Office of Policy Planning and Public Diplomacy, in the Bureau of Democracy, Human Rights and Labor, of the U.S. Department of State, Responsible Investment Reporting Requirements,
　(http://www.humanrights.gov/wp-content/uploads/2013/05/responsible-investment-reporting-requirements-final.pdf)
　OECD, 2014, *OECD Investment Policy Review: Myanmar 2014*, OECD Publishing.
　(http://www.oecd.org/daf/inv/investment-policy/Myanmar-IPR-2014.pdf#search='myanmar%2C+investment +policy +review')
49　読売新聞、2016年5月18日夕刊3面。

されている。これはミャンマーで操業するアメリカ企業の透明性を高め、社会的責任投資を促進して、ミャンマーの民主化を定着させることを支援するというアメリカ政府の方針の表れである。

　この背景には、ヤダナ・パイプライン建設の際に強制労働、暴行、殺人、意図的な精神的圧迫などによって人権侵害の被害を受けた住民の代理で、Earth Rights InternationalがアメリカのUnocal社を相手にロサンゼルスにあるアメリカ連邦地方裁判所に訴訟を1996年9月と10月に、外国人不法行為請求法に基づき提起した事件があった。会社側に人権侵害の事実を認識していたという裁判所の認定のもとに、2005年4月に最終的に原告側と会社が和解をして終わった[50]。人権尊重を主張しているアメリカで自国の企業が人権侵害を行うことは外交戦略上にきわめて問題を含むと判断され、アメリカ国務省への報告義務の制度が設けられた。

　この報告書の中に書くべき事項が定められている。ミャンマーでの事業内容、人権、労働者の権利、環境に影響を与えるデュー・ディリジェンスの対策やその手続、腐敗防止の対策やその手続、地域社会や利害関係者と関わるについての対策やその手続、従業員や地域社会からの苦情への対応とその手続、人権・持続可能性・労働者の権利・腐敗防止・環境などについての社会的責任についての方針、これらがミャンマーにおける下請け、関連企業にどの程度適用されるのかを明らかにしなければならない。30エーカー以上の土地の取得や賃貸がなされた場合の経過やそこに住んでいた人々の移転状況、十分な補償もなく強制的に移住させていないかどうか、軍人との接触がある場合にその軍人の名称や用件などの内容、政府に関連する法人への1万ドル以上の供与を行う場合に、その内容の記載等が定められている。

　この中にある労働者の権利には、低賃金、賃金の不払、残業手当の不払、児童労働、結社の自由の否定などによって労働者を酷使するという問題がないかどうかを報告することになっている。

　日本では、このような報告をミャンマーに進出した日本企業に義務づける

50　Doe v. Unocal Corp.
　（http://en.wikipedia.org/wiki/Doe_v._Unocal_Corp.）

ような措置はとられていない。日本企業が部品をミャンマーから購入している場合、サプライ・チェーン・マネジメントとしてミャンマー企業に労働基準や結社の自由の遵守を指導する必要性があるであろう。それを日本企業がCSR報告書に記載することはありうるであろう。

　日本でもビジネスと人権に関する国別行動計画をたてる時期にきている。2015年6月、ドイツで開催されたG7サミットで国連ビジネスと人権に関する指導原則を強く支持し、国別行動計画を策定する宣言が採択された[51]。G7のうち、日本とカナダだけが国別行動計画をもっていない。2016年伊勢志摩で開催されたG7サミットでは議題としては取り上げられず、首脳宣言の「貿易」の項目の中で、「労働、社会及び環境上の基準が、世界的なサプライ・チェーンにおいて良く適用されるよう引き続き努力する」という文言が持ち込まれただけであった。

小括

　ミャンマーではここ数年間は、労働法令の制定や改正が続くものと思われる。イギリス植民地時代にインドの法律が適用になったが、今後はその影響を脱し、ミャンマー経済社会に相応しい労働法令が制定される必要性がある。軍政時代には人権侵害や強制労働問題で国際的に批難を受けて、欧米諸国から経済制裁を受けてきたが、ようやくそれらが民政に移管することによってほぼ解消され、これから積極的な外資導入によって経済開発が期待される。労働法令もそれに即した内容を備える必要性がでてきた。国際労働基準に合致した内容を持ち、それらがきちんと施行される仕組みを構築する必要性がある。

---

51 「ビジネスと人権に関する国別行動計画（National Action Plan-NAP）をめぐる動き」（http://www.hurights.or.jp/archivies/newsinbrief-ja/section1/2016/01/nap.html）

第6章

ミャンマー企業の
人事労務管理

（ラタ・タウンシップ労働事務所からのヤンゴン市街の風景）

●はじめに

　本章では主にミャンマーで発行された文献に基づいて、ミャンマー企業における人事労務管理を紹介する。ただ、発行されている文献の数が限られている上に、使用言語の問題によってミャンマー語の文献をあまねく調査できたわけではない。アクセスできる文献の数が限られているという制約があるため、人事労務管理全般を網羅するかたちで紹介することはできていない[1]。

　そのような制約を前提として、まず、ミャンマー企業における採用・選考、雇用契約の締結、賃金水準、労働時間や休暇といった雇用管理について概観する。その上で、具体的な人事労務管理に関する情報が入手可能なミャンマー企業の事例を紹介する。公開されている企業事例は、模範的なものであって、一般的なミャンマー企業の事例とは言い難いということは否定できない。そこで、数少ない実態調査を引用することによって若干の補足を加えることで、より一般的なものに近づけることに留意した[2]。

●1　求人と採用

（1）募集

　ミャンマーで企業が労働者を雇用する際に、採用する手続きは、法令上の規定では、労働事務所（Labour Exchange Office）に通知することが義務づけられている。1959年雇用制限法によれば、50人以上の労働者を雇用する事業主は、労働事務所に対して欠員の通報を義務づけられている（第5章「労働法令」第2節「雇用契約に関する法令」の(5)参照）。この法律は1975年に修正

1　ミャンマーの主にヤンゴン市内の書店で販売されている文献を、新刊、古本を問わず、英文、ミャンマー語を問わず、入手した。人事管理に関するミャンマー語文献のほとんどは、オリジナルが英語の文献であり、欧米のビジネススクールで使用されている、模範的な人事管理の手法を説明したものであった。その中で、数は限りがあるものの、ミャンマー企業の特色を現すものが含まれており、それらに基づいて本稿をまとめた。なお、本章で引用したインターネットのウェブサイトの最終閲覧日は、特に断りのない場合は2017年1月6日である。

2　雇用管理のうち、賃金に関する調査結果が入手可能であるため、紙幅が多いのに対して、労使関係については資料が見つかっていないため本章では扱っていない。

され、5人以上の労働者を雇用する事業主に適用が拡大された。欠員の通報
先は事業所が所在する地域の労働事務所とされている。ミャンマーの労働事
務所は、第10章でも記述している通り、労働基準監督署と公共職業安定所
の両方の機能を担う労働省関係の事務所である。

　従業員の募集の手続きを詳しくみてみよう。Ministry of Labour,
Department of Labour(1997)[3]および Ministry of Labour, Department of
Labour(1990)[4]に示された手続きによれば、ミャンマーにおける労働者の求
人手続きは以下の通りである[5]。

　まず、雇用主は自身が事業所が立地する地域(タウンシップ)の労働事務所
へ、求人する被用者の雇用形態、被用者数、資格要件、職務の内容、労働条
件等の募集条件を、指定された書式に従って通知する必要がある。この通知
を受けて、労働事務所から求人内容の職務に適した求職登録者を推薦するリ
ストが雇用主に送られてくる。雇用主はその候補者の中から適任者を選ぶこ
とになる。次に、雇用主は選考を行い、実際に採用されることになる候補者
のリストを労働事務所へ通知する。さらに、選考に通った候補者は、雇用主
からの正式採用通知として労働事務所から書類を受け取るという手順であ
る。

3　Ministry of Labour, Department of Labour, 1997, *An Overview of Labour Services
　and Aspects of Labour Laws Enforcement in the Union of Myanmar.*

4　Ministry of Labour, Department of Labour, 1990, *General Labour Practices in Brief,
　Ministry of Labour.*

5　この冊子はかつて書店で市販されていたが、現在では販売されていない。本調査で
　はこの冊子を実際に入手したわけではなく、ヤンゴン日本人商工会議所(JCCY)・日本
　貿易振興機構ヤンゴン事務所(2014)『ミャンマービジネスガイドブック(2013-2014)』、
　ミャンマー日本商工会議所・日本貿易振興機構ヤンゴン事務所(2015)『ミャンマービジ
　ネスガイドブック(2014-2015)』、杉田浩一・行方國雄(2016)『実践ミャンマー進出戦略
　立案マニュアル』ダイヤモンド社、Dews, Philip, 1997, *Starting & Operating a Business
　in Myanmar*, McGraw-Hill Book、根本敬 編著(1998)『ミャンマー：技術指導から生活・
　異文化体験まで』海外職業訓練協会(海外・人づくりハンドブック；3)、久野康成公認
　会計士事務所・株式会社東京コンサルティングファーム・KS International・久野康成(監
　修)(2012)『ミャンマー・カンボジア・ラオスの投資・会社法・会計税務・労務』出版
　文化社等に記述がある内容を参照して、比較することにより、共通する項目と相違する
　項目を留意しながら孫引きしたものである。

　このようにミャンマーでは求人の際、労働事務所を通じた手続きが必要とされているが、ただ、日垣(1997)等によれば、現在では、新聞等に募集広告を載せた上で、自ら労働者を募集することや、知人や斡旋業者からの紹介が一般的であるという[6]。

　労働事務所以外の求人方法として、Dews(1997)によれば、少なくとも90年代後半までは民間人材紹介会社はなかったとされている[7]。そのため、有用な人材獲得の手段として「ネットワーキング」を挙げている。すなわち、既に採用されている従業員の伝手をたどって、知り合いどうしを採用候補者にすることや、現地の商工団体を利用して人材を獲得することも一般的となりつつある。

　Nang Mya Kay Khaing(2004)は縫製業の企業における採用手段について、次のような調査結果を示している[8]。地方からヤンゴン市内に就労のために移り住んできた労働者を対象とする調査結果として、親戚や友人を通じて就職した者が71.4％で、工場の正面に設置された募集看板を見て応募した者が26.8％、新聞広告を通じて就職した者が1.8％という結果であった。労働事務所を通じた採用は挙げられておらず、個人的な付き合いを通じて求職するケースが多いことが窺える。

(2) 面接と選考

　Dews(1997)によれば、ミャンマー人採用のための面接では次の点に留意すべきとしている。ミャンマー人は常に笑顔でいる傾向があるが、その態度によって、提示された労働条件に彼ら彼女らが満足しているわけでもないし、仕事に関心があると考えてはいけないという。面接担当者にはミャンマー人を加えることによって、採用候補者の意向を的確に判断すべきであるとして

6　日垣俊一(1997)『ビジネス情報　ミャンマー　1997-1998』海外情報サービス、33ページ〜37ページ参照。本書は少々古い文献であるが。企業における雇用管理を具体的に記述している、日本語による数少ない文献である。

7　Dews, Philip, 1997, *op. cit. supra* note 5, p.46.

8　Nang Mya Kay Khaing(2004)「ミャンマーの首都ヤンゴンへの労働移動と就労実態―縫製工場の調査より―」『立命館国際地域研究』第22号、2004年3月、293ページ参照。

いる[9]。

(3) 選考基準

　従業員採用の過程での選考基準に関して記述している文献は多くない。Nang Mya Kay Khaing(2004)には縫製工場の採用に関する事例として、電動ミシンを扱うことができるという採用条件とともに、学歴として8年制卒業者という条件が定められているという[10]。

●2　雇用契約書の締結義務

　本書第5章「労働法令」第2節「雇用契約に関する法令」の(4)において記したように、「雇用および技能向上法」(Work and Skill Development Law)(2013年8月30日成立)には、雇用契約に関する規定がある。この法律よれば、事業主は常勤労働者、訓練生、試用期間中の者を除き、雇用開始後30日以内に雇用契約を締結しなければならない。雇用契約締結後、契約書の写しを管轄する労働事務所に送付して承認を受けなければならない。また、雇用契約書には次の事項を定めなければならない。「職種」「試用期間」「給与」「勤務地」「契約期間」「休暇および休日」「時間外労働」「勤務中の食事の手配」「住宅施設」「医療手当」「仕事および出張に関する車の手配」「労働者が順守すべき規則」「研修後勤務しなければならない期間」「退職および解雇」「期間満了時の対応」「契約において順守すべき義務」「合意退職」「契約書の規定の修正および追記の方法」「雑則」である。

(1) 雇用契約書のサンプル

　2015年8月31日付けで政府が発表した労働契約書のサンプルは労働省のウェブサイトからダウンロードできる[11]。

9　Dews, Philip, 1997, *op. cit. supra* note 5, pp.47-48.
10　Nang Mya Kay Khaing(2004)前掲注8、285ページ参照。
11　労働・入国管理・人口省ウェブサイト（အလုပ်ခန့်ထားမှုဆိုင်ရာသဘောတူစာချုပ်）参照。
　　（http://www.mol.gov.mm/mm/wp-content/uploads/downloads/2015/09/

　この雇用契約書のサンプルは、1997年に発行されたものが長らく用いられていた。1997年以降に改正された法制度が反映されていなかったため、適宜、サンプルを改定して活用されてきた。以下では2015年に発行されたサンプルとの相違をみておこう（図表6-1参照）。

　2015年9月に公表された雇用契約書のサンプルは、2013年の雇用および技能向上法に記された、雇用契約書に明記すべき項目に則っている。労働時間に関して、シフト、休憩時間、昼休み時間を細かく規定することが求められている。給与については、日額最低賃金が決定されたことを受けて、日額給与と月額給与を明記するように求められている。産休に関する規定は旧モデルにはなかったが、2012年社会保障法に則った運用を求める事項が見られる。労災補償や給与支払い日等については、旧サンプルでも規定されていたが、新しいサンプルでは、より詳細にわたって規定されることになり、雇用主の義務として列挙されている。それに対して、旧サンプルにはなかった従業員の義務が12項目にわたって列挙されている。また次の(2)で挙げるように従業員が従うべき事項は、雇用契約書内に規定されるものとは別にリスト化されている。

(2) 従業員が従うべき条項のサンプル

　旧労働・雇用・社会保障省は労働契約書＝雇用契約書のサンプルとともに、職場内ルールの例として、「従業員が遵守すべき条項」のサンプルを示している[12]。それは、35にわたる職場のルールや労働条件に関する項目と13の処罰を規定するものである。例えば、「出退勤記録用の機械の使用は、本人が行わなければならない」「終業後は、自らの担当する持ち場の清掃を十分に行わなければならない」「業務で使用した器具を整頓し、元の位置に収納しなけ

Employment-Contract-_final_11Minister-_26-8-2015_.pdf)

12　労働・入国管理・人口省ウェブサイト（ဝန်ထမ်းများလိုက်နာရမည့်စည်းကမ်းချက်များ）参照。
（http://www.mol.gov.mm/mm/wp-content/uploads/downloads/2015/09/Panda-Principle-_Final_-8-6-2015.pdf)

図表6-1：労働契約書サンプル新旧比較

	1997年のサンプル	2015年のサンプル
試用期間	規定なし。	あり（3カ月を超えないものとする）給与は、正規従業員の基本給の75％の額
給与	月額（チャット）	1日当たり給与 月額給与 出来高払い賃金
給与支払い日	月に1回、月末の支払い。月末が休日の場合、その前日。	従業員規模が100人未満の場合、給与期間満了の日（月末）まで。100人以上500人未満の場合、期間満了後5日以内。500人以上1,000人未満の場合、7日以内。1,000人以上の場合、10日以内。
労働時間	1日8時間、週44時間。5時間の労働時間につき30分の休憩をとらなければならない。労働時間と休憩時間を合わせて1日10時間を超えてはならない。	1日8時間、週44時間。シフトの明記、始業時間、終業時間、休憩時間、昼休み時間。
休日	毎週日曜日は休日とする。	毎週日曜日は休日とし、労使の合意に基づき、仕事の性質上、別の休日を定めることが可能
祝日	一般的に認められる祝日は有給の休日とし、出勤した場合には2倍の手当の支給。	政府が定める祝日は、有給の休日とする。
臨時休暇	1年に6日。	同左
年次有給休暇	1年に10日。	同左
病気休暇	1年に30日。	同左
産休	規定なし。	2012年社会保障法に基づく日数。
休暇によらない欠勤	雇用主は許可なく5日間休んだ場合、解雇される。（解雇し得る要件）	3日間、雇用主の許可なく休んだ場合は、解雇される可能性があり、雇用契約終了に関する補償を受けることはできない。
残業	1日8時間、週44時間を超えた就労時間、週当たり16時間を上限とする。残業手当は基本給の2倍支給。	法律に従って残業代を計算。
食事の提供	規定なし。	勤務期間中の朝食、昼食、夜食の提供の有無を明記。
住居および制服の支給	規定なし。	提供の有無の明記。
雇用契約の終了（解雇）	無許可で5日連続して欠勤した場合、雇用主は解雇することができる。	3回の警告にもかかわらず、さらに職場ルール違反を犯した場合、勤務日に応じた給与を支払うことにより解雇することができる。
労災補償	就業中、就業に起因する負傷、死亡の場合、労働災害補償法に基づき、被用者が受けるべき全ての補償を受けることができる。	就業に関連する負傷、病気、死亡の場合、雇用主は法律に則り災害補償を支払うものとする。

（出所）　1997年版についてはMinistry of Labour, Department of Labour(1997)、ヤンゴン日本人商工会議所（JCCY）・日本貿易振興機構ヤンゴン事務所(2014)、杉田浩一・行方國雄(2016) [13] 等を参照。2015年版については労働・入国管理・人口省ウェブサイトを参照して作成。

13　Ministry of Labour, Department of Labour, 1997, *op. cit. supra* note 3, Part 5、ヤンゴン日本人商工会議所（JCCY）・日本貿易振興機構ヤンゴン事務所(2014)前掲注5、130 ～ 133ページ、杉田浩一・行方國雄(2016)前掲注5、312 ～ 327ページ参照。

ればならない」といった職務遂行上の義務の他に、次のような禁止事項を定めている。「業務や事務所と関係のない器具・機材を外部から持ち込むこと」「業務時間内の居眠り」「職場内で噛みタバコを噛んだり、噛んでいる際に口にたまった唾を吐くこと」「業務時間中に、許可なしに金銭に関連する行為、募金行為、資金集めを目的とするチケット販売、金銭の貸し借りなど」「業務の効率を下げることを目的とし、敢えて能力を十分に発揮しない行為」「職場内において、職場の平穏と安定および生産性の向上の妨げになるような非合法組織の設立や設立のための説得・扇動、活動、職員を出勤しないよう説得する行為」「職場に酒類を持ち込むこと、酒に酔うこと、（酒の）売買を行うこと」「関係部署の長、責任者の許可を得ず、理由なしに3日間連続で欠勤すること、または1カ月以内に理由なしに計5日欠勤すること」等が列挙されている。原文はミャンマー語であるが、全文の日本語訳を章末に掲載した。ただし、一字一句、専門的な視点で確認作業を経た翻訳ではない。あくまでも仮訳であるため、誤訳や厳密には正確ではない翻訳が含まれている可能性が否定できないことに留意いただきたい。

●3　給与水準

ミャンマーの民間企業の給与水準に関する公的な統計資料は、我々の行った調査ではみつかっていない。ただ、民間調査機関による数値で、少なくとも1996年以降、20年にわたって実施されている調査結果がある。

Myanmar Survey Research社が毎年公表している『Salary Survey 2015』[14]は、250社（組織）を対象とする調査であり、2015年1月〜2月にかけて行われた調査結果である[15]。対象となる業種は、縫製、貿易、銀行、エンジニアリ

14　この調査結果は、公的な統計数値ではないが、次に挙げる複数の文献で引用されており、ある程度信頼性があると判断できるため、ここで紹介する。ヤンゴン日本人商工会議所（JCCY）・日本貿易振興機構ヤンゴン事務所（2014）前掲注5、74〜75ページ、安藤智洋（2005）「第6章　ミャンマーの人的資源」石田正美 編『メコン地域開発：残された東アジアのフロンティア』（アジ研選書）アジア経済研究所所収、138〜165ページ、日垣（1997）前掲注6、34〜37ページ等で引用されている。

15　Myanmar Survey Research, 2015, *Salary Survey 2015*, 198 Issue, 13 May, 2015は、企

ング、ホテル、建設、情報技術、販売、医薬、医療機関であり、地場の企業だけでなく、外資系企業やジョイント・ベンチャーが含まれるが、半数以上（57％強）が純粋な地場企業である。

　給与支払いに使われる通貨には、チャットと米ドルがあり、地場の企業の90.3％、ジョイント・ベンチャーの82.0％、外資系企業の64.0％がチャットによる支払いである。チャット支払いの給与水準を役職ごとに示したのが図表6-2である。

　この表から読み取れることは、最低額と最高額の格差であるが、「マネイ

図表6-2：ミャンマー企業の給与水準（役職別・2015年）（チャット、月額）

役職	全社			上位10社企業		
	最低額	中央値	最高額	最低額	中央値	最高額
マネイジング・ダイレクター	1,000,000	3,000,000	9,000,000	4,000,000	6,000,000	9,000,000
ディレクター	650,000	1,000,000	5,000,000	1,500,000	2,500,000	5,000,000
ゼネラル・マネジャー	500,000	800,000	2,500,000	1,000,000	1,500,000	2,500,000
マネジャー	350,000	500,000	1,500,000	600,000	900,000	1,500,000
アシスタント・マネジャー	200,000	400,000	1,000,000	400,000	600,000	1,000,000
スーパーバイザー	150,000	350,000	650,000	200,000	400,000	650,000
会計士	200,000	400,000	800,000	300,000	500,000	800,000
会計士補	150,000	250,000	450,000	200,000	300,000	450,000
秘書	150,000	250,000	600,000	200,000	350,000	600,000
受付	120,000	200,000	350,000	180,000	250,000	350,000
事務スタッフ	120,000	180,000	350,000	150,000	250,000	350,000
販売スタッフ	120,000	200,000	600,000	150,000	300,000	600,000
運転手	150,000	250,000	400,000	200,000	320,000	400,000
警備員	100,000	130,000	200,000	120,000	170,000	200,000
一般労働者	90,000	120,000	180,000	100,000	130,000	180,000
清掃員	80,000	100,000	150,000	90,000	110,000	150,000
非熟練・日雇い労働者（日給）	3,000	5,000	8,000	4,500	6,000	8,000

（出所）　Myanmar Survey Research, 2015, *Salary Survey 2015* より作成。
注：表に示した日本語訳は安藤（2005）を参照しつつ、原文を踏まえて意訳した。

　　業180社および従業員395人を対象として行われた調査に基づき、250社の給与データを収集した調査結果である。

ジング・ダイレクター」が9倍、「ディレクター」が5倍の差があることであ
る。この差について、日垣(1997)は、大手とそれ以外の差の現れだろうとし
ている[16]。また、役職の高い者について、全社と上位10社との差を見てみる
と、最高額には違いが見られないが、最低額では、2倍から4倍の差が見ら
れる。役員レベルの給与が、企業規模によって差が見られるということがわ
かる。

(1) 学歴別給与水準の比較

　学歴別およびそれぞれの経験年数ごとの給与水準を示したグラフが図表
6-3である。高卒レベルの新卒者の最低額は図表6-2における清掃員の最低
額に相当する。最高額では警備員の最低額に相当する。カレッジ卒レベルで
は新卒者の最低額が警備員の最低額に相当する。大卒レベルの新卒者は、事
務・販売スタッフの最低額に相当し、MBA修了者レベルの新卒者は、マネ
ジャー・クラスの最低額に相当する。

　また、新卒者から5〜6年目までの増加額の幅を比較してみると、最低額
の層の増加よりは最高額の増加の方が大きく、高卒レベルよりは学歴の高い
方、MBA修了者の方が増加額の幅が大きくなっていることがわかる。

　学歴別の給与水準の違いを1996年と比較した場合、新卒者の増加が著し
いことがわかる。「新卒者」の給与水準は高卒レベルから大卒レベルまでみて
1996年から2015年にかけて17倍から19倍になっているのに対して、「1〜2
年目」では9倍から12倍、「3〜4年目」では6倍から7倍、「5〜6年目」で
は5倍程度の伸びとなっている。

(2) 業種別役職別給与水準の比較

　次に、業種別の給与水準の相違をみてみよう。

　この調査に基づき、業種(業界)による差を役職別に、ディレクター、ゼネ
ラル・マネジャー、マネジャー、スーパーバイザー(図表6-4)、一般労働者、

16　日垣(1997)前掲注6、36ページ参照。

図表6-3：給与水準（学歴別・経験年数別・2015年）（チャット、月額）

		年齢	最低額	中央値	最高額	1996年（中央値）
高卒レベル	新卒	17	80,000	90,000	100,000	5,000
	1～2年目	19	90,000	100,000	120,000	8,000
	3～4年目	21	100,000	115,000	140,000	13,000
	5～6年目	23	120,000	130,000	200,000	20,000
カレッジ卒	新卒	20	100,000	120,000	130,000	6,000
	1～2年目	22	120,000	130,000	150,000	10,000
	3～4年目	24	130,000	140,000	200,000	18,000
	5～6年目	27	150,000	200,000	280,000	30,000
大卒(学士)	新卒	22	120,000	140,000	180,000	7,500
	1～2年目	24	130,000	150,000	250,000	15,000
	3～4年目	27	150,000	200,000	300,000	25,000
	5～6年目	30	180,000	250,000	450,000	40,000
修士修了	新卒	25	250,000	350,000	450,000	
	1～2年目	27	350,000	400,000	600,000	
	3～4年目	30	400,000	530,000	800,000	
	5～6年目	33	500,000	850,000	1,500,000	
MBA修了	新卒	28	350,000	500,000	600,000	
	1～2年目	30	500,000	600,000	700,000	
	3～4年目	33	600,000	700,000	800,000	
	5～6年目	35	700,000	900,000	1,500,000	

（出所）　図表6-2と同じ。

警備員、ドライバー、清掃員（図表6-5）といった、比較可能な役職、職種について検討してみると、業種により給与水準が大きく異なることがわかってくる。図表6-4と図表6-5は最高額と最低額の幅を矢印の長さで示し、中央値をアスタリスク（＊）で示した図である。

　ゼネラル・マネジャー・クラスでは、石油・ガス関連産業の水準が他の業種に比して高いことがわかる。石油・ガス関連産業は、スーパーバイザー、図表6-5の警備員、ドライバー、清掃員でも同様に他の産業よりも高い水準にあることがわかる。

　マネジャー・クラスでは、最低額と中央値はどの業種もそれほど違いがないが、最高額に関しては、「貿易関連企業」が突出して高いことがわかる。また、縫製業と縫製業以外の製造業を比較すると、縫製業以外の製造業の大

図表6-4：業種別役職別給与水準の比較（1）（2015年）（月額）

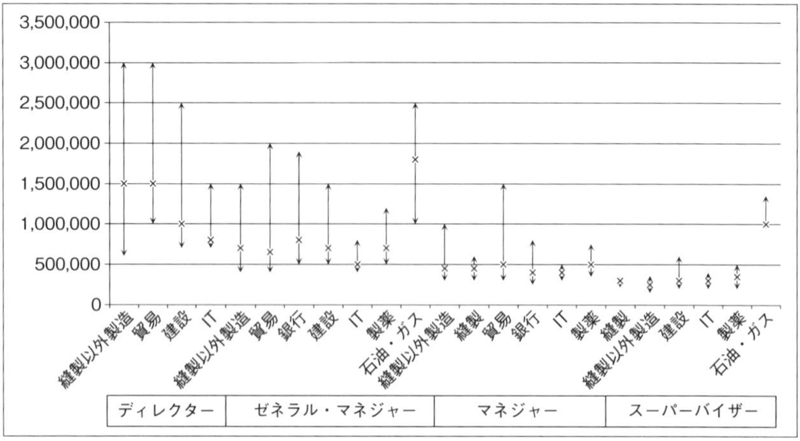

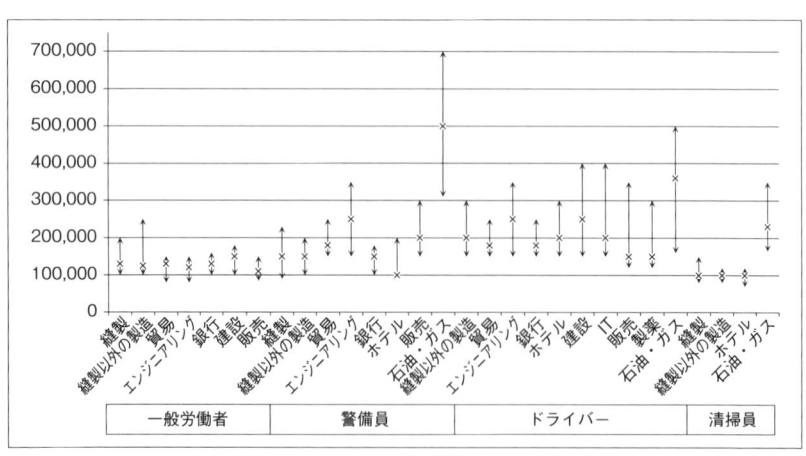

（出所）　図表6-2と同じ。

図表6-5：業種別役職別給与水準の比較（2）（2015年）（月額）

（出所）　図表6-2と同じ。

手(最高額)が高い傾向が見られる(図表6-4)。縫製業が60万チャットに対して、縫製業以外では100万チャットであり、倍に近い差が見られる。

一般労働者層を比較してみると、「縫製業以外の製造業企業」の最高額が他の産業に比べて高いことが特徴的である(図表6-5)。

既述の通り石油・ガス関連企業の給与水準が他の業種に比べて著しく高いことがわかるが、ドライバーや警備員、清掃員の給与の最高額に着目してみると、その他の業種のマネジャー・クラス(図表6-6)の平均的な額に相当する額となっていることがわかる。

また、IT業界、販売業、製薬といった業界の分布をみてみると、中央値が最低額に近接している場合が多くみられる。これは、最高額に該当する企業の給与水準が突出して高いこと、つまりごく限られた大手企業における給与水準が著しく高いことを意味している。よって、全体の分布としては、グラフに現れた分布よりも低い給与水準になると考えられる。

(3) 給与水準の変化

最近20年間の給与水準の推移を示したのが図表6-6である。Myanmar Survey Research(2015)による調査結果の中央値の推移を示したものである。増加率が大きい役職は、時期によっても異なるが、スーパーバイザー・クラ

図表6-6：役職別の給与水準の推移(1996年～2015年)(月額・チャット)

	1996年	2004年	2005年	2006年	2007年	2008年	2009年	2010年	2011年	2012年	2013年	2014年	2015年
ゼネラル・マネジャー		100,000	100,000	150,000	250,000	300,000	300,000	300,000	350,000	400,000	500,000	600,000	800,000
マネジャー	9,500	60,000	70,000	100,000	120,000	160,000	160,000	200,000	250,000	300,000	350,000	400,000	500,000
スーパーバイザー	7,750	35,000	38,000	60,000	70,000	80,000	80,000	100,000	120,000	150,000	250,000	250,000	350,000
会計士	4,000	50,000	60,000	65,000	80,000	100,000	100,000	120,000	120,000	150,000	250,000	300,000	400,000
工場労働者	2,500	15,000	25,000	30,000	35,000	40,000	45,000	45,000	50,000	60,000	90,000	95,000	120,000
秘書		35,000	45,000	48,000	60,000	70,000	70,000	100,000	120,000	150,000	150,000	200,000	250,000
事務スタッフ	3,500	25,000	30,000	40,000	45,000	55,000	55,000	70,000	80,000	85,000	120,000	150,000	180,000
運転手	3,500	25,000	30,000	42,000	50,000	50,000	55,000	80,000	90,000	100,000	150,000	200,000	250,000

(出所)　図表6-2と同じ。
注：1996年については日垣(1997)から、2004年については安藤(2005)からの孫引きである。

スは2006年と2013年に前年の1.5倍から1.6倍に増加している。また、工場労働者についても、2005年には前年の1.6倍以上に増加しているし、ゼネラル・マネジャー・クラスは2007年に1.6倍以上増加していることが際立っている。ただ、それ以外は概ね10%から30%増加で推移している。

　役職別に給与水準をみて、高い役職と低い役職を区分して、年々の伸び幅をグラフ化したのが、図表6-7および図表6-8である。高い役職（図表6-7）であるゼネラル・マネジャーの伸び幅が大きいことさが際立っており、低い役職（図表6-8）では運転手と秘書の伸び幅が大きいことが際立っている。

（4）賃金決定の仕組み

　Myanmar Survey Research（2015）には、縫製業の企業における生産労働者の賃金の計算基準が示されている。基本給は午前7時から午後8時の就労時間で「日給1,500チャット×26日＝39,000チャット（月額）」、時間外賃金は「80

図表6-7：役職別の給与水準の推移（1996年〜 2015年）（月額・チャット）

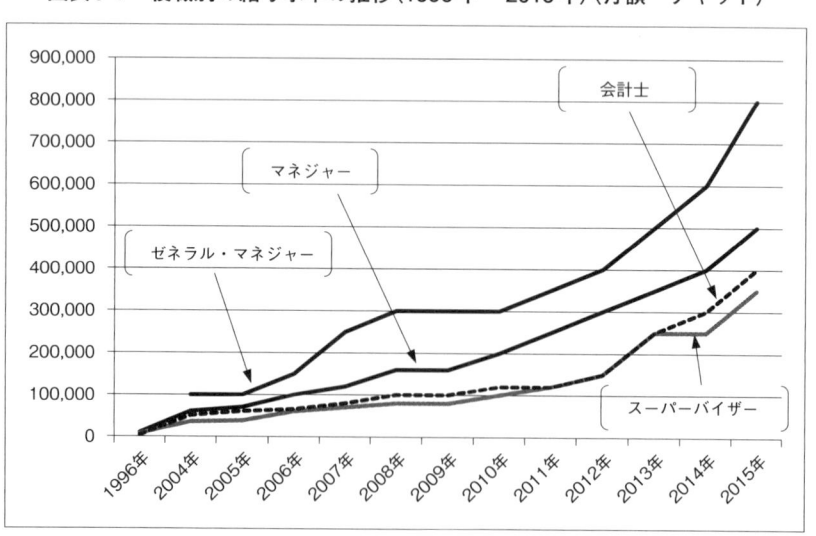

（出所）　図表6-2と同じ。

図表6-8：役職別の給与水準の推移（1996年〜2015年）（月額・チャット）

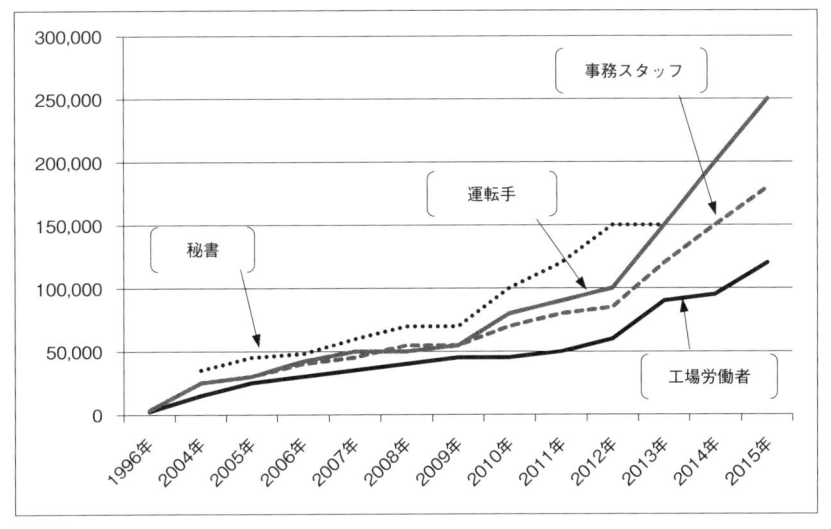

（出所）図表6-2と同じ。

時間×400チャット＝32,000チャット」、休日出勤手当は「4日間×9時間×500チャット＝18,000チャット」、皆勤ボーナスが「12,000チャット」、食事手当が「30日間×200チャット＝6,000チャット」、特別ボーナスが「20,000チャット」となっている。

　ただし、この決定方法は2015年9月から施行された最低賃金制度によって大きく変更されたことが考えられる。最低賃金は基本給を3,600チャットとすることと定められたため、残業手当等の計算の基準を3,600チャットとする必要があるためである。最低賃金の決定の影響を大きく受けた産業、特に縫製や食品加工といった産業の企業では、従来、詳細な区分を設けて支払ってきた諸手当を、基本給に一括して組み込んだ賃金体系に改編する企業も多いと聞いている[17]。

17　第11章で採り上げた現地調査でのヒアリングや現地新聞での報道に基づく。

残業手当について、Ministry of Labour, Department of Labour(1997)[18]によれば、標準賃金の2倍とすることとされている。ただ、本書、第5章「労働法令」第3節「賃金に関する法令」「(2)最低賃金」「(c) 最低賃金額をめぐる問題点」で記述した通り、労働事務所が日系企業に対して行政指導している計算式では、残業手当を基本給の2倍ではなく、2.18倍支払うようにとされている。

(5) ボーナス

ボーナスについては少々古い文献ではあるが、TAN, T'NG and YAP(1996)によれば、外資とのジョイントベンチャー企業では平均して2.5カ月分のボーナスが支給されているという[19]。

(6) 工業団地の一般的な工場における賃金水準

以上で紹介してきたミャンマー企業における給与水準は、民間調査機関によるアンケート調査に応じた企業に限定されるため、一般的なミャンマー企業の動向というよりは、模範的な企業の特徴とみることができる[20]。

ここではLabour Rights Clinic et al.(2013)による南ダゴン、北オカラッパ、ラインタヤ、インセイン、ミンガラドン、シュエパウカンというヤンゴンの工業団地を対象とした実態調査の結果を示すことにより、一般的なミャンマー企業の一つの側面を紹介する[21]。

---

18 Ministry of Labour, Department of Labour, 1997, *op. cit. supra* note 3, part 4(2) .
19 TAN See Chen, T'NG Siew and YAP Say Jou, 1996, "Characteristics of Myanmar's Labour Force", in Tan Teck Meng, Low Aik Meng, John J. Williams, Ivan P. Polunin, *Business Opportunity in Myanmar*, Nanyang Technological University, Chapter 20, p.250.
20 1996年の調査では110社を調査対象として、回答を得たのは91社であり、19社は回答に応じなかったという。
21 Labour Rights Clinic, Cooperation Program of Independent Workers, Construction-based Labour Union and Workers Support Group, 2013, *Modern Slavery: A Study on Labour Conditions in the Yangon's Industrial Zone*, Labour Rights Clinic, Cooperation Program of Independent Labourers, Construction-based Labour Union and Workers Support Group, November 15, 2013(ミャンマー語の文献では、ရန်ကုန်စက်မှုဇုန်ရှိ အလုပ်သမား

　図表6-5に示したMyanmar Survey Research(2015)による縫製業の労働者の給与水準と、Labour Rights Clinic et al.(2013)に挙げられている実態調査結果を比較すると、前者の調査対象企業の新卒、未熟練労働者の給与水準が、後者の調査対象企業の平均的な給与額に相当するというほどの差額がみられる。

　Labour Rights Clinic et al.(2013)では、54,999チャット以下、55,000チャットから74,999チャット、75,000チャットから94,999チャット、95,000チャットから114,999チャット、11,5000チャット以上という区分で、75,000チャットから94,999チャットが最も多く、半数以上になっている。Myanmar Survey Research(2015)とLabour Rights Clinic et al.(2013)は、調査時期が異なるため一概に比較することはできないが、後者の調査結果でみられる平均的な給与水準は、前者の調査対象企業における最低給与額、つまり企業規模が小さい企業で就労する新卒者の給与に近い額となっている。

　ちなみに、Nang Mya Kay Khaing(2004)では、縫製工場労働者の給料は、輸出向けの工場であれば平均8,000チャットであるが、残業代を含むと10,000チャットを超えるという調査結果が示されている[22]。

●4　労働時間

　Ministry of Labour, Department of Labour(1997)[23]によれば、店舗や商業施設の労働時間は、1日8時間、週48時間労働であり、開店時間が午前9時から午後5時までとされている。ただし、就業時間と休憩時間の合計が1日11時間を超えてはならない。工場では1日8時間、週44時間労働、連続操業の工場では1日8時間、週48時間を上限とし、連続5時間の就労につき30分の休憩をとらせる必要がある。ただし、就業時間と休憩時間の合計が1日10時間を超えてはならない。なお、政府官庁の労働時間は午前9時半から午後4時半で、休憩時間はなしとされている。

များအခြေအနေ အစီရင်ခံစာ(၂၀၀၂-၂၀၀၃))の22ページ参照。
22　Nang Mya Kay Khaing(2004)前掲注8、278ページ参照。
23　Ministry of Labour, Department of Labour, 1997, *op. cit. supra* note 3, part 4(2).

　Nang Mya Kay Khaing(2004)によれば、縫製業の工場における一般的な労働時間は、朝7時30分から夕方18時00までであり、昼食の休憩が12時15分から13時までの45分間となっている。16時00分から18時00分までの2時間は残業扱いとなり残業代が支払われている[24]。

　TAN, T'NG and YAP(1996)およびDews(1997)によれば、上記のMinistry of Labour, Department of Labour(1997) お よ び Department of Labour, Ministry of Labour(1990)に規定される項目以外に、地下における鉱山労働については1日8時間、週40時間労働とされている[25]。

　Labour Rights Clinic et al.(2013)の調査結果では、1日当たり8時間～9時間半の労働時間と回答した労働者が21%、10時間から11時間半と回答したのが53%、12時間から14時間は26%であり、平均すると11時間程度であったという[26]。

●5　休日・休暇

　Ministry of Labour, Department of Labour(1997) [27]によれば、店舗や商業施設では週休としていずれかの日を休日としなければならないとしている。生産活動を行う工場では日曜日を休日としなければならない。なお、政府官庁については週5日間の就労で土曜と日曜が休日とされている。

　また、これ以外の休日には、公休日として21日を付与することのほかに、臨時休暇を1年に6日、有給休暇を1年に10日、病気休暇として最低6カ月勤続した者を対象として1年に30日を付与することが必要とされている[28](詳しくは、本書第5章「労働法令」4節「労働時間・休日・休暇に関する法令」の「(4)休暇および休日法」を参照)。

　また、休暇の取得手続きについては何ら規定がないため、事前の届出につ

24　Nang Mya Kay Khaing(2004)前掲注8、278ページ参照。

25　TAN, T'NG and YAP, 1996, *op. cit. supra* note 19, p.248, Dews, 1997, *op. cit. supra* note 5, p.50.

26　Labour Rights Clinic et al., 2013, *op. cit. supra* note 21, p.21.

27　Ministry of Labour, Department of Labour, 1997, *op. cit. supra* note 3, part 4,(3) .

28　Dews, 1997, *op. cit. supra* note 5, p.50にも同様の記述がある。

いては就業規則や雇用契約書に定めておくことが望ましい。

●6 福利厚生

　ミャンマー企業の福利厚生全般に関する情報は得られていないため、断片的な取り組みについて記述する。

　Nang Mya Kay Khaing(2004)によれば、通勤のための送迎バスがある工場で就労する労働者で、バスを利用しない者を対象として1日当たり30チャット支給している企業があるとされている[29]。

●7 職業教育訓練

　Myanmar Computer Co., Ltdは、ソフトウェア開発、ビジネス・アウトソーシング、システム・インテグレーション等を手がける情報技術関連企業であるが、2009年に、MCC Training Instituteを設置し、ミャンマーのICT産業の発展に貢献する国際資格を持つIT人材の育成に取り組んでいる[30]。

●8 離職率

　安藤(2005)によれば、地場の縫製関係の工場では、おおよそ1カ月に全従業員の2%から3%が離職するという。外資系企業の縫製業工場では1カ月当たり10%程度が入れ替わることが珍しくないという。つまり、1年間に入れ替わる延べ人数が、全従業員の数を上回る計算になる[31]。

　TAN, T'NG and YAP(1996)によれば外資系企業や外資とのジョイントベンチャー企業において離職率が概して低いとされている[32]。その理由として、就労環境や給与などの労働条件の面で良好であることを挙げている。

　根本(1998)によれば、ある日系企業関係者の経験談として、その企業に応

29　Nang Mya Kay Khaing(2004)前掲注8、278ページ参照。

30　Myanmar Computer Co., Ltdのウェブサイト参照(最終閲覧日：2016年6月16日)。
　　http://www.mccsolution.com/Education_Services/MCC_TRAINING_INSTITUTE/
　　default.asp

31　安藤(2005)前掲注14の160ページ参照。

32　TAN, T'NG and YAP, 1996, *op. cit. supra* note 19, p.250.

募してくるミャンマー人の経歴をみていて、1年以上同じ会社に勤務した経験のあるものは少ないという。数カ月単位で勤務先を変えているようであり、3年以上同じ会社に勤務したことのある者は滅多にいないとしている[33]。

　Nang Mya Kay Khaing(2004)によれば、縫製業の工場での入退職が頻繁であり、給与支払日の時期の退職が最も多いという[34]。退職の理由の多くは工業団地内の同業の工場への転職であり、少しでも条件が良い工場へと移っていくという[35]。

●9　雇用終了

　解雇についてTAN, T'NG and YAP(1996)によれば、使用者は雇用契約に違反した労働者を解雇することができるとしており、解雇する際にはタウンシップの労働事務所に通知する必要がある[36]。

　ただ、本書第5章「労働法令」第5節「雇用終了に関する法令」でも記述した通り、解雇事由に関する規制は法令にはないため、就業規則や雇用契約書に定めておくのが望ましい。

　また、任意退職の場合に退職金が支払われるかどうかは、就業規則や雇用契約書の内容による。

　公務員以外には、定年に関する法的規制はない。そもそも定年制を設けない企業もある。定年制を設けるには、就業規則や雇用契約書に定めておく必要がある。

●10　企業事例

　人事労務管理の手法や方針について公表しているミャンマー企業は決して

33　根本敬 編著(1998)前掲注5の188ページ参照。ただし1998年発行の文献に掲載されている事例であるので、現在の状況とは異なる可能性もある。

34　Nang Mya Kay Khaing(2004)、前掲注8、285ページ参照。

35　ただ、上記のような傾向と逆に、外資系企業の方が離職率が高いとしている文献もある。その内容および理由については、第10章第2節「離職率」の項目での記述を参照して頂きたい。

36　TAN, T'NG and YAP, 1996, *op. cit. supra* note 19, p.252.

多くない。今回の調査では国連のグローバル・コンパクトに加入するミャンマー企業[37]等を中心として、ミャンマー企業の人事労務管理について、文献およびインターネット調査をした。以下では、その調査結果から選び出した2社、マックス・ミャンマー社とミャンマー中央銀行の人事労務管理について、事例紹介する。

（1）マックス・ミャンマー社

　以下ではエネルギー、貿易等を営むグループ企業であるマックス・ミャンマー社（Max Myanmar Holding Co., Ltd.）について、同社のホームページ等を参照することにより、人事労務管理の特徴を事例紹介する。

（a）会社概要

　マックス・ミャンマー社は、エネルギー、貿易、建設、高速道路運営（料金徴収）、ホテル経営、観光、製造、ゴム、サービス、鉱石、宝石、石油、農業と、多岐にわたるビジネスを展開するグループ会社である[38]。同社にはグループ全体で約7,000人の従業員がおり、各社の概要は図表6-9の通りである。

（b）社内規定

　マックス・ミャンマー社では、以下の社内規定を定めている[39]。

・行動規範（Code of Conduct）[40]

37　下記の United Nation, Global Compact のウェブサイトに掲示されている334社を参照（最終閲覧日：2016年6月16日）。ただし、334社には、加盟後に更新手続きをせずに、失効してしまっている企業も含まれる。
　（https://www.unglobalcompact.org/engage-locally/asia/myanmar）
38　マックス・ミャンマー社ウェブサイト参照（最終閲覧日：2016年6月16日）。
　（http://www.maxmyanmargroup.com/）
39　マックス・ミャンマー社ウェブサイト（Corporate Governance）参照（最終閲覧日：2016年6月16日）。
　（http://www.maxmyanmargroup.com/index.php/about-us/corporate-governance）
40　マックス・ミャンマー社ウェブサイト（Code of Conduct）参照（最終閲覧日：2016年6月16日）。
　（http://www.maxmyanmargroup.com/index.php/about-us/corporate-governance/

図表6-9：マックス・ミャンマー社のグループ企業概要

社名	創業年	従業員数	事業内容
Max Energy Co., Ltd.	2010年	650人	エネルギー（主にガソリン）
Max Myanmar Trading Co., Ltd.		30人	パワーショベルやブルドーザーなどの車両の輸入販売
Max Myanmar Agriculture Section	2005年		農業（天然ゴム生産）
Max Myanmar Construction Co., Ltd.	1996年	1,200人（契約社員：1,800人）	港湾、ダム、商業施設、大型住居の建設
Max Highway Co., Ltd	2008年	618人	高速道路運営（料金徴収）
Max Myanmar Hotel Co., Ltd.	2002年		ホテル経営
Max Myanmar Manufacturing Co., Ltd.			セメント事業

（出所）　同社ウェブサイトに基づき作成。空欄は不明を意味する。

・従業員ハンドブック（Employee Handbook）

・人権方針（Human Rights Policy）

・汚職防止ポリシー（Anti-Corruption Policy）

・公益通報方針（Whistle Blowing Policy）

・労働安全衛生方針（Occupational Health and Safety Policy）

・コミュニケーション・ポリシー（Communication Policy）

・苦情対応方針（Grievance Handling Policy）

・平等と多様性経営方針（Equality and Diversity Management Policy）

・ソーシャル・メディア・ポリシー（Social Media Policy）

・環境方針（Environmental Policy）

・ステークホルダー・エンゲージメント戦略のガイドライン（Stakeholder Engagement Strategy Guidelines）

---

code-of-conduct）
（https://docs.google.com/viewerng/viewer?url=http://www.maxmyanmargroup.com/images/pdf/COC001_2014.pdf）

(c) 基本方針

　以下では「従業員ハンドブック」に基づいてマックス社の人事労務管理ついて紹介する[41]。「従業員ハンドブック」のはじめには、雇用機会均等方針や企業倫理などとともに、職場内の個人的人間関係の扱いについて規定している。

(d) 雇用形態・就業時間等

　同社における雇用形態は3種類あり、①正規フルタイム従業員、②試用期間従業員、③期間の定めのある従業員である。新規採用者は②の試用期間（原則として9カ月間）を経て正規フルタイム従業員となる。③の期間の定めのある従業員は、労災補償や社会保障は適用対象になっているが、それ以外の福利厚生の適用対象ではない。

　就業時間は、月曜日から金曜日までの午前9時から午後5時までとなっている。業務上の必要性に応じて始業および終業時間が異なる場合もあるが、就労時間は全従業員が同じである。食事のための休憩時間は1日当たり1時間となっている。

　給与の支払日は、各月の最終日と定められている。

　職務定義はポジションごとに規定されている。業績評価は本人と上司による話し合いによって四半期ごとに1回行われる。

　福利厚生として、社会保障、労働災害補償、失業保険がある。保険料を徴収するプログラムも一部あるが、ほとんどは会社側負担となっている。

(e) 各種休暇

　すべての国民の休日は、すべての従業員が休日であり、休日勤務した場合には休日出勤の割増手当が支払われる。これに加えて、家族の記念となる年

---

[41]　マックス・ミャンマー社ウェブサイト（Employee Handbook）参照（最終閲覧日：2016年6月16日）。
　（https://docs.google.com/viewerng/viewer?url=http://www.maxmyanmargroup.com/images/pdf/MGMT002_2014.pdf）

次には2日間連続の休暇を取得することができる。

　労働災害補償については、従業員負担のないプログラムがある。このプログラムは職務遂行上生じたいかなる怪我や病気も補償対象となる。

　病気休暇については、正規フルタイム従業員を対象として、年間の有給休暇が10日付与される。治療のための休暇については、無給であるが、正規フルタイム従業員を対象として、12カ月間に12週間以内取得可能である。また、家族休暇が設けられており、子の誕生、育児、介護などを目的とする休暇について、これも無給であるが、12カ月間に12週間以内の休暇の取得も可能である。

　産前産後休暇は、無給であるが、産前に30日間の休暇取得が可能である。産前産後を合計して一般的には4カ月を上限として休暇を取得することが可能である。職場復帰する2週間前までに通知する必要がある。

　長期休暇として毎年10日間取得可能である。勤続期間が4年に達した従業員は15日間の取得が可能となる。この他の休暇として、選挙の投票のための休暇が認められている。

(f) 出張経費の支出

　出張経費について合理的な交通機関の利用をしなければならず、飛行機や鉄道はエコノミークラスを原則とする。近距離の移動は公共交通機関を利用することとし、タクシーの利用は代替する手段がない場合にのみ許される。宿泊は中級以下のモーテル等の宿泊施設を利用することとし、食事手当は1日当たり5,000チャットを上限とする。チップは食事の10％、タクシー代の10％を上限とする。電話、ファックス等の通信費を支出することができる。出張報告書は30日以内に作成して提出する必要があり、費用請求する場合件名ごとの領収書を添付する必要がある。出張に関する規定に違反があった場合、退職勧告を含めた処分を下される可能性がある。

(g) 処罰対象となる行為に関する職場内ルール

　社内で不適切である行為を全て列挙することはできないとしながら、以下

の行為を具体例として挙げている。

①物品を盗んだり、不適切に移動する行為

②勤務記録の改ざん

③酒類や違法薬物を服用して職務遂行すること

④職場内で勤務中あるいは企業所有の車両や設備を操作している最中に、酒類や違法薬物を所持したり、販売、譲渡、服用すること

⑤職場での争いごとや暴力

⑥職場で騒ぐことや破壊的な行動

⑦雇用主あるいは顧客が所有する資産の損傷につながる不適切な行為

⑧職務命令違反またはその他の非礼な行為

⑨職場の安全や衛生に関するルール違反

⑩職場での喫煙

⑪性的またはその他の違法なハラスメント

⑫職場での銃火器や爆発物などの危険物の所持

⑬度重なる欠勤や事前連絡なし不在

⑭ビジネス上の機密や極秘情報の無断開示

⑮人事方針違反

⑯業績の未達成とその関連する行為

　不正行為を以上のように列挙した上で、社内における適切な服装、欠勤と遅刻、職場における安全と健康、薬物と酒類、ハラスメント、顧客重視の姿勢、職場における暴力、電話や郵便の使用、コンピューターや電子メールの使用、インターネットの使用などについて項目を挙げて禁止行為の内容を明記する。特に、「遅刻と欠勤」「職場における安全と健康」「薬物と酒類」「ハラスメント」「コンピューターや電子メールの使用」「インターネットの使用」についての違反行為では、場合によっては退職勧告を含める厳しい措置をとる可能性が示唆されている。また、⑭については、職場ルールに関する規定ではなく、企業の基本方針の条項において、重要機密情報として、財務情報、企業買収情報、顧客照会情報等を列挙した上で、開示すべきではない情報を

漏洩した場合には、退職勧告も含めて処分することが明記されている。

(h) 雇用終了

同社における雇用終了は、①従業員本人の意思による退職（resignation）、②企業側の申し出あるいは命令による従業員本人の意思に反した退職（discharge）、③企業側が経営環境の変化を理由として従業員本人の意思に反しての退職（layoff）、④従業員が一定の年齢に達したこと、雇用契約期間の満了、その他、企業が定めた退職規定に基づく、従業員本人同意による退職（retirement）の4種類である。

同社では退職に際して面談の場をもつことになっている。なお、本書「第5章　労働法令」「第5節　雇用終了に関する法令」においても記述した通り、ミャンマーには、公務員以外に関しては、定年に関する法的規制はない。

同社の雇用管理を概観してみると、基本的な労働条件は、労働省が作成する労働契約書のモデルに概ね沿った内容の制度になっており、保険や休暇といった福利厚生面で充実したプランが施行されていると考えられる。

(2) ミャンマー中央銀行

ここでは、Daw Tin Moe Moe（2009）に基づき、ミャンマー中央銀行の人事労務管理について紹介する[42]。

---

[42]　Daw Tin Moe Moe, 2009, "Human Resourc e Management Strategies in the Central Bank of Myanmar" in Romeo V. Suarez, *Comparative Strategies of Human Resource Management in Selected Seacen Central Banks And Monetary Authorities*, the South East Asian Central Banks（SEACEN）Research and Training Centre, pp.117-136.
（http://www.seacen.org/GUI/pdf/publications/research_proj/2009/rp74/rp74_complete.pdf）
（http://www.seacen.org/GUI/pdf/publications/bankwatch/2012/9-CBM.pdf）
（http://seacen.org/GUI/pdf/publications/bankwatch/2011/9-CBM.pdf）
（http://www.seacen.org/file/Myanmar.pdf）

(a) 沿革

　ミャンマー中央銀行の前身であるビルマ連邦銀行は、インド準備銀行のヤンゴン支店としての機能を引き継ぎ、1948年4月3日に設立された[43]。設立当初は中央銀行としての十分な役割を果たしていたわけではない。通貨発行を担うのは1952年7月1日になってからである。1962年の社会主義を志向する政権下では全ての銀行が国有化された。1988年以降の市場経済導入への改革によって、1990年7月2日にミャンマー中央銀行法が成立したことによって、現在のかたちの中央銀行となった。

(b) 行員の構成

　Daw Tin Moe Moe(2009)によれば、従業員数は2008年12月現在1,119人であり、男女比は男性が26.2%、女性が73.8%である。従業員を学歴別に見た場合、大学院レベルが830人、それ以外は323人となっている（2008年6月現在）。同社にはネピドーの本部のほかに、ヤンゴンとマンダレーに支店があり、地域別従業員数は、ネピドーに304人、ヤンゴンに631人、マンダレーに184人である[44]。部門別従業員数は、総務部門は206人、外国為替部門は48人、調査・訓練部門は62人、銀行規制部門は10人、財務部門は113人、内部監査・銀行監理部門は113人、通貨部門464人、銀行安全（Bank Security）部門は103人である。

　Daw Tin Moe Moe(2009)が書かれた時点以降の行員数や組織部門の変動を同行のウェブサイトで知ることができる[45]。2012年時点の行員数は2,525人である。1976年には930人、1981年には1,333人、1989年には、1,656人、2006年には1,522人という推移で増えていっている。

　また、設置されている部門は、以下の15の部局に増えている。

43　Central Bank of Myanmarのウェブサイト参照。
　（http://www.cbm.gov.mm/content/central-bank-myanmar）
44　Daw Tin Moe Moe, 2009, *op. cit. supra* note 42, p.120.
45　Central Bank of Myanmarのウェブサイト参照。
　（http://www.cbm.gov.mm/content/central-bank-myanmar）

(a)　総裁室(Governor Office)

(b)　総務・情報技術部(Administration & IT Department)

(c)　金融機関規制・対マネーロンダリング部(Financial Institutions Regulation & Anti-Money Laundering Department)

(d)　金融機関監督部(Financial Institutions Supervision Department)

(e)　金融市場部(Financial Market Department)

(f)　政策調査・国際関係・訓練部(Policy Research, International Relations & Training Department)

(g)　財務情報監査・調査部(Financial, Information, Inspection & Survey Department)

(h)　通貨管理部(Currency Management Department)

(i)　外国為替管理部(Foreign Exchange Management Department)

(j)　支払・決済システム部(Payment & Settlement System Department)

(k)　内部監査部(Internal Audit Department)

(l)　通貨政策部(Monetary Policy Affairs Department)

(m)　ヤンゴン支店

(n)　マンダレー支店

(o)　政策決定委員会(Board of Secretary)

(c) 採用・配置・異動

　Daw Tin Moe Moe(2009)によれば、2007年から2008年当時、総務部には206人のスタッフがおり、採用、配置、給与、年金、広報、予算・財務等八つの課があった[46]。

　同社の採用は新聞広告の求人欄に掲載され、応募者に対して筆記試験と面接試験が行われ、選考のプロセスを経て採用決定される。同社では定期的な異動は行われていない。従業員の専門性を高めることを優先させる方針をとっているためである。

46　Daw Tin Moe Moe, 2009, *op. cit. supra* note 42, p.120.

(d) 人材育成

　人材育成プログラムとして基本的な銀行業務研修を修了し、上位20位に入る優秀者はディプロマ研修にすすむことができる。海外での研修プログラムも用意されている。

　同行では、社内人材育成コースを行っているほか、海外金融機関への派遣による研修プログラムや毎月実施される各種セミナーが行われている。また、外部市中銀行から修士修了レベルのエコノミストを受け入れて研修を行っている。これらを同行では「タレント・マネジメント」と位置づけて取り組でいる。

(e) 業績評価

　同行における業績評価は10項目に基づいて行われている。それは、①仕事への積極性、②コンピテンシー、③信頼性、④学習姿勢、⑤努力、⑥イノベーション・マインド、⑦規律、⑧同僚への支援、⑨社会関係、⑩人間関係性スキルである。それぞれの項目について10ポイントという尺度で、複数の上司たちによって評価される。上司によって評価された後、部門の長によって評価され、総務部門に送られ、最終的には役員会で決定される。

　ただ、業績評価は給与や教育訓練に直結しているわけではない。業績は個々の業績によって判断されるわけではなく、一般的な業務遂行状態によって判断され、業績を検討することに用いられる。ただ、業績と昇進が強く関連づけられているわけではなく、多数ある判断基準の一つという位置づけである。

(f) 昇進

　昇進委員会は、業績評価の10項目に基づいて合計100ポイントで数値化するとともに、昇進委員会自身による加点が50ポイント分ある。それに加えて同行への貢献の度合いも加味される。

　昇進した行員は、その後少なくとも2年間同行で就労を続けること、どの支店に配属されても構わないことに同意しなければならない。

(g) 福利厚生

　基本的にボーナス制はないが、ネピドー本部に勤務する給与水準が最低の行員を対象として、給与月額の5分の2に相当する額の手当が毎月ある。

　給与の10％相当額で住居を提供するプログラムがあり、自宅から勤務先までの通勤手段を無料で利用することができる。

　また、同行では医療施設が完備しているほか、スポーツ大会を同行主催で行っている。

(h) 定年

　同行では長期雇用を方針としてもっており、定年年齢は60歳あるいは勤続30年と定められている。

●小括

　本章ではミャンマーにおける人事労務管理の一面を紹介してきた。その特徴として次の3点が挙げられよう。まず、労働者を雇用する場合は公共職業安定所の役割を担う労働事務所に通知して、事務所が推薦する求職者の中から選考するという手続きを経る必要がある点である。ただ、実態として一般的に行われている採用は、新聞広告や従業員の知り合いを対象として募集したり、工場の入り口に求人広告を出すことによって志望者を募る方法がとられているようである。また、一般ワーカー・レベルについては、労働事務所を通じた募集を基本としている一方で、スタッフや管理職の募集については、人材紹介会社を利用するといった使い分けをする企業もある。

　2点目として、従業員一人ひとりと締結する雇用契約書には本人と雇用主のサインだけでなく、労働事務所の承認を受けて担当官のサインが必要となることである。就業規則に職場ルールや従業員としての義務を明記するが、個々の詳細な労働条件は、雇用契約書の条項に書き込むかたちをとっている場合の方が多い。そのため労働条件が変更されるたびに労働事務所の承認を得る必要があり、雇用主側としては煩雑な作業を強いられているのが現状である。

　3点目として、これは2点目に付随することではあるが、労働行政当局が企業経営の細部にわたるまで指針を示していることが挙げられる。本章末に挙げた「従業員の遵守するべき規則」をミャンマー政府が方針として示していることがその一例である。その指針には、従業員の職場における具体的な行動や理想的な職場、従業員のあるべき姿が示されている。

　2015年に最低賃金が決定された際、企業経営者側からは経営に介入しすぎると強く反発する声が上がった。それは、国民の最低生活保障としての最賃の意味合いは理解できるものの、ミャンマーの社会経済を踏まえれば高すぎる水準で決定された最賃額であったこと、そして額の公表から実施までの期間が短すぎ、経営的な体力をつける猶予期間がないことへの批判であった。現地調査では、経済情勢を踏まえることなく企業経営に過度に介入することに対して不満を露にする経営者の話を複数聞くことができた。

　民政移管して5年が経過しているが、軍政下の影響が色濃く残り、社会主義体制の名残さえも存在している中で、民間セクターの企業経営のあり方を模索する必要があると言えよう。

（資料）従業員の遵守するべき規則（ミャンマー政府による指針）

　労働者は、以下に述べる一般的な違反行為に関する規則の遵守・遂行を怠ったことおよび禁止事項に違反したことが明らかである場合、第1段階として口頭での注意、第2段階として書面での注意、第3段階として誓約書に署名をさせ厳重に警告が行われた後、再度違反行為があった場合、最も重い罰則として、罰金ではなく、懲戒解雇がなされることがある。

1. 工場で規定される労働時間に従い出退勤を行わなければならない。出勤後は、職場外へ出てはならない。外出を希望する場合は、各責任者から許可を得た上で、ゲートパスを持って外出しなければならない。規定の就業時間に遅刻してはならず、また早退してはならない。

2. 出退勤時の署名および出退勤記録用の機械の使用は、本人が行わなければならない。事前署名、代理署名、虚偽の署名、修正、加筆を行ってはならない。

3. 工場の職員であることを明確に示すために、職員証を常時首から下げ、制服が指定されている場合には、これを着用しなければならない。

4. 業務に関し、所属部門の長や上司の指示に従わなければならない。

5. 各責任者の定める任務を遂行し、就業時間内に完了させなければならない。

6. 規定の基準に沿って、質および量の目標値を満たす能力を有さなければならない。

7. 原料の調達困難や職務が与えられない場合を除き、工場の部門ごとに毎日定められる目標値を指定の期間内に達成しなければならない。

8. 終業後は、自らの担当する持ち場の清掃を十分に行わなければならない。業務で使用した器具を整頓し、元の位置に収納しなければならない。自らが作動させた機材の清掃を行わなければならない。必要のない電気のスイッチは、消さなければならない。

9. 工場／会社の所有する備品・機材を個人的な目的のために使用してはならない。

10. 業務や事務所と関係のない器具・機材を外部から持ち込み、修理、使用を行ってはならない。

11. 職場から支給された器具・機材については、離職の際および解雇された際に、揃えて返却しなければならない。返却できない場合は、当該器具・機材の価値に相当する金銭を支払うことをもって弁償しなければならない。

12. 責任者と職員とが互いに侮蔑的な態度をとることや、非礼な態度で接することは避けなければならない。職員同士の間で、侮辱したり、品位を傷つけることを目的として、揶揄したり、大声を上げたり、粗暴な行動をとってはならない。

13. 職員同士の団結を維持しなければならない。

14. 職場において、脅迫したり、虐待したり、暴力を振るったりすることで業務に支障を及ぼしてはならない。

15. 理由なしに自らの持ち場を離れてはならない。

16. 業務時間外に、適切な部署の許可なしに工場内または工場の敷地内を出入りすること、立ち入り、留まることはしてはならない。

17. 禁じられている場所に許可なしに立ち入ってはならない。

18. 許可なしに工場敷地および建物内への出入りを行ってはならない。

19. 工場の建物、壁、扉、窓、器具、備品に、絵・文字・漫画を描く行為、宣伝行為、汚す行為をしてはならない。

20. 自らの食べ物や弁当は、所定の場所に保管しなければならない。職場とその周辺環境を清潔に保つよう特別に注意を払わなければならない。

21. 手洗所は、規則正しく清潔に使用しなければならない。水栓、洗面台の蛇口は、確実に閉めなければならない。

22. 業務時間内に業務とは関係のない来客の訪問に応じること、許可なしに外部者を連れて来たり、内部にとどめておいてはらならない。

23. 業務時間内に居眠り、横になること、睡眠をとること、食事をとること、間食をとること、遊ぶこと、仕事をせずに座っていること等の行為をしてはならない。

24. 職場内でキンマの実[47]を噛むこと、キンマの実を噛んでいる際に口にたまった唾を吐くこと、ガムを噛むことは絶対に行ってはならない。

25. 業務時間中に、許可なしに金銭に関連する用事を行ってはならない（例えば、募金行為、資金集めを目的とするチケット販売、金銭を借りること、利子を支払うこと、給料の送金を行うこと）。

26. 業務時間中に、業務に関係のない行為は一切行ってはならない。

27. 掲示板に掲示されている命令や告知を故意に破いたり、落書きをしてはならない。

28. 職場における災害防止関連の規定を遵守しなければならない。許可なく器具を使用すること、破損を意図すること、実際に破損させること等の行為をしてはならない。

29. 職場内において、許可なしにビラを配ったり販売してはならない。

30. 会社／工場の品位を貶めるような言動をとること、説得、扇動行為は行ってはならない。

31. 職務上の調査を拒否したり、不満を申し立ててはならない。

32. 必要に応じて適宜発せられる地方命令および指示に従わなければならない。

33. 業務の効率を下げることを目的とし、敢えて能力を十分に発揮しない行為を行ってはならない。

34. 労働者は、故意に製品を破損したり、種類ごとの分別を誤った状態で梱包してはならない。かかる事態が起こった場合、会社に対する名誉棄損の度合に応じて、製品の価値に相当する弁償金を支払わなければならない。

35. 職場内において、職場の平穏と安定および生産性の向上の妨げになるような非合法組織の設立、設立のための説得・扇動、活動、職員を出勤しないよう説得する行為を行ってはならない。

47　ミャンマーの伝統噛みタバコ。

　労働者が、以下に掲げる重大な犯罪を犯したことが明らかになった場合、最悪の場合で懲戒解雇処分を受ける可能性がある上に、いかなる慰謝料の支払いも受けることはできない。

（1）　窃盗を犯すこと、盗品を受け取り保管すること、盗品の流用、盗品流用の幇助

（2）　工場、会社の業務用器具・備品を故意に破壊すること、損壊させること、使用不能にすること

（3）　職場において、職員同士の間で暴力を伴う争いを生じさせること、乱闘を引き起こすこと、負傷させることを意図して暴力を振るうこと、口論、喧嘩、殴り合い

（4）　不道徳に起因する罪を犯すこと

（5）　虚偽罪、詐欺罪、賄賂の収受

（6）　職場に酒類を持ち込むこと、酒に酔うこと、（酒の）売買を行うこと

（7）　職場で賭博罪を犯すこと

（8）　麻薬の所持、流通、売買、使用、職場内における喫煙、火気の使用

（9）　職場に武器法により所持が禁じられている武器または爆発の可能性のある火薬等の物品を持ち込むこと

（10）　工場内の引火、爆発の可能性のある区域および許可なく職場内で禁じられている場所に立ち入ること

（11）　自らの所属する会社の機密事項、会計書類、製造方法、製造技術等の重要事項を外部に漏えい、情報提供、許可なしに電話やカメラで写真撮影すること

（12）　刑法に基づき逮捕されること、訴訟を提起され有罪判決を受けること

（13）　関係部署の長・責任者の許可を得ず、理由なしに3日間連続で欠勤すること、または1カ月以内に理由なしに計5日欠勤すること。

第7章

労使関係

（ヤンゴン市内のラタ・タウンシップの精肉店）

●はじめに

　約50年間にわたって労働組合の結成が禁止されていたが、民政化に移行して2011年労働組合法、2012年労働争議解決法が制定され、集団的労働関係の基本法ができあがった。そこでこれらの法律の内容や実際の労働組合・使用者団体の組織状況、その活動としての団体交渉、労働協約、ストライキの実態について述べたい。それによって構築される労使関係の実態をみてみたい。

● 1　労働組合の法制度とその実態

（1）労働組合に関する法制度の歴史

　1886年当時のビルマは英領インド帝国に併合されて、イギリスの植民地となったが、1926年に制定された労働組合法を全面改正して2011年10月11日労働組織法があらたに制定され、2012年3月9日から施行された。法律名の英語訳では「labour organization」という表現が用いられているので、「労働組織」という日本語訳を用いることとする。労働組合だけでなく使用者団体も含んでいるからである。

　1926年労働組合法は、インドの労働組合法をそのまま当時のビルマに適用したものである。1926年インド労働組合法は任意の組合登録制度を採用しているが[1]、イギリスの1871年労働組合法、1876年労働組合法、1906年労働争議法、1913年労働組合法を取捨選択して継受したものである。イギリスの法律では、労働組合（trade union）という表現が使われているが、労働組合だけでなく使用者団体も含まれていた。したがってインド労働組合法も同様であった。そのインド労働組合法が英領インド帝国時代のビルマに、そのまま適用された。それが1937年ビルマ統治法によってビルマに独自に立法する権限が付与されたが、そのまま適用され、1948年イギリスから独立を獲得した後も、修正されることなく適用された。

1　香川孝三（1986）『インドの労使関係と法』成文堂、1986年9月。

1930年代から労働組合は、数は少ないが結成されていたが、1941年には
それが消滅した。1942年から1945年の日本の軍政時代には全く結成を認め
られなかった。1946年ビルマ総督によって労働部が設置され、労働組合育
成策が採用された。その結果、1959年には344組合、約7万人の組合員数になっ
た[2]。

しかし、ネーウィンがクーデターによって一国社会主義(ビルマ式社会主義)
政策を採用した時に、1926年労働組合法は効力停止となった。その効力停
止は、2012年3月9日に2011年労働組織法が施行されるまで続いた。ネーウィ
ンは労働組合に代わって、ビルマ社会主義計画党のもとで強制的に労働者評
議会を企業に設置した[3]。労働組合に代わって企業内に体制に翼賛的な従業員
組織を組織した。

1988年には民主化を求める大規模な大衆運動がおき、ネーウィンは退陣
を余儀なくされた。このとき、学生を中心としてゼネストが実施されたが、
労働者も非合法ではあるが、地下組織として数百の組合を結成、さらに全ビ
ルマ労働者組合(All Burma Workers Union)を結成してストライキを実施し
た[4]。しかし労働組合は違法であり、その活動は秘密裏に行わざるをえなかっ
た。それでも軍事政権下の当局に見つかって組合指導者は逮捕され、拷問を
受けて刑務所に収監された。これらを背景にFTUB(Federation of Trade
Unions of Burma、ビルマ労働組合連盟)が国外で結成されたが、これもミャ
ンマーでは違法な団体であった。

したがって、実質的に約50年にわたって労働組合の結成ができなかった
ことになる。ASEAN諸国の中でもこれほど長く労働組合の結成が認められ
なかった国はミャンマー以外には存在しない。民主化の最も遅れた国を象徴

2　国際労働機関編、日本労働協会翻訳(1964)『ビルマにおける労働組合の地位』日本
　　ILO協会。

3　香川孝三(2012)「2011年ミャンマー(ビルマ)労働組合法の意義」『季刊労働法』238号、
　　2012年9月、148 ～ 158ページ、香川孝三(2014)「ミャンマー労働争議解決法の意義」『季
　　刊労働法』244号、2014年3月、150 ～ 161ページ。

4　FTUMウェブサイト参照(Federation of Trade Unions-Burma, ABOUT US)
　　(http://federationoftradeunionsburma.blogspot.jp/p/about-ftub.html)

するのが労働組合の結成を否定することであった。それが2011年労働組織法によって大転換を行い、労働組合の結成が認められることになった。

2008年憲法が軍政のもとで制定された。その354条では、組織や団体を結成する自由を認めている。しかし、それには制約があり、国の安全、法と秩序、地域の平和や静謐、公共の秩序や道徳のために制定された法律に違反しない限りで、その自由の行使ができるとしている。つまり、法律の留保の範囲でのみ組織・団体の結成が認められる。その留保の範囲の解釈によって、その自由の範囲は広くも狭くもなる。しかも、憲法379条では、国に緊急事態が宣言された場合には、その自由は保障されない。つまり、国家の安全、法秩序の維持に神経を尖らせており、それらを危うくする組織の結成は認めないという方針を明らかにしたと言えよう。

しかも、2011年労働組織法の制定準備がなされたのは軍事政権のときである。ミャンマー商工会議所とは意見交換を行っているが、労働組合の意見を聞く仕組みのないときにこの草案が作成されたことを忘れてはならない。もちろん労働組合は存在していた。主要な産業に労働組合が結成されていたが、非合法な地下組織として結成されていた。そのほかにFTUBが1991年にタイで結成され、しかも国際自由労連の支援を受けていたが、ミャンマー国内では活動の拠点を持っていなかった。FTUBはミャンマーでは非合法な組織であり、そこの意見を聞くルートはなかった。したがって2011年労働組織法は軍事政権が認める範囲内での労働組合や使用者団体の結成を認めるものと理解すべきであろう。それ以前と比べれば一歩前進ではあるが、ILOが目指す結社の自由の保障を実現しているかという問題が存在している。

ミャンマーは1955年にILO87号条約を批准していたが、98号条約はまだ批准していない。ミャンマーは87号条約の結社の自由に違反していることで、たびたびILO結社の自由委員会からも勧告を受けてきた。結社の自由委員会に申し立てできるのは、直接その事件にかかわっている国内の労働組合だけでなく、ILOの中で諮問的地位を有する労使の国際団体も可能である。そこで労働組合の国際的組織である国際運輸労連(ITF)や国際労働組合連合(ITUC)が申し立てを行った。ミャンマー国内の労働組合は非合法組織とさ

れていたために活動が困難であったからである。

　ILO結社の自由委員会が扱った代表的な事件として1752号、2268号、2591号がある。1752号事件はITFが1993年12月に申し立てた事件である。ミャンマーの船員が外国籍の船で働く場合、船員雇用監督部との間で宣誓書を締結し、賃金の一部を政府に収めることを約束させられていた。この宣誓書を拒否したり、宣誓書に従わない場合には、パスポートを取り上げられたり、処罰されたり、船員への証明書類の発給を拒否し、海外で仕事をさがすことを不可能にした。船員はFTUBと提携しているビルマ船員組合やITFと接触することを禁止された。結社の自由委員会はミャンマー政府に対して、宣誓書を取り下げること、船員に労働組合の結成を保障すること、船員に反組合的な差別を控えるように勧告した[5]。

　次の事例はILO結社の自由委員会が扱った事件2268号である。2003年5月28日に国際自由労連(ICFTU)から申し立てられた事件である。軍事政権下での結社の自由を否定する法律の存在の有無と具体的な結社の自由に違反するかどうかの2点が争われた事件である。1988年8月のゼネストをきっかけとして、数百の労働組合が組織されて全ビルマ労働者組合が結成された。しかし、9月18日に軍がクーデターをおこして政権を握り、そのもとで組織された国家法秩序回復評議会が労働組合を否認して指導者を逮捕した。軍の命令である「国内の法と秩序のための団体についての規則」2号と6号(ともに1988年)を制定した。2号では5人以上が集会を開催したり行進することを禁止した。6号では団体の結成は内務省や宗教省の許可を必要としており、これらの規則は労働組合を違法とし、その活動を罰則によって禁止した。FTUBはタイとの国境沿いで結成されたが、地下組織としてしか活動できず、委員長のマウン・マウンは攻撃を受けていた。FTUBの組合員の殺人、拘束、海外での船員の活動抑制、労働者の抗議活動を理由とする解雇、労働争議から発生する抗議活動の指導者への抑圧などが指摘された。ミャンマー政府は2003年に「7段階のロードマップ」を発表して、6番目に「近代的、発展的、

5　ILO Official Bulletin, vol. 77, 1994, 295th report, para 87-119.

民主的国家」を目指しており、その段階で労働組合の結成を認める政策を実施するという新しい意見を述べていた。しかし、結社の委員会は労働組合の結成やその活動を認める法制度の確立を勧告し、ILOが技術指導のために専門家を派遣することを勧告した[6]。

ITUCが2007年9月17日に申し立てた事件が2591号事件である。FTUBの活動に従事していた6名の活動家が2007年のメーデーを組織し、労働問題のセミナーを開催した後逮捕され、インセイン刑務所に拘留された。公開の裁判でなく、閉鎖された場での裁判の結果、刑法124条Aに基づいて20年の禁固刑と1,000チャットの罰金に処せられた。さらに、そのうちの3名が違法な団体であるFTUBや国民民主同盟から金銭的援助を受けたことは、1908年違法組織法17条1項に違反したとして5年の禁固刑が追加になった。さらに、違法にタイとの国境を越えたとして、1947年移民法違反を問われて3年の禁固刑が追加された。

これに対してミャンマー政府は6名の逮捕はメーデーのためではなく、国内法に違反する違法な行為であるために有罪判決を受けたという回答をした。ミャンマー内務省は、2006年4月12日にFTUBをテロ集団とする告示（2006年1号）を発布しており、FTUBはミャンマーの労働者を代表する組織ではないという見解を示した。結社の自由委員会はFTUBを違法な団体としている政府の対応に問題の根本があるとして、ミャンマー政府に対して次のような勧告を出した。労働組合の結成や活動を認める国内法を制定すること、ならびにFTUBを正当な労働組合と認めること、6名を逮捕した事件を再調査し、損害賠償などの補償を行うこと、遅滞なく6名を釈放すること、今後結社の自由や表現の自由の行使を理由に処罰をしないことをミャンマー政府に勧告したのである[7]。

この6名の事件は、2008年7月最高裁判所において上告が棄却され、有罪

6　ILO Official Bulletin, vol. 87, 2004, Series B, No. 1, 333rd Report, para 642-770, vol. 88, 2005, Series B, No. 2, 337th Report, para 1058 -1112, vol. 89, 2006, Series B, No.1, 340th Report, para 1064 -1112.

7　ILO Official Bulletin, vol. 111, 2008, Series B, No.1, para1062- 1093.

が確定した。

　以上の度重なる勧告に対するミャンマー政府の対応が、労働組合の結成や活動を一定の条件のもとで認める2011年労働組織法の制定であった。

(2) 2011年労働組織法

　2011年労働組織法[8]の内容を整理しておこう。

　この法律でいう「労働者」は経済活動に従事する労働によって生活する者であり、日雇労働者、臨時労働者、農業労働者、家事労働者、政府職員、見習いを含む。ただし、軍隊勤務者、警察官、軍隊の管理下にある戦闘組織に従事する者は除かれる。農業労働者も労働組合を結成でき、農民組合と呼ばれているが、ここでいう農業労働者は10エーカー未満の農地を所有している者とされている。つまり、10エーカー未満の農地を所有する者は農業労働者として分類されている。この中には全く農地を持たない者も含まれる。農地10エーカー以上の農地を所有している者は地主として分類されており、労働組織を結成することはできない扱いになっている。外国企業、民間企業、国有企業の従業員や政府職員は本法の労働者に含まれる。

　使用者とは、雇用契約によって1人以上の労働者を雇用する者であり、労働者を直接または間接的に管理し、監督し、指揮命令を行って、賃金を支払う者を指している。使用者を合法的に代理する者も使用者とされている。なお、海上労働にはこの労働組織法は適用されない。

8　労働組織法の日本語訳の一例として、コンサルティングファーム・キャストグループの以下のウェブサイト参照。ただし、下記のページでは「労働組合法」と訳されている。
（http://www.cast-group.biz/myanmar/_file/BISFiles4/BizInfoSeminar_8.pdf）
労働組合規則（日本語訳）は以下のウェブサイト参照。
（http://www.cast-group.biz/myanmar/_file/BISFiles4/BizInfoSeminar_7.pdf）
ただ、この資料の日本語訳には誤訳が含まれていないか筆者が一字一句確認したわけではないため、その点を留意の上、参考にして頂きたい。

（a）5層の労働組合構造

（ア）基礎労働組合

　基礎労働組合は企業別や事業所別に設立される。最低30名が組合員でなければならない。かつ、10％以上の労働者の推薦がなければならない。30名未満の企業や事業所では、同様な他の企業や事業所と合同で労働組合を結成できる。その場合、同一地域・同一産業区分の労働者の10分の1を超えなければならない。

（イ）タウンシップレベルの労働組合

　同一タウンシップ内で同一産業区分の基礎組合が複数集まって結成される。同一タウンシップ・同一産業区分の10分の1が参加していなければならない。

（ウ）州・管区レベルの労働組合

　同一の州・管区内のタウンシップレベル組織で結成される。同一州・管区で組織される労働組織の10分の1を超えた組織が参加しなければならない。

（エ）全国産業別労働組合

　複数の州・管区レベルで組織されるが、ここでも関連する州・管区の労働組織の10分の1以上が参加しなければならない。産業は現在23に分類されている。

（オ）全国労働組合連合会

　複数の全国産業別組織によって結成されるが、関連する全国産業別組織の20％以上の参加がなければならない。

　労働組合には登録が強制されている。登録されなければ違法な団体である。1926年労働組合法では任意登録制度であったが、強制登録制度に変更されている。この強制登録制度はマレーシア、タイ、シンガポール、カンボジア、

ベトナム、フィリピン、ラオスでも採用されており、取り締まりの対象として違法な活動をする組合の登録を取り消すことができるようになっている[9]。強制登録制度は政府の統制が可能となる制度である。ミャンマーもそれを採用したことになる。しかも、1926年インド労働組合法では7人以上で労働組合の結成が可能であるのに対して、ミャンマーでは30人必要であり、組合結成のハードルが高くなっている。さらにインドではどのように組織するかは自由であるのに対して、ミャンマーは組織形態にまで規制を加えているという問題を抱えている。

　この労働組織法は軍政のもとで制定されており、このような組合組織への介入が可能となる制度を取り込んだ背景には、インドネシアのスカルノ元大統領が唱えた「指導された民主主義」(guided democracy)、スハルト元大統領の唱えた「パンチャシラ民主主義」の影響を見ることができる。ミャンマー軍政は民主化を進めるにあたって、インドネシアで採用された手法を学んでおり、軍政を担当する者の目線での民主化を取り込んでいるように思われる。2003年8月30日軍政が発表した「政権移譲への七つの道程」は一般に「民主化へのロードマップ」と呼ばれているが、それは「Roadmap to Discipline-flourishing Democracy」という英語の表記になっているように「規律溢れる民主主義」を求めている。これはインドネシアでの「指導された民主主義」や「パンチャシラ民主主義」との類似性を感じさせるものと思われる。西欧でいう民主主義とは異なるという意味が含まれている。もっともインドネシアはスカルノ元大統領が失脚したあと、民主化運動が進展して労働組合の強制登録制度を、2000年の労働組合法によって届け出制度に切り替えて、結社の自由を遵守している[10]。今後、ミャンマーで労働組織法の改正が可能になるのはいつのことであろうか。

9　アジア諸国の組合登録制度については、香川孝三(2000)『アジアの労働と法』信山社、2000年1月、19～43ページ参照。
10　インドネシアの登録制度の問題については、香川孝三(2008)「アジア労働法・労働問題の最新情報」『季刊労働法』221号、2008年6月、220ページ参照。

(b) 組合規約の必要記載事項

　組合員の過半数の賛成を得て組合規約が作成されなければならない。その組合規約には以下の事項を定められなければならない。

①労働組合の名称

②労働組合を結成する目的

③労働組合の会員の入会手続、入会許可、証明書の発行、脱退手続

④執行委員の選挙、解任、辞任

　執行委員の数は奇数であり、基礎労働組合では労働者30人の場合5人、それを上回る場合、7人で会長、書記長、会計係を選ぶ。タウンシップレベル、州・管区レベルでは最小7人、最大15人で会長、副会長、書記長、会計係を選ぶ。全国産業別組合では最小7人、最大15人で、全国労働組合連盟では最小15人、最大35人で、会長、副会長、書記長、副書記長、会計係を選ぶ。執行委員は21歳以上で、ミャンマー国籍またはミャンマー国内に最低5年連続して在留する外国人であること。関連する企業や事業に最低6カ月勤務したことが求められている。任期は2年とする。

　執行委員会は基金、毎月徴収する会費の会計決算を行い、登録官や主任登録官に提出しなければならない。

　労働組合の統合・脱退がなされた場合には、執行委員会は執行委員の過半数の賛成を得て登録官に提出しなければならない。

　執行委員会は労働者の代理として、その権利と利害を保護する。労働者の職務についての知識を高め、生産性向上、品質向上のための職業訓練や技能訓練を実施する。労働者の住宅、福祉等の事業を行うことが挙げられている。

⑤会議の開催

　会議を労働時間外に行うことができる。しかし、使用者の同意があれば労働時間中にも会議を行うことができる。会議の場所として工場や作業場を希望する場合は、使用者の許可を得なければならない。労働組織の代表は使用者の同意のもとで必要な情報やモノの提供を使用者から受けることができる。執行委員は使用者の許可を得れば、労働時間中も活動すること

ができる。その場合使用者には賃金支払義務はない。ただし、使用者が労働組織との話し合いで賃金の取り扱いを調整することは可能である。

⑥基金の設立、維持および支出

　会費以外の文化やスポーツによる収入、使用者からの寄付金、連邦政府からの補助金などを受け入れる基金の設置が義務づけられている。マネーロンダリングの規則を遵守することが義務づけられている。この基金は福祉、教育、文化、スポーツ、技能研修の費用に労働組合総会の支持を得て支出することができる。基金はミャンマー国内の銀行に口座を開設しなければならない。この規制により政治活動への支出が禁止されているのかどうか、構成員の決議で政治活動への支出ができるようになるのかは不明である。

⑦入会金と賃金の2%を超えない毎月の会費

　基礎労働組合は、この会費から上部の組織に会費を配分しなければならない。

⑧会計監査

　会計監査を行う資格のある者の監査を受けなければならない。

⑨組合員の知識、技術の発展、福祉の向上

⑩労使紛争処理手続やストライキ手続

⑪労働組織の合併、脱退、解散

(c) 登録手続

　基礎労働組合、タウンシップ労働組合、州・管区レベルの労働組合では登録官、全国産業別労働組合と全国労働組合連合会は主任登録官に登録を申請することになっている。

　労働組合登録申請書に必要事項を記載して登録官に提出する。基礎労働組合の場合には、組織の基盤である企業や事業、執行委員の名前、身分証明書、父親の名前、職業、組織での役割、本人の署名が必要になる。

　さらに組織の構成に関する申請書が提出されるが、それには構成員の名前、身分証明書、父親の名前、生年月日、勤務開始日、地位、構成員となった日、

住所、本人の署名が必要となる。執行委員になる者の就任に賛同する証明書も添付する必要がある。そこにも名前、身分証明書、父親の名前、職業、役割、本人の署名が記載されなければならない。

　タウンシップや州・管区レベルの場合には、それに賛同する労働組合の数やその割合、賛同する労働組合の名称、会長と書記長の名前と署名、その承諾書を添付しなければならない。執行委員になる者の就任に賛同する証明書が必要であり、そこには執行委員の名前、身分証明書、父親の名前、職業、役割、本人の署名が必要である。

　全国産業別組合や全国労働組合連合会の場合には主任登録官に申請書を提出するが、そこには賛同する労働組合の数とその組合の会長と書記長の氏名と署名がなければならない。さらに賛同する組合の承諾書を添付しなければならない。

　申請書を受理した登録官や主任登録官は申請書類が整っていることを確認すれば受領書を交付する。登録官は申請書の情報について現地調査をし、不足がある場合には追加提出をさせることができる。このことは主任登録官に報告される。主任登録官は登録官からの報告を受けて検査をし、受理した日から30日間以内に登録を承認するか拒否するかを開示する。

　全国産業別組合と全国労働組合連合会の場合は60日間以内に検査をして承認か拒否かの開示を行う。承認または拒否の証明書を主任登録官が作成して登録官に発送し、それを受領した登録官は 7 日以内に労働組合に送付する。全国産業別組合および全国労働組合連合会の場合には主任登録官が証明書に署名して、7 日以内に送付する。

　申請が拒否された場合、修正して再申請するか、拒否された日から90日以内に連邦最高裁判所に申請することができる。登録申請が 2 回拒否された場合は、拒否された日から90日以内に連邦最高裁判所に申請することができる。

　登録許可の抹消申請書を提出することができる。その場合には登録簿からその労働組合を抹消する。

　登録官の判断に基づく調査で最低労働者人数を満たさないとか、執行委員

の数を満たさないことが判明した場合、登録抹消を行う旨の通知を労働組合に行う。二つの要件を満たすようになった場合には再申請するか、登録抹消の通知があった日から90日以内に連邦最高裁判所に申請することができる。

(3) 登録労働組合の実態と問題点

(a) 登録の数

　以上のように詳細な手続が定められているが、実際にどのぐらい登録されているのかを見てみよう。2015年6月ILOの総会で労働大臣が行った報告によると、2015年5月20日段階で登録されている労働組合と使用者団体の合計が1,715である。基礎労働組合は1,601、タウンシップレベルが71、州・管区レベルが6、全国産業別労働組合が7である。基礎使用者団体が28、タウンシップレベルが1、全国産業別が1となっている[11]。

　2014年1月14日段階での登録数を見てみると、すべての登録数が959であり、そのうち基礎労働組合が911、タウンシップレベルが23、それより上が2である。基礎使用者団体では21、タウンシップレベルで1、それ以上は1という数字になっている。これを見ると1年半あまりの間に伸びていることが分かる。

　ミャンマー労働・入国管理・人口省が公表している登録組合数と組合員数は、登録申請書に基づき、それらを積算した数である。組合員数は登録時から変わっている可能性はあるが、それは反映されていない。日本のように毎年労働組合を調査する仕組はまだ出来上がっていない。

　登録の際に、登録要件通り厳格に判断されているかというと、必ずしもそうではないようである。登録官の判断によってゆるやかに処理している場合もあるという。10分の1の要件を満たしているどうかは調査する必要があるが、そこまで実施していない可能性がある。

11　中嶋滋(2015)「ミャンマーの労働組合運動と労働法制の実態」『労働法律旬報』1844号、2015年7月、66〜75ページ。

(b) 全国労働組合連合会

　全国労働組合連合会として CTUM（Confederation of Trade Unions in Myanmar、ミャンマー労働組合総連盟）が2015年7月に登録された。5段階の労働組合があり、全国レベルの連合会は、基礎労働組合から積み上げていって最終段階で登録がなされる。それがついに実現したことになる。法律が効力を持ってから4年で実現したことになる。

　CTUM の前身は FTUB であり、これは1991年タイで地下組織として結成された。軍事政権からはテロリストの組織とみなされていた。1988年9月に軍政が民主化運動の活動家を弾圧したので、それを逃れるために1万人ともいわれる人々がタイに逃れたという[12]。このような海外に脱出した組合活動家が中心となって FTUB が結成された。主に海外でミャンマーの民主化を促進する活動や海外で働くミャンマー出身の労働者の労働条件向上のための活動を実施してきた。FTUB は国際自由労連に加盟することが認められ、その支援を受けてきた。事務所はタイ、アメリカ、日本、オーストラリアに設けられた。FTUB の組合員すべてが海外にいたわけではなく、国内で活動していた者もいる。その中には逮捕され有罪判決を受けて刑務所に収監させられていた者もいた。

　2011年に民政化が進み、海外で活動した者がミャンマーに帰国することが可能となった。

　FTUB のマウン・マウン委員長は、24年ぶりに2012年9月に帰国することができた。国際自由労連の後身である ITUC は、ミャンマーにおける労働組合活動を支援するためにヤンゴン事務所を2012年11月に設置した。その所長には連合の中嶋滋元総合国際局長が就任した。ヨーロッパから所長を派遣する案もあったが、ミャンマー政府側が日本人を希望したことが決め手となって日本から所長を出すことになった。ただ、この事務所の活動は3年間と決められていたために、2015年12月末で事務所は閉鎖された。さらに連合は ITUC ヤンゴン事務所維持のための財政支援を行っていた[13]。事務所が廃

12　Report on ILO activities in Myanmar,（GB.320/INS/6(Rev.)）, February 2014, p.11.
13　連合が支援を行った背景には、ミャンマーの民主化のために在日ミャンマー人活動家

止にはなったが、別の手段での支援が不可欠である。というのは組合費が低いために、組合活動に専従する役員の給与をそこから支出することが難しいし、日本の組合が支援を行う場合にもなんらかの財政支援が不可欠だからである。

ミャンマーという国名は軍事政権が付けた名称であったために、FTUBはビルマという国名に拘っていた。1989年6月軍事政権は国連に対して国名の英語表記の変更を申し出て、ミャンマーという国名になった。これに対して、軍事政権時代に民主化運動を進めていた人たちは、民主化を象徴する国名としてビルマの名称を用いていた。民主化運動に携わっていた者にとっては、国名がビルマからミャンマーに変更されたのは軍事政権のもとであり、ビルマからミャンマーに変更することに抵抗があったためである。

しかし、ミャンマーでの労働組合の結成が認められることになったことで、ミャンマーという国名を使うことに同意したことを受けて2012年にFTUBはFTUM(Federation of Trade Unions Myanmar)に変更することになった。

これが母体となって2014年11月29日から30日の大会で、五つの全国産業別労働組織をもとにナショナル・センターとしてCTUMが結成された[14]。その五つとは農業(Agricultural and Farmers Federation of Myanmar, AFFM)、交通運輸(Myanmar Transport & Logistics Trade Unions Federation, MTLTUF)、鉱業(Mining Workers Federation of Myanmar, MWFM)、製造業(Industrial Workers Federation of Myanmar, IWFM)、建設木材(Building and Wood Workers Federation of Myanmar, BWFM)である。登録された基礎労働組合の過半数を結集していた。CTUMは全ミャンマーを代表する組合組織として2015年7月に登録が許可された。

2016年9月段階でのCTUMの加盟組織の状況は、図表7-1のようになって

支援を行っていたためである。2001年4月から2012年3月まで連合会館内にミャンマー人活動家の拠点となる事務所を提供していた。大久保暁子(2001)「ビルマ問題について」『連合国際レポート』8号、2001年4月、2～8ページ、香川孝三(2013)「ミャンマーの労働組合への支援活動」『労働法律旬報』1791号、2013年5月、4～5ページ。

14 中嶋滋(2015)「ミャンマーに民主的ナショナルセンター誕生—政府登録組合の過半数が結集」(ミャンマー便り18)『労働調査』2015年1月、48～49ページ。

図表7-1：CTUMの加盟組織の状況

組織名	組織数	組合員数
農業・農民	607	31,841
製造業	45	10,441
運輸・交通	53	15,101
建設・森林	33	1,600
水産業	14	681
鉱業	9	3,785
サービス業	5	187
マスコミ	2	62
教育	11	419
合計	779	64,117

（出所）　CTUM-Database Department

いる。

　下部の団体からの上納金は1人当たり50チャットであり、すべての組合員が納めても20万チャットにすぎない。それだけで組合を運営する費用はまかなえない。海外の組合からの支援が欠かせない状況にある。自立した財政基盤を持つことが不可欠である。ILOの労働者代表やASEAN労働組合協議会にはCTUMが代表を送り出している。

　CTUMとは別に、もう一つの労働運動の流れがある。MTUF(Myanmar Trade Union Federation)である。これは主に軍政時代でも海外に脱出しないでミャンマー国内に残って組合活動を行っていた者が中心になって設立された。当時組合活動は非合法な活動であったために、刑務所に政治犯として収監された経験を持つ者が多い。民政に移ってから刑務所から釈放されて、組合の組織化に本格的に取り組んだ。その活動家は国民民主連盟(NLD)のメンバーでもある。第1回総会が2014年4月26日に開催されている。これにILOヤンゴン事務所長が祝辞を述べている。しかし、その後2014年11月のCTUMの結成大会には、国民民主連盟からの来賓者が出席していなかったことからすると、MTUFはCTUMとは別に活動している。2014年8月段階ではあるが、非農業部門で加盟組合が120、組合員数が約1万人となってい

る[15]。MTUFは登録要件を満たしていないとして登録されていないので、違法な団体のはずであるが、実際には活動している。法律通りに運用されていないことが分かる。

　その前の2011年12月、FTUBがITUCとの会合に参加するようにMITU（Myanmar Industrial Trade Union）に招待状を出したが、それを拒否したという。MITUの議長はU Ye Kyawであるが、彼はFTUBがミャンマーでまだ地位を確立していないという理由で拒否したという。FTUBのマウン・マウン委員長がミャンマーに帰国したばかりであり、これから組織化に取り組もうとした段階であり、まだ国内での組織基盤を持っていなかった。その後FTUBは組織を伸ばしてきたが、MTUFとの関係が今後どうなるのであろうか。

　組合の推定組織率がどの程度になるかについてミャンマー政府からの発表はないが、組織人数7万人、労働力人口3,000万人として計算すれば、推定組織率0.23％ということになる[16]。この数字は東南アジアで最低である。

(c)　農民組合の問題

　ミャンマーの登録労働組合の特徴は農民組合が多いことである。農民組合には2種類がある。みずからは農地を持たないで農業労働者として農園に雇用されている場合には、団体交渉の相手として農園主が存在しており、そこには労使関係が認められる。この土地を持たない農業労働者が何人いるのか統計資料はないが、藤田（2005）では家計の半分以上を農業労働者として働いて得た賃金に依存している者が農村人口の2-3割いると推測している[17]。

　賃金水準に関する統計資料がないので不明であるが、農業労働者は季節労

15　Human Rights Watch, 2015, Human Rights and Business Country Guide, Myanmar, p.68.

16　中嶋滋（2014）「初の民主的労働組合ナショナルセンター」（ミャンマー通信22）（メールマガジン「オルタ」）。
　　（http://www.alter-magazine.jp/index.php?%E3%83%9F%E3%83%A3%E3%83%B3%E3%83%9E%E3%83%BC%E9%80%9A%E4%BF%A1%EF%BC%8822%EF%BC%89）

17　藤田幸一（2005）「ミャンマーにおける市場経済化と農業労働者層」藤田幸一編『ミャンマー移行経済の変容―市場と統制のはざまで』アジア経済研究所、273～307ページ。

働者や臨時雇いであり、農繁期だけ雇用されるために、貧困であり、高い金利の借金を抱えていることが多い。農業労働者の賃金は1日の賃金で購入できるコメの量で見てみると、1970年代には約9kgであったものが2000年代には4〜5kgに減っており、大幅に減っている。その結果、その子弟は教育を受けられず、小学校中退が多くみられる。そこで農業労働者の賃上げやその他の労働条件の交渉を行う意義がある。ここに農業労働者による農民組合が結成される意義が存在する。

　これに対して、もう一つの型は10エーカー未満の農地を持っている農民（自作農）も農民組合を結成することができる。土地はネーウインの一国社会主義時代から国有化され、農民は農地を耕作する権利を取得することになった。そこで農民は国との契約によって農地耕作権を取得して農地を確保してきた。農地を持っているというのはこのような意味である。当時はこの耕作権を売買したり、質入れすることは禁止されていた。2012年3月制定の「農業法」と「空閑地・遊休地・未開拓地管理法」によって、農家に土地証書が発行されて、売買や質入れ、貸与、交換、寄付、相続の対象とすることができるようになった。この耕作権のある10エーカー以上の農地を持つ農民は農民組合に加入することができない。これは中小農民を保護しようとする政策の表れとみることができよう。ここでは団体交渉の相手としての使用者は存在しない。その自作農が30人集まれば労働組織を結成することが可能となり、登録要件に合えば組合員として認められる。軍政時代に取り上げられた農地を取り戻す活動、農業技術の向上、機械や物品の共同購入・共同利用による相互扶助活動、特産物の開発による収入の拡大等が活動目標となっている。登録組合の約60％が農民組合であり、ミャンマーにも協同組合法があるにもかかわらず、なぜ農民が労働組織法を活用するようになったかが問題である。

　協同組合法は、1992年12月12日に制定された法律（国家法秩序回復法議会法律1992年第9号）が現行法である。これによれば、基礎協同組合は満18歳以上で1株を出資できる者が5名以上で結成できる。協同組合は協同組合を管轄する官庁に登録しなければならない。登録をして法人として権利を行使

することが認められる。農業協同組合はこの法律に基づいて結成することが可能である。農業協同組合では農業技術の向上、機械や物品の協同購入・共同利用が可能となる。協同組合省は、協同組合に月賦払いによる小型農業機械購入費用を補助しているが、機械の台数は少なく、しかも老朽化して故障しがちで、農家の需要に対応できていないという。2013年10月3日、「農民の権利保護と利益向上のための法律」が成立して、政府は農民の要望に応えようとしている。

　そこで、協同組合組織を利用しつつも、さらに労働組合を利用するのは、あるものはできる限り利用していこうとする姿勢の表れであろう。それだけ農民が農業生産に苦しんでいるからであろう。特に労働組合の場合に、海外から援助がでるのであれば、それを利用してみようというのであろう。例えば、日本の連合の「愛のカンパ」からの支援で農業技術の向上のための講習会が実施されたり、農業機械購入の支援がなされている。このような海外からの援助が止まった場合、この労働組織は継続していくのであろうか。さらに、農民組合の管轄は労働・入国管理・人口省であり、協同組合を管轄する官庁との縄張り争いをおこさないのであろうか。

　農民組合にはCTUMに所属する組合の他に、国際食品労連（IUF）に加盟するミャンマー農業農民連合（Agricultural and Farmer Federation of Myanmar, AFFM）ZT派と呼ばれる農民組合がある。CTUMから組合分裂して別組合となった組織である。この組合は2015年4月24日に全国組織として登録が認められた。13の管区と州で組織され、組合員数は41,286人で登録された。スウェーデンの組合が支援をしている[18]。

(d) 組織化をめぐる問題

　現段階で組織されている労働組合を産業別にみると、農業部門が最も多く、

18　The International Union of Food, 2015, "Agricultural workers and farmers federation secures national recognition in Myanmar," 24 May 2015 News,（http://www.iuf.org/w/?q=node/4235)、中嶋滋（2014）「多彩な催しで盛り上がったメーデー」（ミャンマー便り11）、『労働調査』2014年5月号、45ページ。

あとは製造業、交通・運輸、建設・林業、水産業、鉱業、サービス業、マスコミとなっている。これは郵便、電信、医療、教員、公務員などでは組織化が遅れており、今後組織化していかなければならない分野が多いことを示している。

　例えば国有企業や国軍が経営している企業での組織化が最も難しい状況にある。国有企業や国軍が経営している企業は大企業が多いが、そこには軍人やクローニーと呼ばれている軍人の親類や友人が幹部職員として働いており、それらによって組合の組織化が妨害されている。軍人は労働組合を反体制活動を行う組織とする見方から抜け切れていない。軍政時代には労働組合活動家に刑罰を科しており、メーデーを祝うことも刑罰の対象とされていた。今後国有企業の民営化問題が起きた場合、それに対応する労働組合が存在しないことは問題となってこよう。

　組合を結成しても、登録が認められるまで時間が必要であり、それまでに組合員の解雇、執行部役員の解雇によって組合つぶしが使用者によってなされる場合がある。企業が全国展開している場合は遠くの事業所に配転されて組合活動ができない状況に追い込まれている。その解雇や配転に対抗できる力を組合は十分には持っていない。未熟練労働者はいつでも雇用できるからである。農村から出てきて職を探している者やインフォーマル・セクターから雇用することが容易だからである。組合役員が使用者から金をもらって逃げてしまう場合もある。組合役員が解雇された場合、労働争議解決法に基づく仲裁委員会を経て裁判所に訴えることができるが、裁判官のほとんどが軍政時代から変わっていないために組合役員が勝訴することは難しい[19]。その役員を救済するために犠牲者救済基金が設置されていない。組合費は安いために組合内に基金を設置する余裕はないので、外部の支援を受けて活動するほかないのが現状である[20]。

19　中嶋滋(2015)「ミャンマーにおける政治と労働の現状」『Work & Life　世界の労働』、2015年4月号、15ページ。

20　中嶋滋(2015)「後を絶たない組合攻撃—広がる被解雇者支援への連帯支援の輪」(ミャンマー便り22)『労働調査』2015年5月、52ページ。

　使用者の指導で結成される労働組合も存在する。これは御用組合であるが、手続が法律に則れば登録が認められる。そうなるとそこに労働組合を新たに組織することが難しくなる。それを狙って使用者が先手を打って組合の登録してしまうこともなされている。このような御用組合が登録労働組合の約2割あるという見方がある[21]。

　労働者の中には非識字者がいる。ミャンマーは識字率が高いとされているが、現場で働く労働者の中には自分の名前さえ書けない者もいる。それらの労働者を組織化するために工夫が必要であり、外部のオルグによる組織化が必要になる。

　労働運動の黎明期にあるミャンマーには、組合活動への支援が不可欠である。日本の労働組合はミャンマーでの労働組合の組織やその活動を支援している。例えば、連合はCTUMの支援を実施しており、2015年12月でITUCヤンゴン事務所への支援が終了したが、2016年からはITUC-APを通じて支援を継続している。さらにUAゼンセンとJAMは組合活動家講座を開催している[22]。UAゼンセンは組合を指導できるトレーナーを養成することを目指し、JAMは基礎的な講座を担当するという棲み分けを行っている。年6回実施する計画になっている。ミャンマー清掃労働者組合に、日本の清掃組合や労働安全衛生センターが支援をしている。農民組合にも支援する組合やNGOがある[23]。

21　中嶋滋(2014)「憲法改正署名300万筆を突破」「ミャンマー通信(17)」(一人ひとりが声をあげて平和を創る メールマガジン「オルタ」第127号、2014.7.20)
　　http://www.alter-magazine.jp/index.php?%E6%86%B2%E6%B3%95%E6%94%B9%E6%AD%A3%E7%BD%B2%E5%90%8D300%E4%B8%87%E7%AD%86%E3%82%92%E7%AA%81%E7%A0%B4

22　中嶋滋(2014)「厳しい書記長と包容力のある委員長ＶＳ悪辣日本人経営陣─ＵＡゼンセン・ワークショップで模擬団交」(ミャンマー便り12)『労働調査』、2014年6月号、56ページ、中嶋滋(2015)「縫製業中心に賃上げ闘争激化の中の活動家養成講座」(ミャンマー便り20)『労働調査』2015年3月号、59ページ。

23　中嶋滋(2015)「ミャンマー社会の過酷な一面─ヤンゴンの清掃労働者の暮らしと仕事」(ミャンマー通信27)(メールマガジン「オルタ」)。
　　(http://www.alter-magazine.jp/index.php?%E3%83%9F%E3%83%A3%E3%83%B3%E3%83%9E%E3%83%BC%E9%80%9A%E4%BF%A1%EF%BC%8827%EF%BC%89)

(e) 労働組合と政治の関係

　一般的に発展途上国においては、労働組合の指導者が政党とのつながりを持っている場合が多く、政治的労働組合主義が広がっている。政党は選挙活動の手足として労働組合を利用し、組合は政治活動のための基金を設けて、政党に拠出をしている。組合はその政党からの支援を受けて活動するという、もちつもたれつの関係を築いている。ミャンマーでは労働組合の結成が認められて時間がたっていないためか、このような関係が明確にはみられない。政治活動のための基金の設置について労働組織法は明文の規定を設けていないし、2015 年 11 月 8 日の総選挙の際に、ナショナル・センターである CTUM は、組合員に特定政党への投票を指示していない[24]。NLD に投票した組合員が多かったと思われるが、組合員の中には少数民族に属する者も含まれている。0.1 ％以上の人口を持つ少数民族に属する有権者は、少数民族代表を選ぶ投票権を持っている。2015 年の総選挙で比較的多くの人民院や民族院に議員を送り込んだ少数民族の政党には、シャン民族民主党、ラカイン民族発展党、カレン人民党、チン進歩党、全モン地域民主党、ワ民主党、チン民族党などがある。組合員の中に少数民族がいる場合には、その少数民族の利益を代表する政党が結成されており、組合が特定政党の支持には慎重にならざるを得ない状況がみられる。

　労働組合結成が禁止されたネーウィンのビルマ式社会主義時代までに約 40 年近くの労働運動の歴史があった。その当時は労働組合を支配しようとする政治家や政党間の抗争によって、労働組合が分裂騒ぎをおこしていた。共産党系の全ビルマ労働組合会議、社会党系の労働組合会議（ビルマ）、反ファッショ人民自由同盟の三つの団体が独立直後に活動していたが、1951 年社会党系の分裂によってビルマ労働組合会議が生まれ、さらに 1959 年反ファッショ人民自由同盟の分裂によって労働組合同盟が新たに結成されてい

24　中嶋滋（2015）「終盤戦に至り激しさを増す選挙戦—あわや選挙延長の事態」（ミャンマー通信 32）（メールマガジン「オルタ」）。
　（http://www.alter-magazine.jp/index.php?%E3%83%9F%E3%83%A3%E3%83%B3%E3%83%9E%E3%83%BC%E9%80%9A%E4%BF%A1%EF%BC%8832%EF%BC%89）

る。労働組合会議(ビルマ)に所属していた多くの組合員が労働組合同盟に移動した。政治家や政党間の抗争が組合運動に影響を与えていた[25]。それが50年近くの労働運動の空白の期間によって状況が変わってしまった。再び政治とのかかわりが労働運動にもたらされるのであろうか。

2　使用者団体

　使用者は使用者団体を結成することができる。農業の場合には、10エーカー以上の田畑、農地、菜園、チーク材、多年草、果樹園、中洲での農業、通年で労働者2名以上雇用する養殖業を営む者は、使用者団体を組織することができる。使用者団体の場合も、基礎レベル、タウンシップ、州・管区、全国産業別、全国レベルの連合会の5段階の組織が考えられる。基礎、タウンシップと州・管区は登録官、全国産業別と全国レベルの連合会は主任登録官に登録申請を行う。2015年8月段階で、基礎使用者団体として30団体が登録されている。ILOに使用者代表として出席しているのはミャンマー商工会議所連合会である。

　ミャンマー商工会議所連合会は1919年に設立されたが、1962年から1988年のネーウィン政権時代は機能していなかった。軍事政権が成立時の1989年に再組織され、国内NGOとなった。これまで軍との関係は強かった。3万社を超える企業が加盟し、71の事業者団体、管区や州単位の商工会議所、国境貿易の商工会議所から構成されている。

　これは民間企業部門を代表する全国組織であるが、国有企業とも関係を保持しており、経済発展を目指し研修所を設置して、人的資源の向上を援助している。有能な若手を育成するために2013年8月、ミャンマー・日本センターを設立している。

　日本生産性本部は、ミャンマー工業省とミャンマー商工会議所連合会と共同で、「ミャンマー生産性本部」を2016年に設立した。ミャンマー国内製造

25　川田寿(1962)「労働組合運動と労使関係」高橋武編『ビルマの労働事情』アジア経済研究所、1962年6月、167～182ページ。U Myo Htun Lynn, 1961, *Labour and Labour Movement in Burma,* Department of Economics, University of Rangoon.

業の発展のために生産性向上に取り組むことを支援するものである。これは
ASEANにある日本政府が拠出している日・ASEAN統合基金の資金によっ
て運営されている。ASEAN経済共同体が成立し、ASEAN域内での競争が
激化してくることが予想され、そのためにも生産性向上が不可欠である。

　なおヤンゴンに日本人商工会議所(現ミャンマー日本商工会議所)が1996年
10月に61社の会員数で発足した。1967年創設されたヤンゴン日本人会を基
盤として、日本とミャンマーの商工業の促進、会員間の親睦、会員企業への
援助と便宜提供を目的として設置された。貿易、金融、工業、建設、流通サー
ビスの五つの業種別部会を持っていた。一時は会員数が減少していたが、ミャ
ンマーに進出する日本企業の増加に伴って会員数が増加している。ミャン
マーへの政策提言、ミャンマーへの進出のあたっての助言・相談、調査事業、
日本とミャンマーとの交流事業等を実施している。日本企業とかかわる労働
問題や最低賃金などについての情報交換がなされている。ミャンマー商工会
議所連合会とも交流を行っている。さらに2009年に設立されたASEAN日
本人商工会議所連合会にも加盟して、ASEANレベルでの問題にもかかわっ
ている[26]。

　ミャンマー縫製業協会は、使用者団体の中で注目されているが、EUの支
援を受けてコンプライアンスの向上や人的資源管理、持続可能な生産や調達
の透明性を確保することを目指している(スマート・ミャンマー・プロジェク
ト)[27]。この中で行動綱領を2015年1月に作成した。その中で、中核的労働基
準の遵守、法令順守、人権尊重、労働安全基準の遵守、労働時間の厳守、環
境基準の遵守、調達の透明性を謳っている。これらが遵守されていないとい
う問題はあるが、国際的レベルに近づこうとする姿勢を感じることができる。

●3　団体交渉と労働協約

　登録労働組合は使用者との間で団体交渉を行う権利を有する。これまでの

26　川辺純子(2011)「移行経済国における日本人商工会議所の活動―ヤンゴン日本人商工
　　会議所(JCCY)の事例」『城西大学経営紀要』7号、1 ～ 30ページ。
27　Smart myanmar, http://www.smartmyanmar.org/

団体交渉は基礎労働組合と使用者との間でなされていた。そこに上部団体の役員が入って労働組合を指導している。

　しかし、当事者間で実施される団体交渉の意味の理解が労使ともに不足している。労働者側は使用者に圧力をかけるために、団体交渉を求める前に、いきなりストライキに入ってしまう場合がみられるし、使用者側も労働者からの要求にまったく耳を傾けず、団体交渉にまったく応じない場合がみられる。労働争議解決法38条では、正当な理由なく使用者が団体交渉を拒否できないことを定めている。

　そこで、2012年労働争議解決法に定める職場調整委員会での交渉手続によって実施される方法が定められている。

　30人以上の労働者が雇用されている企業では、職場調整委員会が設置され、そこでは労働組合の代表2名と使用者代表2名で構成され、そこで労働条件、労働安全衛生、福利厚生や生産性向上について交渉することが予定されている。双方から申し出があれば、5日以内に委員会で処理する。そこで解決され合意が成立すれば、その合意の記録は、7日以内に調停委員会に送られる。この合意は労働協約と呼んでもいいと思われる。

　30人に満たない企業では、苦情が使用者側に申し立てられると5日以内に、使用者との交渉によって解決を図る。その結果合意ができれば、その記録は7日以内に調停委員会に送られる。このように調停委員会という公的機関が介入することによって合意内容が確認されることになる。その確認された内容に違反すると10万チャットの罰金が科せられる（48条）。このように法的拘束力が与えられている。

　任意の団体交渉の結果締結される労働協約はイギリス法の考え方では法的拘束力はなく紳士協定にすぎないが、労働争議解決法に定める方法で交渉がなされ、合意内容を調停委員会に送付することによって法的拘束力を発生させるという手法が採用されている。

●4 労使紛争

(1) ストライキ手続の規制

(a) 公益事業におけるストライキの場合

　過半数以上の組合員の賛成によってストライキ決議がなされた場合、上部団体の指示に基づき、ストライキの実施日、場所、参加人数、方法、その期間を関連する使用者や調停機関に、ストライキ実施日の少なくとも14日以前に通知しなければならない。

　労働者のストライキ権に影響を与えず、国民の基礎的ニーズを最低限満たすために、保安業務を交渉して決めておかなければならない。使用者と労働組合の交渉によって、ストライキ中に職場で勤務する労働者の人数、その地位の種類について合意に達していなければならない。合意ができない場合は権限を有する裁判所が決定する（公益企業とは交通業、港湾および港湾荷役業、郵便・テレックス・ファックス事業、情報通信技術の事業、石油および石油製品配送業、ごみ処理および衛生事業、発電・送電・配電事業、金融業、その他連邦政府が国民に有益と指定する業務を指す）。

(b) 公益事業でないストライキの場合

　過半数以上の組合員の賛成によってストライキ決議がなされ、上部の労働組合の許可を得て、ストライキの実施日、場所、参加人数、方法、その期間を関連する使用者や調停機関に、ストライキの実施日の少なくとも3日前に通知しなければならない。上部の労働組合は許可するかどうかを早急に通知しなければならない。

(c) その他のストライキ規制

　労働争議調整がなされている間は、そこで争われている事項についてストライキを行ってはならない。

　病院、学校、宗教関連施設、駅、空港、バスターミナル、港湾、大使館、軍隊および警察施設から500ヤード以内においてデモを行ってはならない。

　ストライキで争う事項は賃金、給与、福祉、労働時間、その他労働者の利害に関連する事項でなければならない。

　水、電力、消防、健康、通信などの生活を送るうえで不可欠なサービスに著しい損害を与えるストライキは禁止されている。

(2) ロックアウト手続の規制

　公益事業かどうかに関係なく、使用者がロックアウトを実施する場合、ロックアウトの開始日とその期間を労働者、労働組合、関連する調停機関に、ロックアウト開始日の14日以前に通知し、調停機関の許可を得てロックアウトを実施することができる。調停機関は通知を受けた場合、早急に許可をするかどうかの通知をしなければならない。

　違法なロックアウトを拒否する労働者を使用者は解雇できない。ストライキを実施することを理由に労働者を解雇することはできない。

(3) ストライキやロックアウトの実例

　まず、労働争議件数の統計を示しておこう（図表7-2参照）。

　労働組織法が制定されて以後、2012年5月から7月にかけてストライキが頻発した。労働省の発表によれば2012年5月1日から6月30日の間に5万人

図表7-2：労働争議件数

年、月	労働争議件数	参加労働者数
2009年	395	5,017
2010年	517	3,921
2011年	679	8,399
2012年1月	3	2,427
2012年2月	10	4,357
2012年3月	3	2,909
2012年4月	1	1,329
2012年5月	57	36,810

（出所）　Than Win, Director-General, Department of Labour Relations, Ministry of Labour, "The New Legal Framework (Labour Organization Law, Industrial Dispute Settlement and Collective Bargaining)."

以上の労働者が労働争議に参加したという[28]。1974年や1988年に大きなストライキが起きて以来、久しぶりのストライキであった。

Tai Yi靴工場の事例

いくつかの事例を見てみよう。ヤンゴンの北の郊外のHlaing Thar Yar工業団地にあるTai Yi靴工場で賃金引上げを巡って2012年2月6日にストライキがなされた[29]。2月15日に合意が成立したが、一部の従業員がそれに反対した。しかし、2月23日使用者との間で協定を締結し、月給額は48,900チャットとなった（残業代は含まない）。

その一方で、従業員の一部が2月17日、タウンシップ労働争議調整委員会に申し立てた。3月1日に両当事者から聞き取りがなされた。従業員は、基本給月8万チャットと精皆勤手当8,000チャット、年間1カ月分のボーナス、昇給や罰則その他の労働条件について事前に従業員と話し合うこと、ストライキ中の賃金の保障、女性用トイレの増設を要求した。

委員会は基本給5万チャット、精皆勤手当は否定、タウンシップ事務官の前で協定書を締結すること、ストライキ中の賃金は2月23日の協定書に従って処理すること、女性用トイレは少ないので42個以上のトイレを設置することを指示した。このタウンシップ委員会の結論に不満の従業員は、3月14日タウンシップの委員会に申し立てた。委員長が結論をださないため、従業員が苦情を述べたが、委員長は労働争議解決法が成立してまもなく新しい調整機関が設立される見込みであるので、そちらに移送したいと述べた。これに対して、従業員は不満であるとして抗議のためにタウンシップ委員会まで行進することを決定し、実行した。ほとんど女性ばかりの行進であったが、

28　Kyaw Soe Lwin, 2014, "Legal Perspectives on Industrial Disputes in Myanmar," in Melissa Crouch and Tim Lindsey eds., *Law, Society and Transition in Myanmar*, Hart Publishing, pp.289-304.

29　Modern Slavery ed., 2013, *A Study of Labour Conditions in Yangon's Industrial Zone, 2012-2013*. Modern Slavery.
（http://www.burmapartnership.org/wp-content/uploads/2013/11/Modern-Slavery-ENG.pdf）

警察官に阻まれた。警察官との衝突で20人の女性従業員がけがをした。その後基本給1時間当たり120チャット、精皆勤手当7,000チャット、1カ月のうち18日に各1日当たり4時間の残業を保証するという合意が成立した。この後、労働組合を結成して、組合として労働組織法に基づく初めての登録が認められた。

　この事件は労働組合が結成される前に争われた賃金紛争であるために、2月23日に賃金協定が締結されながらも、それに不満な一部の従業員が労働争議の調整機関に申し立て、さらにその上位の調整機関で争って、3月30日に新たな賃金協定を締結した。二つの賃金協定が締結されることになった。これは前の協定は無効になったということであろうか。労働組合があれば内部統制によって、一部の不満者がいても多数決によって先の賃金協定が有効になるが、労働組合がないために、不満な者が別の行動をとることをチェックすることができなかった。その結果、先の協定よりいい労働条件を獲得することになってしまった。

　ストライキ中の賃金支払いであるが、従業員側は支払いを求めているのに対して、先の協定に基づく処理を委員会は決定している。アジアの発展途上国ではしばしばストライキ中の賃金の取り扱いを巡って争いがおきているが、ここでは合意しだいによって処理しようとしている。契約法に従った処理であるが、低賃金の従業員にとってはストライキ中の賃金を支払ってもらわないとストライキ権の行使が難しい現実を訴えているものと思われる。

　ミャンマーでは抗議のための行進がよく行われるが、それを警察が抑え込もうとして暴力行為が行われる。この事件でもそれがみられる。これは行進に対して治安対策として警察が対応していることを示している。

Hi-Mo工場の事例
　もう一つの事例をみてみよう[30]。鬘を製造しているHi-Mo工場の従業員が

30　Kyaw Soe Lwin, 2014, "Understanding Recent Labour Protests in Myanmar," Nick Cheesman, Nicholas Farrelly and Trevor Wilson eds., *Debating Democratization*, Institute of Southeast Asian Studies, Singapore, pp.137-156.

2012年5月9日、タウンシップ役所に76項目もの要求を提出した。別の204人の従業員は労働事務所に押しかけ、いくつかの要求を行った。翌日10時から労働事務所で使用者との交渉が行われた。約1,600人の従業員が事務所前に集結した。交渉の結果、合意ができ、基本給は3万チャットになった。この企業の所有者は韓国人であり、代理のミャンマー女性が合意したことに韓国人は反対した。従業員の抗議に対して韓国人と再交渉することになった。ところが韓国人は外国投資法による許可を得ていないことが判明した。これに不満な従業員が工場の窓や電球を破壊した。一般労働法監督官と連邦団結発展党から調整役が派遣されたが、交渉に失敗した。5月21日「88世代学生グループ」[31]が介入して工場の破壊行動を中止させ、食事と水を提供した。翌日韓国大使館員が交渉の仲介に訪れたが、これも交渉は失敗した。23日に交渉がなされ、基本給1万チャット、精皆勤手当6,000チャットの提案がなされたが、従業員は拒否した。韓国人の技術者が機械を取り外しはじめたことから、韓国企業が工場閉鎖をもくろんでいることを知り、700人あまりの従業員はそれを阻止した。24日には全ビルマ学生連盟の活動家がストライキを示唆したが、「88世代学生グループ」はそれに反対した。従業員の一部が工場内で破壊行動を行った。工場経営者は従業員に対する食事と水の提供を中止した。学生たちが従業員に食事と水を提供した。

　この事態に政府が解決に乗り出し、6月3日チャトリムホテルで労働大臣、政治家、労働運動指導者、ジャーナリスト、労働者が会合を開いた。6月5日に、Hi-Mo工場で88世代学生グループ、副大臣、タウンシップの職員の前で合意が締結された。ところが、紛争はこれで終結せず、6月8日には同じ工場で別の紛争が起きた。通常午後9時まで残業をしていたが、使用者側が午後7時までの残業に制限し、通勤用のバスも提供しなかった。そこで従業員が激怒し、管理者を工場内に閉じ込めた。鍵の取り合いになって16人の女性が負傷した。警察が入って解決した。

　軍政時代であれば賃上げをめぐっての紛争からストライキやデモが発生し

31　88世代とは、1988年の民主化運動の際に学生運動の中心となったグループで、民主化後、社会労働運動に参入しているグループをさす。

にくかったが、民政移管という政治的背景の変化によってストライキやデモによって不満を表明する手段を入手したことがストライキやデモを頻発させている。

　この事件ではいったん協定が締結されても、それに反対する工場所有者である韓国人がいたために紛争がこじれている。これは経営側の意思が統一されていなかったことを表している。実質的なオーナーである韓国人と現実に管理を任されていた経営者との意思疎通がうまくいっていなかったことが紛争を長引かせている。

　さらに学生や元学生だった者が紛争に介入していることも特色と言える。民政に移行してから政治犯の釈放がなされたが、その中に組合活動家が含まれており、釈放後労働争議を指導することになった。これが民間部門においてストライキやデモを頻発させる要因になっている。従業員側に意思統一できる指導者がいない場合、外部の指導者に頼る傾向にあるが、ミャンマーではこの傾向が現段階でも見られることをこの事件は示している。

　ストライキ中、企業の中で職場占拠する場合と職場外に出てデモ行進して世論に訴える場合とがある。特に外でデモ行進するときに警察官との衝突が起きている。

Shwe Pyi工場団地の縫製企業の事例

　最も大きいストライキは、2015年2月から3月にかけて起きたShwe Pyi工場団地にある四つの縫製企業でのストライキである[32]。一つは中国企業、二つは韓国企業、もう一つは日本企業であった。全部で2,500人以上の労働者が月3万チャットの賃上げを要求してストライキに入り、3週間ほど抗議行動や座り込みを実施していたが、ヤンゴンの下町で行進を始めた。そこで警察との対立が生じ、刑法147条に基づき組合役員や組合員が逮捕され、一部は拘留された。国際的労働組合やNGOがこの逮捕や拘留を非難した。最終的には合意に達して職場に復帰したが、一部の不満な者はストライキを継続

32　Myanmar-Authorities arrests striking workers, http://survey.ituc-csi.org/Authorities-arrest-striking.html?lang=en

した。労働省およびミャンマー縫製業協会は労働者に法律を遵守することを求めた。一部の労働者は郷里に帰っていった。

●5　政策決定における三者構成機構

ミャンマーでは2011年3月に民政に移行してから、政労使三者による委員会によって労働政策を検討する仕組みが導入された。それは個別の法律ごとに三者制の委員会が設置されており、それらを統括するような三者制の委員会は設けられていない。さらに特徴があるのは、政労使三者の間で同じ人数で構成されていないことである。政府代表の数が労使代表より多くなっている。ということは政府代表が委員会をリードしていることを示している。その政府代表には軍出身者が含まれている。使用者代表はミャンマー商工会議所連合会から出ている。労働者代表は旧ミャンマー労働・雇用・社会保障省（現在は労働・入国管理・人口省）で選んでいたために、必ずしも労働者代表といえるかどうか疑わしい人が選ばれていたが、現在は登録が認められたCTUMから選ばれるようになってはいるが、それ以外の組織からも選ばれている。それが労働者代表といえるかどうか問題視されているであろう。NLDが政権を握った現在、どう変化するのであろうか。

●小括

労働組合が結成されてからまだ数年しかたっていない時期であるため、その基盤はきわめて弱い。登録組合数は伸びているが、推定組織率は1%にも達していない状況である。組合費は少なく活動を支える経済的基盤が弱い。使用者の組合つぶしに対抗するだけの力をもっていない。したがって国際的支援が不可欠な状況にある。そのために、労働組合の本来の機能である団体交渉や労働協約の締結はまだ十分には果たせていない。現段階では、労働争議調整機関を活用して組合員の解雇問題や労働条件の確保を目指すという方法が利用されている。そのために労働争議調整機関の役割は大きいと言えよう。そこで政労使の協調関係が不可欠となろう。健全な労使関係を構築するにはまだまだ時間がかかるであろう。

第8章

労働災害と労働安全衛生

（ヤンゴン市内のラタ・タウンシップ
・チャイナタウンの光景）

●はじめに

　本章では、ミャンマーの労働安全衛生の仕組みと労働災害が発生した場合の補償制度について述べる。制度上は様々な労働安全衛生体制や労働災害補償制度を作り上げている。その内容を紹介しつつ、問題点を指摘することにする。

●1　労働災害の特徴

　ミャンマーには労働災害を管轄する官庁が多くあるが、実際に労働災害を防止する仕事を担当する職員が不十分であり、企業への監督業務を十分に実施し得ない状況にある。その職員に腐敗問題があることも指摘されている。関係する官庁は図表8-1の通りである。

　労働・雇用・社会保障省（当時）発表の労働災害件数は1996〜2010年までの数値として図表8-2のようになっている。この表は工場法53条によって事業主が労働災害について報告した件数に基づく。報告義務があっても報告しない事例があると思われるので、少な目の数字になっていると思われる。表からは、次第に改善されて労働災害が減少傾向にあることがわかる。しかし、実態がそうなっているかどうかは断言できない。対象となっている工場は2014年段階では1万7,100カ所になっている。そこで働いている労働者総数は44万1,594人であり、そのうち中小企業で働いている労働者総数は1万6,342人であり、わずか3.7％である[1]。工場法の対象企業には大企業の労働者が多いが、対象となっている中小企業で働く労働者の数が少なすぎる。

1　Factories and General Labour Laws Inspection Department, Ministry of Labour, Myanmar, *National Profile on Occupational Safety and Health*, Ministry of Labour, p.18. 〈http://www.ilo.org/wcmsp5/groups/public/---ed_protect/---protrav/---safework/documents/policy/wcms_242224.pdf〉

図表8-1：労働災害を担当する官庁の部局

労働・入国管理・人口省	工場および一般的労働法監督局が担当 工場法、油田（労働および福利厚生）法などの個別に定められた労働保護法に基づく監督の仕事を担当している。
工業省	産業監督部、ボイラーおよび電気管理部が担当 企業の管理監督を担当し、ボイラーの登録管理、電気の発電・配電・送電を管理監督する。産業監督部、ボイラー検査部、電気検査部から構成されている。
資源・環境保護省	鉱山局計画管理部が担当 鉱山法および鉱山関連の規則に基づく監督業務を担当する。
保健省	保健局職業健康部が担当 職業病の対策や監視を行う。
建設省	建築・土木作業に従事する労働者の労働安全防止対策を担当している。
ヤンゴン市開発局	ミャンマー市の開発業務に伴って生じる職員や作業員の労働安全防止対策を担当している。
農業畜産灌漑省	ミャンマー農業サービス局が担当 農業従事者の労働災害防止を担当している。

図表8-2：労災事故の発生件数

年	軽傷	重症	死亡	合計
1996〜97	897	57	16	970
1997〜98	547	81	12	640
1998〜99	324	90	27	441
1999〜2000	426	100	24	550
2000〜01	458	120	22	600
2001〜02	455	130	25	610
2002〜03	320	135	10	465
2003〜04	187	107	13	307
2004〜05	175	91	10	276
2005〜06	126	57	7	190
2006〜07	69	56	17	142
2007〜08	88	63	32	183
2008〜09	59	75	34	168
2009〜10	1	36	28	65

（出所） Factories and General Labour Laws Inspection Department, Ministry of Labour, *National Occupational Safety and Health Profile, Myanmar*, Ministry of Labour.

　ところで、ミャンマーでは鉱山が多いが、そこでの地滑り事故、地下鉱山の崩落による事故、火薬による爆発事故、機械による掘削作業中の事故等によって死亡事故や負傷事故が報告されているが、これは鉱業省の管轄であり、この表には含まれていない。鉱山の場合、1989年国有企業法によって国有企業のみに操業が認められている。国有企業には軍人や退役軍人が上層部を占めており、安全基準や労働基準を無視したり、人権を無視する操業が行われている。さらに鉱山の中だけでなく、その周辺に公害を広げているという問題が指摘されている。例えば、銅山から鉱毒が拡散して周辺に被害をもたらしており、それに抗議する住民や僧侶が拘束されているという問題が発生している。銅山経営者と警察が一緒になって抗議行動のためにデモ行進する住民に暴力をふるったり、強制的に移住させているという問題を引き起こしている[2]。軍のかかわる国有企業が利益を優先している結果である。

　日本でも過去に足尾銅山の鉱毒事件がおきているが、ミャンマーでは現時点でもおきているということである。

　ILOによる資料から死亡事故の確率の高さを比較した統計によると、2001年のデータでは、ミャンマーは119カ国の中において、少ない順で116番目という極めて死亡率の高い国になっている[3]。

●2　労働災害の発生要因

　労働安全確保のための法令があっても、それが遵守されていないことがみられる。例えば、事前の労働災害の危険を防止するための道具、帽子などの支給がされない。経費を少なくするために災害防止のための講習会の開催をしなかったり、マスクや帽子などの用具の購入を差し控えるためである。

　建設現場で手袋をつけず、裸足や草履履き、伝統的な衣装であるロンジー

2　Amnesty International, 2015, "Myanmar: Letpadaung mine protesters still denied justice," 27 November 2015, 12:16 UTC.
（http://www.amnesty.org/en/latest/news/2015/11/myanmar-lepadaung-mine-protesters-still-denied-justice/）
3　Fatal Injury Rate at Work by country, https://sites.google.com/site/ryoichihoriguchi/home/occupational_fatality_by_county

を付けたままで働いている。作業着をつけないで、ロンジーを着て労働すると機械に巻き込まれやすい。また裸足や草履履きでは建設資材がちらばり、それを踏むことによってけがをしやすく、危険な状態で働いている。

　ミャンマーの南部では、4-6月には40度を超える暑さの中での仕事となり、暑さのために緊張が長く続かず、注意力が散漫となって事故につながっている。

　ミャンマーは天然資源が豊富であるが、それらを採掘する場所での安全確保が不十分であり、鉱山法による安全基準が遵守されないために、崖崩れや地滑りという災害が発生したり、坑内での事故によって死亡や負傷事故が発生している[4]。さらに銅や金の採掘の場合、有毒な材料の処理が適切になされないために鉱毒が発生して病気を引き起こしている。

　国軍と少数民族の軍隊との抗争のために多くの地雷が敷設されており、その除去が進んでいないために、作業中に地雷を踏んで死亡や負傷事故がおきている。チン州、カチン州、カヤ州、モン州、シャン州、ラカイン州、ボゴ管区、タニンダーリ管区に多く存在する。その発生件数の統計はないが、地雷モニター機関によると1999年から2012年の間に3,349件発生している[4]。

　健康についての情報や知識がないために、衛生状態の確保に熱心ではない。安全な飲み水の確保が困難な地域があり、そのために慢性的に下痢症状がみられる。労働者側にも安全や衛生に対する意識が乏しく、災害がおこらないように予防するという意識に乏しい。そのため、自らの命や健康を守って働くという行動が不十分である。

　栄養不良による集中力の不足がみられる。貧困のために、栄養のバランスをとることができないために、仕事中に倒れたり、抵抗力が低下して病気にかかりやすくなっている。

　マラリア、デング熱、肺結核、エイズやHIV等の感染症が広がりやすい。病院が遠方にあって治療を受けにくい場合や、そもそも貧困のために伝統医薬に頼っていて手遅れになるケースもあり、これらが感染症を悪化させて、

4　Myanmar Information Management Unit, "Mine Action Sector."
　（http://www.themimu.info/sector/mine-action）

労働の生産性を低下させる結果になっている。

　使用者側に労働安全や衛生問題への関心が低く、事故や負傷・死亡事故が
おきれば、低い額での示談ですませてしまう傾向にある。労働者や遺族側に
も法律に基づく補償を得るためには時間がかかるために、それを待てず安い
額での示談に応じてしまう傾向にある。それだけ命の値段が安くなっている。

●3　労働災害対策

(1) 労働災害に関する法制度

(a) 工場法

　工場等における労働者の衛生についての工場側の義務として以下のことが
定められている。衛生的な状況の維持と悪臭の除去(13条)、廃棄物および排
出物の処理(14条)、換気と適温の維持(15条)、ごみおよび煙の除去(16条)、
加湿の基準および方法の順守(17条)、人が過密な状態での労働の防止(18条)、
十分な照明の確保(19条)、飲料水の供給(20条)、便所の設置(21条)。

　労働者の安全確保のために工場側の義務として以下のことが定められてい
る。発電機等の周囲にフェンスの設置(23条)、発動機等を扱う労働者やその
周囲にいる労働者についての資格(24条)、18歳未満の労働者が危険な機械を
扱う基準の順守(25条)、床、通路および階段の安全の確保(34条)、穴や排水
等の蓋の設置または周囲にフェンスを設置すること(35条)、加重な運搬や積
み荷の禁止(36条)、目の保護(37条)、発火性物質、気体の爆発防止(39条)、
火災防止(40条)。

　福利厚生として、十分かつ清潔なシャワーの設置(44条)、十分な椅子の設
置(46条)、応急処置箱の配置と労働時間中にそれらを簡単に利用できること
(47条)、十分な休憩室(48条)、給水器を設置した食堂の設置(49条)が求めら
れている。これらは男女別々に設置する必要があるとされている。

　これらの衛生や安全については労働安全衛生法案が、労働省と建設省が共
同で検討されている。

(b) 油田（労働および福利厚生）法

　油田で働く労働者の安全、保健、福利厚生、労働時間、休日の規定が設けられている。工場法の規定と同じである。

(c) 鉱山法・鉱山規則

　独立前に制定された1923年鉱山法は廃止されて1994年鉱山法が制定され、それが2014年に改正された。鉱山規則は1996年12月20日に公布された。ミャンマーは金、ニッケル、すず、銅、亜鉛、タングステンなどの鉱物が豊富であるが、これらの鉱山は国有化されている。海外の民間企業の投資も認め合弁企業も認められている[5]。

　鉱山規則97条から101条にかけて、詳細な安全と事故予防対策を規定している。安全でかつ健康的な労働環境を確保するために設備の装置を保証すること、作業現場へのアクセスの安全性確保、非常口の確保、換気装置、火災や爆発発生の予防、自然災害に対する緊急プランの策定、物理的化学的危険への対応、安全と健康のための研修計画の策定、訓練の実施、健康診断の実施を行うことが義務づけられている。福利厚生として労働者の福利・保健・公衆衛生および規律についての計画書を局に提出して、それらを実施する義務がある。環境保護業務、事故による死亡や負傷した場合の報告義務を定めている[6]。これらを監督する局長の職務を定め、検査官が日常の監督業務を実

5　JEEテクノリサーチ株式会社編（2013）『平成24年度アジア産業基盤強化等作業（持続的資源開発のための鉱業関係法制度）調査報告書』JEEテクノリサーチ株式会社。
（http://www.meti.go.jp/meti_lib/report/2013fy/E002723.pdf）
6　TMI法律事務所ヤンゴンオフィス（2014）『ミャンマー連邦共和国法制度調査報告書』2014年3月。
（http://www.moj.go.jp/content/000123999.pdf#search='TMI%E6%B3%95%E5%BE%8B%E3%82%B9%E80%81%E6%B3%95%E5%88%B6%E5%BA%A6%E8%AA%BF%E6%9F%BB'）
日本工営株式会社（2015）『経済産業省資源エネルギー庁　平成26年度インフラ・システム輸出促進調査等事業（ミャンマー連邦共和国における鉱山周辺インフラ等調査）』2015年2月。
（http://www.meti.go.jp/meti_lib/report/2015fy/000450.pdf）
国際鉱物資源開発協力協会編（2003）『平成14年度アジア産業基盤強化等事業 法制度整備支援調査：ミャンマーおよびヴィトナムにおける鉱業関連法制度支援調査・ミャンマー

施することになっている。

(d) ボイラー法

　ボイラー法は工業省の管轄下にあり、1924年に制定されたが、2015年7月14日に改正された。本法はボイラーの爆発に伴う労働災害を防止し、資産の損失を予防することを目指している。検定証のついていないボイラーの使用を禁止し、ボイラーを許容圧力以上の圧力での使用、ボイラーの付属品の修理・改造・追加・取り換えを禁止している。ボイラー技術を向上させるためにボイラー技術者育成を計画することになっている。

(e) 電気法

　工業省の管轄下にあり、1937年電気規則にかわって、1984年に電気法として成立し、さらに1990年に改正されている。発電、送電、配電を管理するための法律である。

(f) 化学物質危険防止法

　工業省管轄のもとで、この法律は2013年8月26日に成立し、化学物質によって発生するおそれのある環境資源や日常生活の危険性を防止するために、安全基準を設定し、取り扱う人材を育成していこうとするものである。科学物質の取り扱い状況の検査の実施、化学物質を取り扱うことのできるための許可制の導入、許可を取得した者が順守すべき行為基準を明示すること、政府が禁止する化学物質の生産・使用・貯蔵・配布などが罰則付きで強制されている。

(g) 原子力エネルギー法と原子力安全法

　ミャンマーには電力不足を解消するための原子力発電所はまだ作られてはいないが、エネルギー省の管轄のもとで、1988年に原子力エネルギーを開

編報告書（平成14年度アジア産業基盤強化等事業法制度整備支援調査）』2003年3月。

発するにあたって生じる放射能による被害を抑制するために核物質や放射性物質の取り扱い規制を行っている。豊かな天然資源の中にはウラン、コバルトやラドンがあり、これらの物質の輸出入には政府の許可が必要であり、それらを取り扱うことができる者はライセンスを持っていなければならない。

　原子力安全法は2015年9月30日に制定された。原子力の利用を許可し、平和利用を目指すこと、環境への安全配慮、放射性物質、核施設や原子力関連施設での安全確保、国際基準にあった核技術の開発や応用の実施が定められている。

(h) 産業企業法

　工業省の管轄下にあり、3馬力以上の動力を使い、10名以上の労働者を雇用する企業は、産業企業法によって登録しなければならない。登録を許可する際に、火災の危険から安全であること、公害や汚染源とならないこと、労働者の健康を害することがないことなどが考慮されている。

(i) タバコの喫煙消費管理法

　この法律は、2006年に制定されたが、タバコの包装紙にミャンマー語でがんのリスクがあることを警告する表示を義務づけている。これに違反する場合、事業主に1～3万チャットの罰金、2回目の違反以降の場合には1年以下の禁固、または3～100万チャットの罰金が科される。

(j) 麻薬および向精神剤法

　1993年に内務省の管轄下で、麻薬や向精神剤の取引を禁止または規制する法律が制定された。ミャンマー、タイ、ラオスの国境付近はゴールデン・トライアングルと呼ばれ、アヘン戦争が起きた19世紀半ば頃から、けしが栽培され、それからヘロインやアヘンが製造されている。ミャンマーではチン州、カチン州、シャン州で栽培されている。ミャンマーでは少数民族が国軍に対抗するための軍資金を得るために、けしの栽培が行われてきた。そこでミャンマー政府は麻薬を撲滅する政策を採用し、少数民族のけしの栽培を

やめさせる運動を進めてきた。この法律は、麻薬が国民の健康に弊害をもたらすとして麻薬の製造・取引を禁止している。さらに、それを施行しやすくするために、けしに代わる作物の生産を進めている。国際協力機構(JICA)はこの事業を支援している[7]。

●4　労働災害への補償

労働災害が発生した場合、それを労働事務所、工場・労働監督局、社会保障委員会に通知する義務が企業にある。死亡した場合はすみやかに、48時間以上職場に復帰できないほど身体に障がいを負った場合は72時間以内に報告しなければならない。労働者災害補償法別表に定める職業病に該当する可能性がある場合も同様に通知しなければならない。

以下のように労働災害への補償制度が定められている。

(1) 1957年労働者災害補償法

2012年社会保障法に定める労働災害補償が適用になる場合は、労働者災害補償法は適用にはならない。したがって社会保障法が適用にならない場合に、労働者災害補償法が適用になる。適用になる労働者は「使用者との間で、肉体労働、事務作業その他の業務の態様を問わず、業務提供契約または研修の契約を締結した者」となっている。

労働者が業務上の理由、または就労中に発生した労働災害によって負傷を負った場合に、事業主は以下の補償金を支払わなければならない。ただし、負傷した時に飲酒、薬物の使用によって精神喪失状態になった場合、安全管理上明示的に示された業務命令や規則に故意に従わなかった場合、安全管理のために設置された予防手段を故意に取り外したり、無視した場合には補償の対象にはならない。

・負傷によって死亡した場合：月間賃金の36カ月分に相当する金額の支払

7　吉田実(2013)「麻薬問題とその統制」田村克己・松田正彦編『ミャンマーを知るための60章』明石書店、274ページ。

図表8-3：負傷の程度による経済稼得能力の損失割合

負傷の場所	経済的稼得力の損失割合
肘または上腕部からの右腕損失	70%
右腕肘下損失	60%
膝の上から腕の損失	60%
脛の上から足の損失	60%
膝から下の腕の損失	50%
脛から下の足の損失	50%
聴力の完全損失	50%
片目損失	30%
親指損失	25%
足のすべての指の損失	20%
親指の節骨の損失	15%
人差し指の損失	15%
足の親指の損失	10%
人差し指以外の指の損失	5%

（出所）　Factories and General Labour Law Inspection Department, Ministry of Labour, Myanmar ed., *National Profile on Occupational Safety and Health, Myanmar*, p.51, Annex.

い

・負傷によって永久完全労働不能になった場合：月間賃金の1.4倍までの額で36カ月分に相当する金額の支払い

・負傷によって一部労働不能になった場合：一覧表（図表8-3）に特定された負傷によって永久一部労働不能になった場合、同じ負傷で永久完全労働不能になった場合の補償金に、経済的稼得力の損失割合を掛けて計算する。一覧表（図表8-3）以外の負傷によって永久一部労働不能になった場合も、同じ負傷で永久完全労働不能になった場合の補償金に、経済稼得力の損失割合を掛けて計算する。

労働者が負傷の結果、一時的に労働不能になった場合、労働災害発生日の16日目から労働不能の期間、または5年間のどちらか短い期間に、月間給与の半額を月2回に分けて受け取ることができる。

　補償金は、タウンシップ労働者災害補償委員会が決定する。決定されてから60日以内に、タウンシップ労働者災害補償委員会から支払われる。この決定に不服がある場合は、60日以内に裁判所(chief court)に訴えることができる。

　以上の定めが労働者災害補償法にあるが、これは保険化されておらず、労働災害が発生するたびに事業主が支払っていく仕組みである。2013〜14年に50件で支払いがなされている。うち17件が死亡事件、33件が負傷事件である[8]。事件数が少ないが、これは十分に法が機能していないことを示していると思われる。現状では補償額が不十分なために、企業が独自に労働災害補償制度を設けたり、従業員に対する傷害保険を掛けておく場合もある。

(2) 2012年社会保障法に基づく労働災害補償

　1954年社会保障法を改正する形で2012年8月31日に社会保障法が成立した。これが2014年4月1日から施行された。施行細則は、同年4月2日に施行された。

　労働・入国管理・人口省社会保障委員会が決定する5人以上の数の労働者を雇用している企業は、強制的に社会保障制度に加入しなければならない。国際機関、季節的な農業や漁業、非営利団体、3カ月以下の期間のみ操業する企業、家族のみで操業する民間企業には適用されない。さらに、最低就労年齢に達しない者、年金受給年齢を超える者、自転車や押し車を用いる路上の物売り、日々雇用される者、パートタイマー、歩合給の者はこの制度に加入できない。しかし、適用されない者でも任意に加入することは可能である。

　この中で労務提供によって勤務場所の内外で、または労務提供に関連する業務によって、または事業主の利益のための労務提供を遂行中に、または勤務場所への通勤中に生じる負傷、死亡、職業病に対して補償金が支払われる。そのために事業主が労働者に支払う賃金の1%分の保険料を負担し、労災保険基金に支払わなければならない。

8　Lou Tessier, 2015, *Social Protection within the Framework of Labour Legislation in Myanmar: Background Research Summaru*, ILO, April 2015, p.12.

労働保険加入者には、以下のような4種類の補償が支払われる。

(a) 治療

被保険者が労働災害にあった場合に、治療を受けることができる。12カ月以内に労働復帰が可能となった日に治療は終了する。12カ月が終了しても労働復帰ができない場合は、永久的就労不能給付に変わる。

(b) 一時的就労不能給付

無料の治療を受けられるとともに、労災前4カ月の平均賃金の70％の手当を最長12カ月受け取ることができる。12カ月経っても復帰できない場合は永続的就労不能給付に移行する。12カ月を経なくても医師の診断書によって復帰が不能であることが判明すれば、この場合もその時点で永続的就労不能給付に移行する。医師の診断書が出されてから1年以内にタウンシップ社会保障事務所に申請しなければならない。

(c) 永続的就労不能給付

12カ月を超えても就労不能が続く場合、永久的に一部障がいを負う場合、障がいによって失った能力の程度によって平均賃金の70％を以下の期間受け取ることができる。事故にあった日から1年以内にタウンシップ社会保障事務所に申請しなければならない。

20％以下の能力喪失の場合	5年分を一時金として受け取る
20％を超え75％以下の場合	7年分を一時金または分割で受け取る
75％を超える場合	9年分を一時金または本人の希望により死亡まで毎月の支払を受ける

(d) 遺族給付

労災により死亡した場合の遺族への補償は保険料が支払われた期間に応じて、分割または一括払として支払われる。死亡の日から1年以内にタウンシッ

プの社会保障事務所に申請しなければならない。

保険料の支払期間が60カ月以下の場合	30カ月分の平均賃金
60カ月を超え120カ月以下の場合	50カ月分の平均賃金
120カ月を超え240カ月以下の場合	60カ月分の平均賃金
240カ月を超える場合	80カ月分の平均賃金

遺族として指定されていない場合は、以下の順番で支払われる。

　　　　妻または夫
　　　　妻または夫がいない場合は、子ども
　　　　妻、夫、子どもがいない場合、父や母

　以上のタウンシップ社会保障事務所の決定に不服がある場合、まずタウンシップ社会保障事務所内で交渉して、合意にいたるよう努める。それで解決しない場合は、州または管区社会保障事務所の審査にかける。当事者の主張を聞いて紛争処理を図る。そこで解決しない場合は、社会保障控訴審判所(Social Security Appellate Tribunal)で処理する。遺族が法定相続人かどうか、相続権があるかどうかの紛争だけはタウンシップ社会保障事務所の決定に不服がある場合、裁判所で争うことができる。

　労働災害によって生じる給付のために雇用障がい給付基金(Employment Injury Benefit Fund)を設置し、基金に入る保険料、保険料不払に課せられる違約金、運用によって増える利益金、寄付金、政府からの補助金などを社会保障委員会が指示する銀行に預金する。

　経済特区法では、雇用契約で雇用条件を決める際に、労働災害補償について現行の労働法規を下回る条件とならないように調整するという規定がみられる。

●5　労働災害防止のための国際協力

　労働災害を防止するためにASEANで実施している活動 ASEAN-

OSHNET（Occupational Safety & Health Network）にミャンマーも参加している。これは1976年に提案されたASEAN地域センター構想をもとに設立された。ここでは、ASEAN諸国の労働条件や労働環境の改善のために情報収集と研究・研修を目的としている。その一環として、ASEAN諸国の労働安全衛生機関の協力体制を敷き、労働安全衛生のための研修の開催や研修の資料の作成、ガイドラインの策定などを実施している。ミャンマーは労働安全衛生を担当する公務員が少ないために、ASEAN-OSHNETを利用して研修の機会を増やしている。

●小括

　ミャンマーの国レベルの労働安全衛生体制が複数の省に分かれ、一本化していない。そのために包括的な労働安全衛生法がまだ成立していない。労働・入国管理・人口省と建設省によってその試みがなされている段階である。早期に制定されることを期待したい。労使ともに労働安全衛生に関する関心が低く、労働災害が発生しても、それを今後の予防につなげる努力が不足している。命の値段が安く、その場だけの解決になりがちである。

第9章

社会保障・社会福祉

（ヤンゴン近郊、Phaya Ngyoke To 村の農民協会）

●はじめに

　本章では、ミャンマーの社会保障と社会福祉について述べる。特に民政移管後、2012年に社会保障法が制定され、2014年4月から施行されているので、それを中心に述べる。さらに、この分野は国民の生活を大きくかかわるが、経済発展がまだ十分発展していないために、適用の範囲が限定され、政府だけの努力では限界があり、海外からの支援に頼っていることを示したい。

●1　社会保障にかかわる問題

　1974年憲法では、医療を受ける権利の保障(149条)、労災・障がい・疾病・老齢に対する給付(151条1項)、遺族への給付(151条2項)を定めていたが、2008年憲法では、後退して、母親・子ども・妊娠中の女性への法律による保護(351条)と医療を受ける権利の保障(367条)だけが定められている。

　公務員、軍人、国有企業の従業員への老齢・障がい・遺族に対する社会保障制度は存在するが、一般国民をカバーする社会保障は1954年社会保障法が労災保険と医療保険を定め、1956年から施行されていた。しかし、適用範囲が限定されていた[1]。

　既述のとおり民政に移行して1954年社会保障法を全面改正して、2012年社会保障法が制定された。これが2014年4月から実施され、現行法として効力を持っており、そこで定められている制度について述べておこう[2]。

　この法律は5人以上の労働者を雇用する企業に強制的に適用になる。政府関係機関、国際機関、季節的な農業、漁業、非営利団体、家事労働者、家族のみで働いている企業には適用にならない。

　適用になる労働者は常勤の労働者だけでなく、臨時労働者、見習い、研修生も含まれる。老齢年金を受け取る年齢に達している者、行商人、日雇い労働者、パートタイマー、使用者の被扶養者は強制適用の対象ではないが、任

1　菅谷広宣(2013)『ASEAN諸国の社会保障』日本評論社、256ページ。
2　Lou Tessier, 2015, *Social Protection within the Framework of Labour Legislation in Myanmar-Background Research Summary*, ILO, 2015 April.

意に加入することができる。

　5人未満の企業は強制的には適用されないが、当該の企業の労働者は任意に加入することは可能である。学生や農民、独立自営業者も任意に加入することができる。

　加入後、社会保障基金に登録され、使用者に登録証明書、労働者には社会保険カードが発行される。退職した場合には社会保障制度から脱退することができる。

　保険料は使用者が労使双方の負担分を社会保障基金に支払わなければならない。当月の終了後15日以内に支払わないと保険料の10％を制裁金として支払わなければならない。もし、保険料の算定基礎となる賃金を過少申告したり、虚偽申告した場合は、その差額とその10％を加算して支払わなければならない。

　基準となる月給は最低賃金額を下回ってはならないし、その6倍を上回ることはできない。月給には基本給、時間外手当、特別手当などの諸手当も含まれる。労働者が1月に1時間でも働いた場合、使用者は負担分を支払わなければならない。

　使用者が負担分を支払わない場合であっても、労働者は給付を受ける権利は失われない。使用者は保険料やその制裁金のほかに、労働者が受給する給付金を受け取る際の費用を負担しなければならない。

　使用者は保険料や給付金の支払記録を保管しなければならない。以下の記録を保管し、タウンシップの社会保障事務所に提出しなければならない。労働者の出勤記録、新しく採用した労働者、労働者の仕事の変更、雇用の停止・退職・解雇、報酬の増額や支払状況、労働者・支配人・代表者およびその変更の記録である。さらに、労働者の数の変更および事務所の移転、使用者の変更、事業目的の変更、事業の停止、事業の終了、労働者の傷病、労働者の死亡、業務上の疾病も届け出なければならない。いずれも事由が生じた日から10日以内の届け出が求められている。

　月給額や負担額を調べるために、社会保障事務所の職員を企業に派遣して質問や立ち入り調査を行うことができる。

（1）医療保険

　加入時に労働者が年齢60歳以下の場合には使用者は賃金総額の2%、労働者は賃金額の2%が保険料の負担である。60歳を超えている場合、使用者は2.5%、労働者2.5%の負担となっている。

　治療を開始してから26週を限度として、社会保障委員会や政府が所有する病院や診療所、社会保障委員会が契約する病院や診療所、使用者が準備する病院や診療所で治療を受けることができる。継続的疾患の場合は52週を限度として治療を受けることができる。

　労働者が6カ月以上勤務し、その間に4カ月以上保険料を支払った場合、疾病給付金を受け取る権利を有する。治療のために入院して働けなくて給与の削減や停止を受けた場合、4カ月間の平均賃金の60%を26週間まで受けることができる。

　妊娠や出産の場合、許可された病院や診療所で無料の診察を受け取ることができる。出産後1年間、子どもの治療を受ける権利を有し、出産前6週間、出産後8週間（双子の場合14週）の休暇を取得する権利を有する。流産の場合6週間の休暇が認められている。許可された病院や診療所で産前の検査のために最大7日まで有給の休暇を取ることができる。1歳未満の子どもを養子とする場合、1歳に達するまで8週間の看護休暇を取ることができる。その間70%の給与を受け取る権利を有する。

　1年以上勤務し、6カ月以上保険料を支払った者は産休期間中に70%の産休手当を受け取る権利を有する。さらに出産した児童が1児の場合、50%、2児の場合75%、3児以上の場合に100%の手当、流産の場合70%のボーナスを受け取る権利がある。

　妻が出産した時、夫は子どもの世話のために15日間の休暇を取得でき、妻も保険加入者の場合、平均賃金の70%、保険加入者でない場合は50%の手当を受給することができる。

　年金受給者、退職した政府職員、障がい手当や退職年金を受けている保険加入者は180カ月保険料を支払った場合やタウンシップ社会保障事務所から年金カードをもらっている場合には、治療を受けることができる。

　保険加入者が死亡した場合、葬式費用を支払う遺族は平均賃金の5倍までの葬祭料を受け取る権利を有する。

　医療保険の適用の前提として一定の医療水準を備えた病院や診療所が必要であるが、ミャンマーでは医療保険が適用になる病院や診療所が少ないこと、医療水準が低く、医薬品や医療器材が十分にそろっていないこと、医療従事者数の不足、人材配置の予算不足という問題を抱えている[3]。金持ちはシンガポールやバンコクの病院で診察を受けているのが現状である。WHOの統計によると、医療費の自己負担率は2000年85.8％、2012年76.1％と低下してきてはいるが[4]、その割合は高く、貧しい人々は病院や診療所で治療を受けづらい状況にある。

　日本はODAを活用して老朽化した病院の建て替え、マラリア対策、母子保健の改善、医療器材の提供などを実施している。

(a) 家族支援保険制度

　支払請求の前の48カ月(4年)のうちの36カ月以上保険料を支払った保険加入者で一定額以下の所得しかない者は子どもが小学校に通っている間に教育給付金として、子供1人あたり、平均賃金の10％を年間10カ月支給される。

　自然災害によって身体的精神的負傷を負った場合、治療を受ける権利を持つ。保険期間の48カ月のうちの36カ月以上保険料を支払っていることが必要である。自然災害にあって財産をなくした者は、平均賃金の40％の給付を12カ月間受ける権利を有する。

3　馬場洋子(2011)「ミャンマー連邦共和国における保健医療の現状」2011年10月、ウイン・トゥ・ミャッカラヤ(2014)「ミャンマーにおける保健医療の現状と今後の可能性」『日本経済大学大学院紀要』2巻2号、2014年3月、189 〜 207ページ、劔陽子(2001)「ミャンマーの保険医療事情―特に女性の健康に着目して」『アジア女性研究』10号、2001年3月、40 〜 47ページ。

4　WHO, *World Health Statistics 2015*, p.130.
　(http://apps.who.int/iris/bitstream/10665/170250/1/9789240694439_eng.pdf?ua=1&ua=1)

(b) 障がい給付金

労働能力を完全になくし、180カ月の保険料を支払った者は平均賃金の15倍を希望に合わせて一括または分割で障がい給付を受ける権利を有する。180カ月以上支払った場合は、一定額が加算される。

12カ月以上180カ月未満の保険料を支払った者は当該基金に支払った額の40％に利子をつけた額を受給する権利を有する。12カ月未満しか支払っていない場合は、その支払った総額を受け取る権利を有する。

労働者が障がい給付を受けるとき、使用者も12カ月以上の保険料の25％とその利子の支払いを受ける権利を有する。

この障がい給付金のために、労働者は賃金の3％、使用者も3％の保険料を支払わなければならない。

(2) 年金保険

老齢退職年金は満60歳から受給できる。以下の要件で給付を受ける権利を有する。

満60歳になる前に180カ月保険料を支払った場合、希望に合わせて平均賃金の15カ月分を分割または一括払いで支払われる。180カ月以上保険料を支払った場合には、支払った額に応じて一定額が加算される。12カ月以上180カ月未満の期間の支払いの場合には保険料の40％とその年2％の利子分が支払われる。

12カ月以下の場合には保険料相当額を一括で受け取る権利がある。

保険加入者が老齢退職年金を受け取る場合、使用者も12カ月以上の期間支払った保険料の25％とその利子分を加算した額を受け取る権利を有する。

満60歳になる前に労働災害以外の事由で死亡する場合、遺族給付が分割または一括で支給される。その支給対象者は保険加入者が指名する者であるが、指名しない場合は、妻または夫、それらがいない場合はその子ども、両方ともいない場合には、その母または父の順番で支給を受ける。この場合、使用者も12カ月以上支払った保険料額の25％とその年利子2％を加算した額を受ける権利を有する。遺族給付の受取人がいない場合は、使用者は支払っ

た保険料分の額を回収する権利を有する。

(3) 失業給付

保険加入者が36カ月以上保険料を支払った場合、以下の社会保障法37条a～dに該当する場合に失業給付を受ける権利を有する。保険料は労働者が賃金の1％、使用者も1％である。

a 自己都合退職ではなく仕事が永久になくなったために離職せざるを得ない場合

b 違法行為や横領、文官規則違反、職場規則に故意に違反することによって解雇された者でないこと

c 健康で働く意欲を持っている者

d 所轄のタウンシップの職業紹介所に登録され、毎月職業紹介所や社会保障事務所に出頭している者

直近1年間の平均賃金の50％の2カ月分が失業給付として支払われる。36カ月以上保険料を支払った場合は、12カ月ごとに1カ月分が追加され、最大6カ月分を受給することができる。失業中に結婚した場合は、扶養家族の状況によって、10％を超えない範囲で加算される額を受給する権利を有する。病気になった場合、失業給付を受ける期間、治療や現金給付を受けることができる。妊娠や出産の場合も給付を受ける期間（2カ月から6カ月）、治療や現金給付を受けることができる。社会保障委員会が認める訓練を受ける権利を有する。失業給付の期間中に死亡した場合、遺族に葬祭料が支払われる。

一つの事業場につき1回だけ失業給付が受けられる。失業して同じ事業場にふたたび就職した場合、復帰後36カ月の保険料の支払いがなされれば、再度失業手当を受ける権利を有する。法律や労働契約によって保険加入者の責めに帰すべき事由によって生じる損害額を使用者は失業手当から控除することができる。

以下の場合には失業給付の支払いが中止される。

a 所轄の職業紹介所や社会保障事務所から情報提供を受けた仕事を正当

な理由なく拒否する場合

b　社会保障委員会が指示する訓練コースを正当な理由なく拒否する場合

c　新しい仕事を見つけた場合

d　刑事法によって刑務所にいれられた場合

e　海外で仕事をみつけた場合

　失業給付の支給期間が終わったのちも、仕事を見つけられない場合、36カ月以上使用者が支払った保険料と自分の支払った保険料の40％とその利息分を取り戻す権利が認められている。使用者側も支払った保険料の25％とその利息分を取り戻すことができる。

（4）その他の保障

　社会保障住宅基金に任意に保険料を支払った場合、住宅を賃貸、購入、売買する権利を有する。さらに住宅購入のためのローンを借りる権利を有する。

（5）公務員、軍人、国有企業従業員、議会議員や党務に従事する者のための特別な制度

　公務員については2008年憲法26条で、その衣食住や社会福祉を保障するための法律を制定することが定められている。それをうけて2013年公務員法と規則が制定されている。

　老齢年金、遺族年金、障がい年金制度が設けられている。老齢年金は30年勤続で55歳から支給される。議会議員などの年金法は1994年に制定されている。その年金は4年勤続で60歳から支給される。

　軍人の場合は2008年憲法344条で、負傷、死亡、戦死した軍人やその家族を支援するための法律が制定されている。2013年公務員法が軍人をカバーしているが、特別に2012年に障害および死亡した軍人の家族支援法が制定されている。医療保険、老齢年金、遺族年金、障がい年金の制度が設けられている。

　これらの公務員関係者は約100万人である。

(6) インフォーマル・セクター従事者への社会保障の適用

　社会保障委員会でカバーされない領域や公務員関係に含まれない領域の人々に適用になる社会保障制度を見てみよう。つまり、インフォーマル・セクターに属する人々に適用になる社会保障制度である。

　保健省が管轄するすべてのミャンマー人に適用になる制度として、保健省が運営する病院で、無料の治療、無料の緊急手術、無料の出産、貧しい妊娠中の女性と新生児への保護、マラリア・結核・HIV/AIDSの治療を受けることができる。

　ハンセン病患者への無料の食事の提供、障がい者への無料の職業訓練受講、高齢者への老人ホームの提供や農村での社会的保護が社会福祉省から提供される。

(7) 実施上の問題点

　制度が適用される労働者やその家族の範囲が小さいことが問題点とされている。2014年でのILOの調査によると以下の通りである。この調査がなされたのは旧社会保障法の適用時である。

　2013〜2014年の就労可能年齢者の場合、医療保険の適用を受ける者は71万人で、労働力人口の2%にすぎない。

　適用範囲が小さいのはインフォーマル・セクターに従事する者が多く存在すること、社会保障を実施するための人材が不足していること、社会保障実施に必要な財源、特に税収入に限りがあること、社会保障の適用を受ける側に情報不足のために制度の内容が伝わっていないために、社会保障への認識が不足していることなどが理由とされている[5]。

5　前掲菅谷(2013)およびILO, 2015, *Social Protection Assessment Based National Dialogue: Towards a Nationally Defined Social Protection Floor in Myanmar.*

●2　社会福祉にかかわる問題

　ミャンマーでは社会保障は労働・入国管理・人口省の管轄であり、社会福祉は1963年に設置された社会福祉・救済復興省が管轄している。

　ミャンマーには仏教徒が多く、宗教施設や寺院への寄進や貧困層を救済する施設への寄付は当然の日常の行為とされている。現世で功徳を積むことは来世には天国にいけるという輪廻転生の考えが背景に存在する。そこで、ミャンマーでは古い時代から寄進を受けた仏教寺院やボランティア組織を中心として高齢者、青少年や貧困者を保護する活動や寺子屋(僧院学校)を開いて教育活動を行ってきた。仏教徒はそれらに寄進によって支援活動を行ってきた。

　ミャンマー政府の基本方針は貧困撲滅であるが、その取り組みには財源が不足しており、そのために社会福祉を担う人材が育っていない。その結果、十分な成果をあげられず、救済を受けることができる人数に限界がある[6]。

　そこで社会福祉は先進国からの援助が不可欠な分野である。軍政下に置かれた1988年以降欧米諸国が経済制裁を実施し、国際機関が開発援助から撤退したが、日本は経済制裁として金額の大きい円借款は中止しながらも、国民の生活向上につながる人道支援、基礎生活の分野や、これらの分野における人材育成は継続して支援を続けてきている。その中に社会福祉にかかわる支援が含まれていた。これに対してスーチーはこれらの援助は軍事政権の支援につながるとして批判していた。

(1) 児童福祉

　1993年児童法が児童福祉の基本法であるが、それによって就学前の5歳までの孤児、貧困層の児童、捨て子が入所している孤児院、働く女性が増加するのに対応して児童の面倒を見てくれるデイケア・センターや保育園が設置されている。政府が運営する施設は少ないので、僧院が代わりの役割を担っ

6　栗田充治(2002)「ミャンマーの社会福祉の現状とNGOの活動」『亜細亜大学学術文化紀要』創刊号、日本社会事業大学社会事業研究所(2007)『ミャンマーにおける社会福祉サービスの現状』日本社会事業大学、2007年3月。

ている[7]。孤児の養子縁組のサービスがあるが、ミャンマーでは法律に基づく養子縁組のほかに、法律に基づかないで僧院から頼まれて児童を養育するケースがある。これは功徳を積むという意味がある。しかし、これが家事使用人として働かすという問題をもっている。

2014年幼児保育および発育法(Early Childhood Care and Development Act)を制定した。これは小学校入学前の幼児のために幼稚園や小学校入学前の教育を充実させ、そのための予算をつけることを目指している。

(2) 青少年の福祉

5歳から16歳までの青少年を対象としている。障がいを負った青少年に職業訓練校を設置して、そこで普通教育と健康面のサービスや職業訓練を実施している。貧困層のために、青少年センターや夜間小学校を設置している。初等教育を受ける児童への奨学金支給制度を設けている。

(3) 女性福祉

1990年母子福祉協会法が、母と子の健康や福祉を提供するための組織である母子福祉協会を結成するために制定された。この協会は1991年4月に設置されたが、政府の外郭団体であり、ここが中心となって母子の健康を促進する政策を立案し、実施していくことを目指している。貧困な母子家庭への福祉業務や健康についての支援を定めている。

女性のために職業訓練へのアクセスを高めるために、センターを設置して刺繍・縫製・家畜飼育・果物加工などの訓練コースによって自活できるよう支援している。貧困層の女性のために女性ホームを設置したり、売春婦や人身売買被害者のリハビリのために訓練施設を設置している。女性の識字率が男性より低いので、女性のための識字学校に重点をおいている。母子保健・家族計画やリプロダクティブヘルス(子どもを生む母体の機能を良好な状態に

---

7 谷勝英(2002)「ミャンマーの児童労働と社会福祉(その4)」『東北福祉大学研究紀要』26巻、2002年3月、31ページ、西堀由里子(2013)「家族・親族と子育て」田村克己・松田正彦編『ミャンマーを知るための60章』明石書店、2013年10月、146ページ。

維持すること）、予防接種拡大のためのプログラムの実施によって女性の健康向上を目指している。農村女性の食料生産によって収入を確保するプログラムを実施し、収入の確保による女性の自立を目指している。

（4）高齢者福祉

60歳以上の高齢者は人口の約10％で、500万人くらいいる。祖父母と同居する大家族制のなかで、家族や親族によって高齢者の世話を行うのが伝統である。高齢者の世話をすることは徳を積む行為とされている。その中で、高齢者の介護のために老人ホームやデイケア・センターなどの施設があるが、その数が少なく、援助を受ける対象者の数も少ない。高齢者の相互扶助グループ支援、農村部における高齢者の保護が僧院でもなされている。

（5）障がい者福祉

人口の3～5％の障がい者がミャンマーにいるとされている。先天的な障がい者だけでなく、後天的な交通事故、病気、地雷による障がい者や負傷兵が含まれる。社会福祉・救済再復興省の管轄下に障がい児のための学校を設置している。社会福祉・救済再復興省だけでなく民間のボランティア組織が設置しているが、その数は少ない。障がい者教育を担う人材が少ない。特にろう学校がヤンゴンとマンダレーの2カ所にしかなく、取り組みが最も遅れている。ろうあ者の自立支援を目指して、国際協力機構は社会福祉行政官育成プロジェクトとして、ろうあ者のための手話指導者の育成、標準手話の策定や普及を援助している[8]。

（6）薬物中毒者への福祉

ミャンマー北部では、けしの栽培がなされており、薬物依存症を患う者の数が増えている。薬物中毒は個人だけでなく、家庭を崩壊させるために、政府は麻薬乱用の禁止に取り組み、リハビリテーション施設を設置して、社会

8 　JICA, 2002, *Country Profile on Disability—Union of Myanma.*

に復帰できるように職業訓練の機会を提供している。従業員の中に薬物中毒患者がいないかどうかチェックし、もし見つかればただちに病院やリハビリテーション施設での治療に専念させる必要がある。

(7) 災害被害者の社会福祉

　ミャンマーでは自然災害が多くみられる。国土を縦断するザガイン断層で地震がしばしばおきており、エーヤーワディー川やチンドウィン川などで氾濫による洪水が、規模の大きさを問わなければ、毎年のようにおきている。日本企業で働く従業員の出身地である農村部で自然災害が発生する場合があるであろう。

　特にミャンマー過去最大の災害とされるのが、サイクロン・ナルギスである。これは2008年5月2日〜3日にかけて南部のデルタ地帯にサイクロンが上陸して、高潮によって甚大な被害がもたらされた。死者と行方不明者合わせて約17万人という被害者が出た。エーヤーワディー管区において農民にとって財産である水牛がほとんど死んでしまった。240万人以上の人々の生活の基盤が失われてしまったために、そこからの復興に困難が伴った。当時政治的に憲法草案へ国民投票の実施日に近かったために外国の組織が入ることを嫌い、国際的な災害支援の受け入れを軍事政権が拒否した。国民投票後に受け入れたが、早期の救済活動に遅れが生じた[9]。これが被害を大きくする要因となったとされている。政府、NGO、民間企業による物資補給や復興事業、国際機関や外国からの支援もあって2010年7月に復興完了を宣言した[10]。

　2013年自然災害管理法を制定して、自然災害のリスクを減らすことを目的に、防災計画を国や州・管区で設定し、自然災害基金を設けて、国内外の救援金、救援物資や食料・薬品等を一元管理する仕組みを構築し、防災設備

9　本多美樹(2011)「ミャンマー人権侵害とアジア地域協力の可能性」勝間靖『アジアの人権ガバナンス』勁草書房、175ページ。

10　松田正彦(2013)「ナルギスが奪ったもの、連れてきたもの」田村克己・松田正彦編・前掲書、114ページ。

の充実を図ろうとしている。

(8) 企業内の福利厚生

　従業員の定着化を図るために賃金だけでなく、福利厚生制度も活用されている。工場法でシャワーや休憩室の設置、応急処置、給水器を備えた食堂などが福利厚生として設置が義務づけられている。

　その他に、会社側が任意あるいは労働組合との話しあいの結果、設けられる福利厚生設備がある。食堂で食事を提供する。貧困のために栄養のある食事がとれない従業員のために企業側がメニューを作って提供する場合がある。

　工場の敷地内に寮を設けて、そこに工場から通えないほど離れた農村出身者が入居することを認めている企業もある。同じ農村出身者が工場の近くで1部屋を借りて共同で住むというやり方もあるが、この寮に入居できることのメリットは大きい。

　寮がなければ送迎バスを確保して、通勤しやすくする方法がある。公共の交通機関が不十分な場所では不可欠であろう。

　医務室を設置し、そこで治療してもらえることは従業員にとっては大きなメリットである。工場の近くに医療機関が少ない場合にはよりメリットが大きい。

　女性の多い会社では、託児所を設置したり、日用品の店舗を設けて安い値段で購入できるのは勤労へのインセンティブになるであろう。

　貸付制度の整備も福利厚生として意味がある。ミャンマー人は冠婚葬祭に費用が嵩み、会社から前借することがあるので、貸付できれば従業員にとっては好都合であろう。

　これらの福利厚生が個人の所得税上の課税対象になるのかどうかが不明であり、日本ミャンマー共同イニシアティブでの検討事項になっている。

●小括

　2014年12月、ミャンマー政府は社会的保護の国家戦略計画を発表した[11]。これは社会福祉・救済復興省が中心となってミャンマーの社会経済開発のために社会的保護をどのように実施していけばいいかの目標を提示したものである。さらに、この計画では2013年10月に採択されたASEAN社会的保護強化のための宣言を意識しており、ASEANの中で他の国に遅れないで社会的保護を実現したいとしている。

　人生のサイクルに合わせて妊娠期と幼児期、教育を受ける子どもの時期、働く成人の時期、老年期の四つに分けて、それぞれの対策を立てる。基本的スタンスとしてできる限り広く適用すること、予算を立てて、その執行を確実に実施することを目指している。

11　The Republic on the Union of Myanmar, 2014, *Myanmar National Social Protection Strategic Plan*, December 2014.

第10章

労働行政

（首都ネピドーの労働省庁舎前）

●はじめに

　現政権の発足にともなって、31あった省庁が21に削減された。それにともなって、労働行政を単独で担っていた労働・雇用・社会保障省（Ministry of Labour, Employment and Social Security）は再編され、入国管理・人口省（Ministry of Immigration and Population）と統合され、労働・入国管理・人口省となった。政権発足後の労働省の活動を確認するかぎり、統廃合が行われたものの、労働行政の内容に大きな変化を見ることができない。本章では新しい省について文書やウェブサイト上で把握できる範囲で確認するものの、基本的には旧労働・雇用・社会保障省の役割と機能は換わらないと判断できるため、旧労働・雇用・社会保障省の役割としての情報も参照しながらミャンマーの労働行政について紹介する。

●.1　労働・入国管理・人口省（旧労働・雇用・社会保障省）

　2016年3月に発足した新政権によって省庁再編が行われた結果、労働・雇用・社会保障省は、労働・入国管理・人口省（အလုပ်သမား၊လူဝင်မှုကြီးကြပ်ရေးနှင့်ပြည်သူ့အင်အားဝန်ကြီးဌာန）に組織改編された。改編後の同省ウェブサイト（ミャンマー語）を確認する限り、労働・雇用・社会保障省の体制と比べて、所掌や役割、機能に大きな違いはないようである。労働・入国管理・人口省の組織図は、図表10-1の通りである。

　労働行政全般と職業訓練を担う労働局、労働基準および労働安全衛生行政を担う工場・労働法監督局、労使紛争の解決を担う労働関係局、労働者の社会保険行政を担う社会保障委員会の四つの部局が労働担当の局長の下にあり、入国管理局、国民登録証・国民局、人口局、地域／州研修所が入国管理および人口に関する分野を所掌する局長の下に設置されている。本章では、労働を担当する部局を中心に紹介する。

図表10-1：労働・入国管理・人口省の組織図

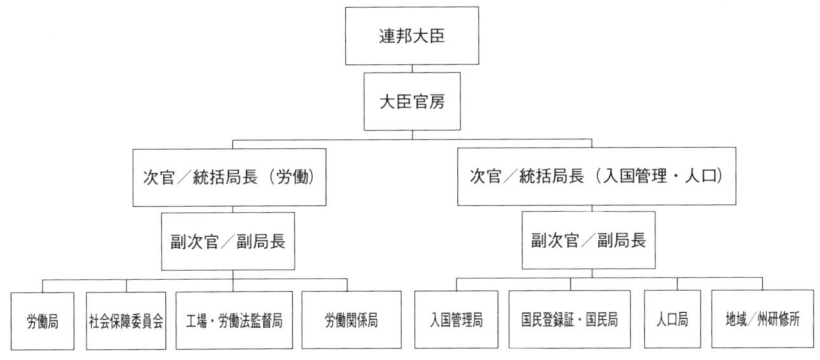

（出所）　労働・入国管理・人口省ウェブサイト掲載の組織図に基づき作成[1]。

　労働・入国管理・人口省の目的は以下の通りである[2]。

・勤労者の平穏の実現、工業分野・産業界の平穏の維持

・職業安定行政（国内外）

・雇用関係のサービスを無料で提供

・労働者のための職業技能訓練

・労働問題に関する労働統計に関する情報収集と調査研究の実施

・労働者の労働法の下での権利享受の確保

・職場の安全衛生

・労働者のための社会保障政策の実施

・労働問題に関する国際協力と地域間協力（国際的な労働問題の取り組み）

1　労働・入国管理・人口省（အလုပ်သမား၊ လူဝင်မှုကြီးကြပ်ရေးနှင့်ပြည်သူ့အင်အားဝန်ကြီးဌာန ၏ ဖွဲ့စည်းပုံ）ウェブサイト参照。
　（http://www.mol.gov.mm/mm/wp-content/uploads/2013/07/MOLIP-ChartNew-02.jpg）
2　労働・入国管理・人口省ウェブサイト（ရည်မှန်းချက်တာဝန်များ）参照。
　（http://www.mol.gov.mm/mm/about/objectives/）
　（http://www.mol.gov.mm/en/objectives/）
　なお、本章で引用したインターネットのウェブサイトの最終閲覧日は、特に断りのない場合は2017年1月6日である。

　労働・入国管理・人口省は「さまざまな労働法の下での保護に関する権利を労働者が確実に享受できるようにする取り組み」を行っており、上記の目的に基づき、「労働者のための社会サービスの提供」「労働の生産性向上の促進」「国際的な労働問題に関する取り組み」を主要な役割として担っている。

2　労働局

（1）労働局の役割

　労働・入国管理・人口省の労働局としての目的と役割は以下の通りである[3]。上記の省全体の目的や役割と重複したものが多く含まれているが、局の目的として掲げられているものをそのまま示す。

A　安定した職場環境の確保

B　職業安定業務（国内外）

C　労働者への熟練技能訓練

D　労働関連調査・統計業務

E　労働法に規定される労働者の権利のための監督業務

F　国際および地域間労働分野協力業務

（2）労働局の役割と機能

　労働局の中に、職業安定行政、職業訓練等を担う部局がある。労働事務所が全国に110カ所設置されており、公共職業安定所と労働基準監督署を兼ね備えた役割を果たしている。

（3）職業訓練行政

　第4章で取り上げた職業訓練行政は、労働局内の部局としてある。労働省

3　労働・入国管理・人口省ウェブサイト参照。なお、英語名称が「Department of Labour（DOL）」の訳語であるため「労働局」としているが、ミャンマー語名称を直訳すれば、「労働者指導局」である。
（http://www.mol.gov.mm/mm/departments/department-of-labour/dol-duty-and-function/）

による職業訓練、能力開発行政は、労働局の中に置かれた熟練技能発展部によって行われている。ただ、第4章の人材育成・職業訓練の節でも記述した通り、ミャンマーの職業訓練は、省庁別に訓練施設を設置しており、該当する業種ごとに行われている。国際協力機構(2013)によると、施設数とカリキュラム内容から判断する限り、科学技術省管轄の職業教育が最も充実していると考えられる[4]。

　労働局の組織図は図表10-2の通りである。

　Htin Aung(1996)によれば、Research and Planning Divisionがあり、既存の法律の効果を精査する役割を行っている[5]。諸外国の制度やILOによる国

図表10-2：労働局の組織図

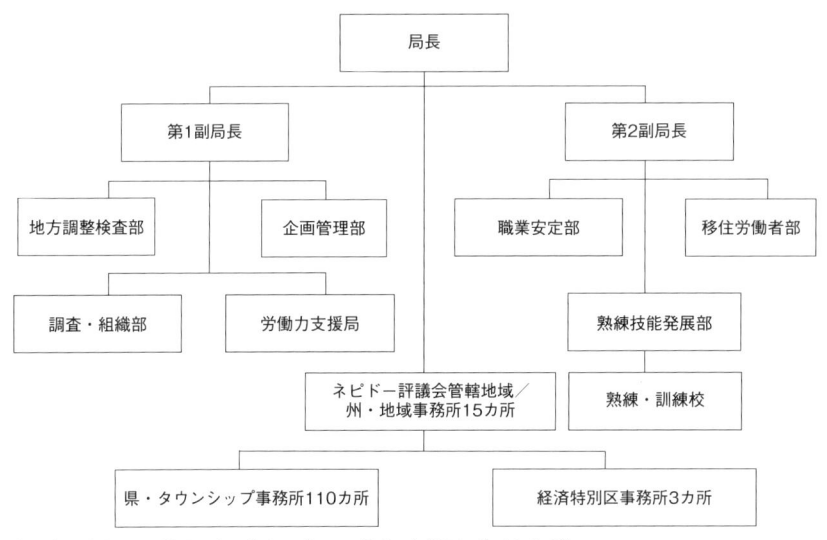

（出所）　労働・入国管理・人口省ウェブサイト掲載の組織図に基づき作成[6]。

4　国際協力機構(JICA)(2013)『ミャンマー国教育セクター情報収集・確認調査　ファイナルレポート』2013年2月、112～116ページ参照。

5　Htin Aung, 1996, "Human Resource Management," in Tan Teck Meng, Low Aik Meng, John J. Williams, Ivan P. Polunin, *Business Opportunity in Myanmar*, Nanyang Technological University, Chapter 21, p.258.
　　ただし、2016年の組織改編によって、名称は変更されている。

際的な労働基準の適合性を調査する役割もある。

●3　工場・労働法監督局

　労働基準監督や労働安全衛生行政を担うのが工場・労働法監督局である。この局の目的は、労働者の法的な権利を保護することとされており、法律で保護された権利が正しくかつ十分に享受されることによる生産性の向上をめざしている。局の主な役割は、①労働法に規定される労働者の権利が保護されるよう監督し、措置を講じること、②工場および事業所における職場での労働者の安全と健康の保護業務である。工場・労働法監督局の沿革は、1920年に工場監督部が設置されたことにはじまり、1959年に工場・労働法監督部となり、1972年に工場・労働法監督局となって現在に至っている[7]。

　工場・労働法監督局の組織図は、図表10-3の通りである。

　同局では、労働安全衛生教育協議会の開催、工場における労働安全衛生基準の測定、対話形式の労働安全衛生教育プログラムの実施を担っている。ウェブサイトには、各地で開催されるワークショップの模様が掲載されており、実際に工場に出向いて啓発活動も行われている。

　第5章の「11　労働基準監督機関」に記述した通り、労働・入国管理・人口省の工場・労働法監督局のもとに、州、管区、タウンシップ毎に労働事務所が設置されており、既述のとおり労働基準監督機関としての役割を担っている。工場監督官は工場法と油田（労働および福利厚生）法に基づいて、工場や油田の監督を行う。労働法監督官は、雇用契約や紛争解決法に基づいて決定の実施を監督する。決定の実施のために、労働法監督官は税務官と同じ権限を有していて、不払い分を強制的に取り立てることができる。

6　労働・入国管理・人口省ウェブサイト（အလုပ်သမားညွှန်ကြားရေးဦးစီးဌာန၏ဖွဲ့စည်းပုံ）参照。
　（http://www.mol.gov.mm/mm/departments/department-of-labour/dol-organization-structure/）
7　労働・入国管理・人口省ウェブサイト（သမိုင်းအကျဉ်းချုပ်）参照。
　（http://www.mol.gov.mm/mm/departments/factoires-general-labour-laws-inspection-dept/history/）

図表10-3：工場・労働法監督局の組織図

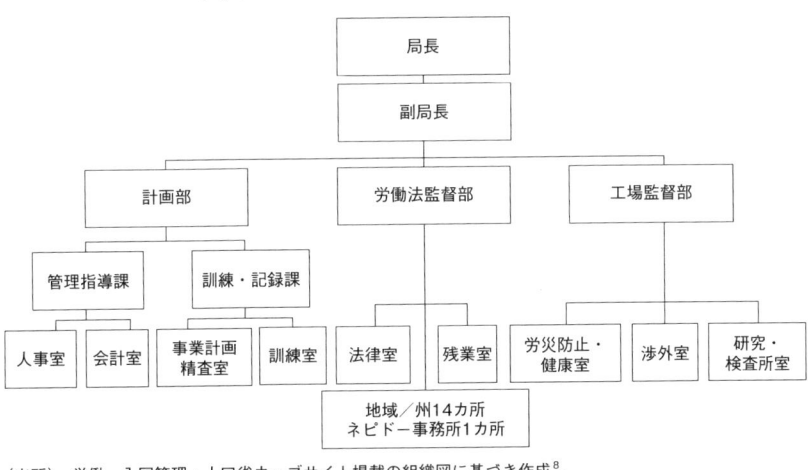

（出所）　労働・入国管理・人口省ウェブサイト掲載の組織図に基づき作成[8]。

　工場監督部では、安全衛生の情報提供や相談事業、安全衛生委員会の設置の奨励、安全衛生に関する意識向上のためのセミナーを実施している。労働条件についての情報提供やそれらの順守を確保するための監督の実施を行っている。職業病や労働災害についての報告も作成される。

🔴4　労働関係局

　労使紛争処理を担うのが労働関係局である。労働関係局の組織図は、図表10-4の通りである。

　労使紛争の解決に関する機能については、「第5章　労働法令」「第12節　労働争議解決機関」(174ページ参照)に記述した通り、4段階にわたる紛争解決機関が設置されている。(1) 職場調整委員会は、企業レベルの紛争解決機関であり、30人以上労働者を雇用する企業に設置が義務づけられている委員会である。(2) 調停機関は、州や管区のタウンシップに設置されている紛

8　労働・入国管理・人口省ウェブサイト（အလုပ်သမားနှင့်အလုပ်သမားညွှန်ကြားရေးဦးစီးဌာန ဖွဲ့စည်းပုံ）参照。
　　(http://www.mol.gov.mm/mm/wp-content/uploads/2012/01/Organization-Chat.png)

図表10-4：労働関係局の組織図

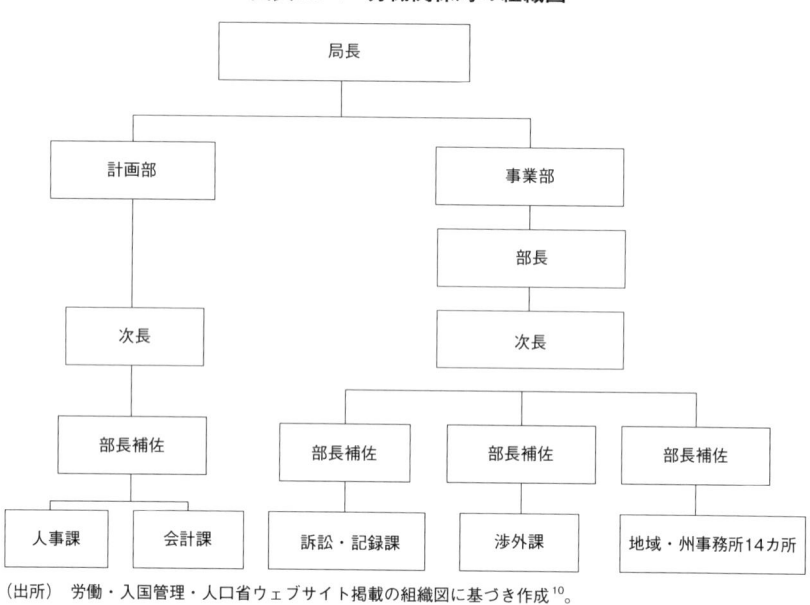

（出所）　労働・入国管理・人口省ウェブサイト掲載の組織図に基づき作成[10]。

争処理機関である。（3）仲裁機関は、州または管区に設置されていている機関である。そして（4）仲裁評議会である[9]。

9　Ministry of Labour, Department of Labour, 1990, *General Labour Practices in Brief, Ministry of Labour.*
　　なお、Ministry of Labour, Department of Labour（1990）によれば、労使紛争の解決のための政府の手続きを受けるには、まず、タウンシップの労働監督委員会（Township Workers Supervisory Committee）に申し立てを行うことになる。そこで双方が合意に至らなければ、労働監督委員会における和解交渉が行われるが、この交渉が不成立の場合、タウンシップの労働紛争委員会（Township Trade Dispute Committee）での仲裁に持ち込まれる。仲裁の第1段階はタウンシップ労働紛争委員会での仲裁、第2段階は州・管区の労働紛争控訴委員会、第3段階は中央労働紛争委員会での仲裁となる。

10　労働・入国管理・人口省ウェブサイト（အလုပ်သမားရေးရာဆက်ဆံရေးဦးစီးဌာန）参照。なお、英語名称が「Department of Labour Relations」の訳語であるため「労働関係局」としているが、ミャンマー語名称を直訳すれば、「労働者問題関係局」である。
　　（http://www.mol.gov.mm/mm/wp-content/uploads/2011/07/DLR_Chart11.jpg）

(1) 職場調整委員会

　労働省による2012年4月26日の通知「労使紛争解決のためのルール（The Settlement of Labour Dispute Rules）」によると、企業レベルでの労使対話のための機能として、30人以上雇用する企業には職場調整委員会（Workplace Coordination Committee）を設置することが義務づけられている。メンバーは21歳以上で、正規雇用契約を締結した従業員であり、勤続期間が6カ月以上の者と明記されている[11]。

(2) 調停機関

　調停機関（Conciliation Body）は、タウンシップごとに設置される委員会で、政府側から委員長が選ばれ、労使から3人ずつメンバーが選出される（労働争議解決法10条）。集団および個別の労使紛争の解決のための機関である。ヤンゴン、マンダレー、バゴー、マグウェイ、サガイン、タニンダーリ、エーヤワディー、カレン、チン、モン、シャン、ネピドーなど15カ所に設置されている[12]。

(3) 仲裁委員会

　調停が不調に至った場合に、解決の場が仲裁委員会（Dispute Settlement Arbitration Body）に移る。

　仲裁委員会は、委員長が州あるいは管区役所から選出され、労使3人ずつの委員と、政府側代表として当該州・管区の代表者、2名の労使が承認した有識者が加わって構成される（労働争議解決法16条）。仲裁委員会で労使が合意に至らない場合にストライキやロックアウトに入る選択肢が生じる（図表10-5参照）。

11　労働・入国管理・人口省配布冊子、Ministry of Labour, Employment and Social Security, 2012, *The Settlement of Labour Dispute Law*, 21ページおよび22ページ参照。

12　労働・入国管理・人口省ウェブサイト（ြပည်သူ့အခွင့်များ အသစ် ြပန်လည်ဖွဲ့စည်းြခင်း）参照。
　　（http://www.mol.gov.mm/mm/departments/central-trade-disputes-committee/arbitration-body/）

図表10-5：労使紛争処理のプロセス

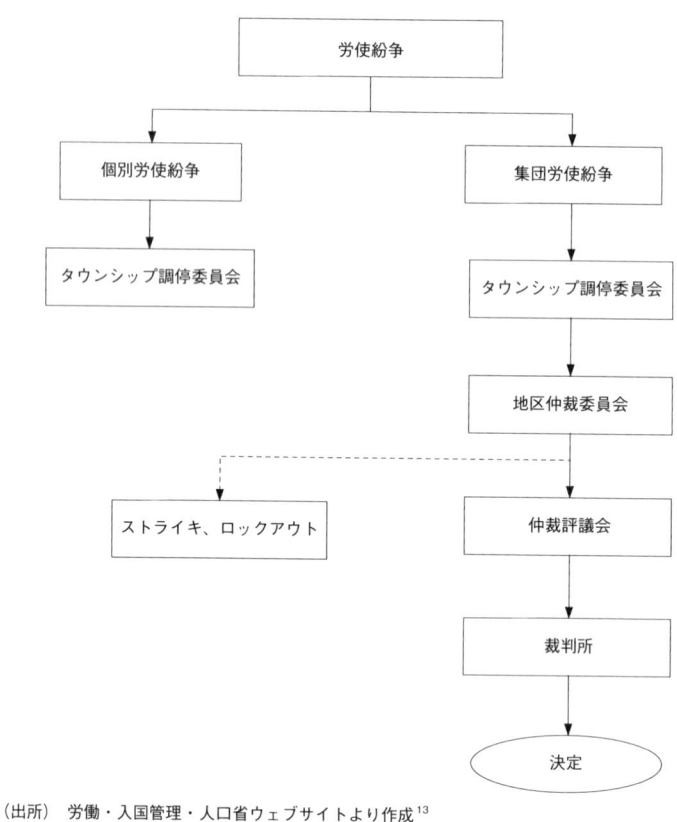

（出所）　労働・入国管理・人口省ウェブサイトより作成[13]

13　労働・入国管理・人口省ウェブサイト（အလုပ်သမားရေးရာအငြင်းပွားမှ ဖြေရှင်းရေးဌာန）参照。
　（http://www.mol.gov.mm/mm/departments/central-trade-disputes-committee/comittee-staff/）

(4) 仲裁評議会

仲裁評議会(Dispute Settlement Arbitration Council)は、政府から労働省が選任した5人、労使から指名された委員リストから5人ずつが選出されて構成される。

ここまでの紛争解決過程で当事者が和解や合意に至らない場合には、裁判所での審理へ持ち込まれる。

●5 社会保障委員会

社会保障委員会の主な機能と役割は、以下の通りである[14]。

A　労働者の健康及び生活を充足させるために雇用主、労働者及び国家が一体となって、国の主要産業を支える労働者の社会福祉及び健康を増進させる。そのことによって国全体の生産力を高め、ひいては国家の経済発展に寄与すること。

B　国民が自らの意思に基づき社会保険に加入することができ、生活の安全保障と健康の増進が、従来以上に実感できるようすること。

C　社会の実情に即した給付をすることによって、社会保障制度に対する国民の信頼と期待を高めること。

D　雇用主および労働者が積み立てた基金を預金のような形で貯蓄し、払い戻しを受ける権利を付与すること。

E　労働者に対する健康に関する保護および傷病、出産、死亡、ならびに業務中の負傷時の保険金の給付、退職後の治療継続給付、家族給付、就労する能力を喪失した者に対する給付、定年退職給付、遺族給付、失業給付、住宅居住および所有権を付与すること。

社会保障委員会の組織図は図表10-6の通りである。

主な部局には、計画部、財務部、調査・計画部、保険部、医薬部、情報・

14　労働・入国管理・人口省ウェブサイト(လုပ်သားဝန်ကြီးဌာန, ရပ်ပိုင်းဌာနများ)参照。
　(http://www.mol.gov.mm/mm/departments/social-security-board/)

図表10-6：社会保障委員会の組織図

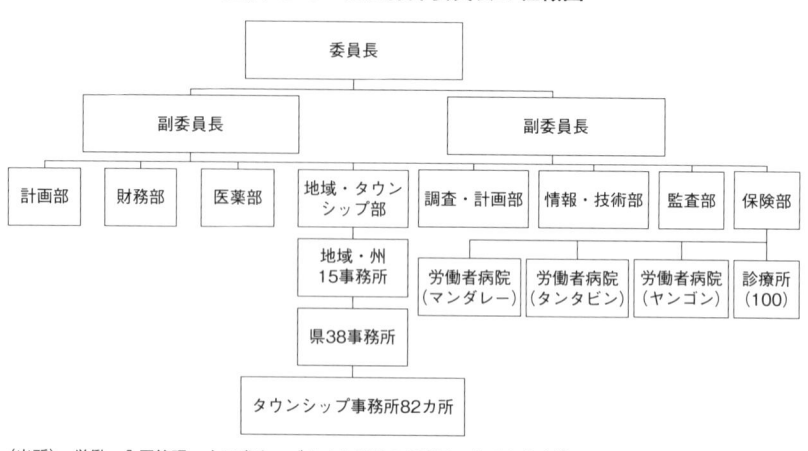

（出所）　労働・入国管理・人口省ウェブサイト掲載の組織図に基づき作成[15]

技術部（処理情報と技術部門の部門）、監査部などがある。その中で保険部は労働災害に関する行政を担っている。

●6　州・地域・タウンシップ労働事務所

　Simona Milio, Elitsa Garni zova and Alma Shkreli（2014）によると、州・地域ごとの労働事務所は14、タウンシップレベルの労働事務所が77設置されている[16]。管区・州別には、労働事務所（Labour Exchange Office）があり、その一覧によれば、ヤンゴン管区に18、マンダレー管区に11、バゴー地方域に5、エーヤワディ管区に7、タニンダーリ地方域に4、マグウェ地方域に7、

15　労働・入国管理・人口省ウェブサイト（လုပ်သားညွှန်ကြားရေး ဦးစီးဌာန）参照。
　（http://www.mol.gov.mm/mm/departments/social-security-board/ssb-organization-structure/）

16　Simona Milio, Elitsa Garni zova and Alma Shkreli, 2014, *Assessment Study of Technical and Vocational Education and Training (TVET) in Myanmar*, ILO Asia- Pacific Working Paper Series, p.60.

図表10-7：チャウタダ・タウンシップ労働事務所の組織図

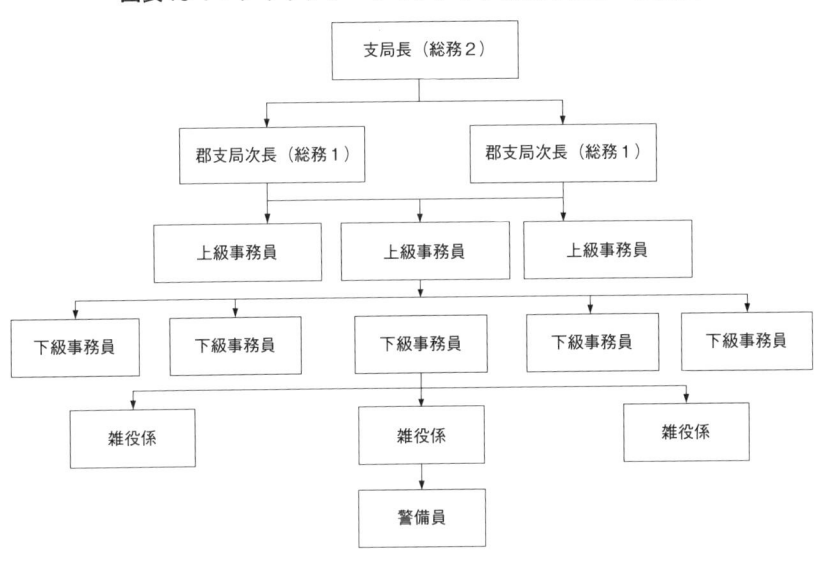

ザガイン地方域に7、カチン州に4、カヤー州に2、カレン州に3、チン州に2、モン州に5、ラカイン州に6、シャン州に8、ネピドーに1カ所設置されている[17]。

　ヤンゴン市内のチャウタダ・タウンシップ労働事務所の組織図は以下の通りである（図表10-7参照、事務所内に掲示されていた組織図を参照して作成）。

　既述の通り、労働事務所は、タウンシップごとに設置されている。労働基準監督署と職業安定(紹介)所を併せ持つ機能をもっている。

17　労働・入国管理・人口省ウェブサイト（ပြည်နယ်/တိုင်းဒေသကြီးများရှိ အလုပ်အကိုင်နှင့် အလုပ်သမားရှာဖွေရေးရုံးများ）参照。
　　（http://www.mol.gov.mm/mm/departments/department-of-labour/dol-manpower-statistics-division/leo-office-update/）

図表10-8：チャウタダ・タウンシップ労働事務所(写真1)

　実際にチャウタダ・タウンシップ(図表10-8、写真1)とラタ・タウンシップ労働事務所を訪問したところ、求職者が入れ替わり立ち替わり訪れ、求職登録のための面談を受ける姿が見られた(図表10-9、写真2)。職業安定所としての役割が大きいように考えられる。オフィスの内部や入口付近の壁に求人票が掲示されている。

　ただ、企業訪問をした際、労働事務所の担当官が工場に訪問して労働基準監督業務としての検査を行っているという話も聞かれたため、基準行政についても役割を担っていることがわかる。

●小括

　前政権では、単独で労働行政にあたっていた省庁、労働・雇用・社会保障省は、2016年3月に発足した新政権によって、入国管理局と統合され、労働・入国管理・人口省となった。ただ、政権発足後数カ月間の間を見てみる限り、従来の機能が大きく変更されたようには見えない。

図表10-9：求職登録する労働者（写真2）

　同省のウェブサイトを閲覧する限り、同省を訪れた国際機関関係者と大臣や局長の会談風景やミャンマー国内各地で開催されている労働基準遵守のためのワークショップの光景が掲示され、頻繁に更新されている。

　ただし、労働行政が労働法令やルールが遵守されるかたちで行われているとは言いがたい。例えば、職業安定行政については、法制度上は公共職業安定所を利用することが義務づけられているが、われわれが現地調査や既存の調査結果や、統計局が公表する公共職業安定所による就職者数などを参照すると、実際には口コミによる募集・採用活動が主流となっていることは明らかである。無料で正確な求人求職情報を提供するための行政の体制を整備していくことも課題の一つであると指摘できる。

　労働基準監督の観点では、従来、企業経営の立場からすれば、過度に行政が経営に介入してくることに不満を唱える声も聞かれた。従来は、労働者を保護する立場にあったと見られた労働事務所が、経営者の立場を考慮する姿勢も出ているとも言われている（第11章、日系進出企業の人事労務管理（事例）

のＡ社(d)職場の規律参照）。労働者保護と企業経営者の要望のバランスや、労働基準の履行確保という規制と市場経済における企業活動の活発化のバランスをとりながら労働行政を舵取りしていこうとする姿勢が見えかくれしている。

第11章

日系企業における人事労務管理

（ヤンゴン市街で新聞を販売する屋台）

🔵 はじめに

　ミャンマーにおける雇用・労働に関わる法律や行政の諸制度、および労働市場や人的資源、企業における人事労務管理の動向については、前章までで見てきた通りである。最後に本章では、こうした環境で奮闘するミャンマー進出日系企業の人事労務管理の特徴を現地で行ったヒアリング調査の結果に基づき整理する。

　第1節では、まず、ミャンマーへの外資による投資概況と日系企業の位置づけを概観する。第2節では、ミャンマーに進出する日系企業数の推移を見た上で、第3節では既存の調査を踏まえて日系企業を中心とする外資系企業の人事労務管理の特徴を整理する。そして第4節では、日系企業2社の事例を取り上げ、各社のより具体的な取り組み、工夫を紹介し、採用や人事労務管理の特徴を描出したい。投資先として魅力と課題が混在するミャンマーにおいて、日系企業が人材の獲得と活用を効果的に進めるための戦略やヒントが、いくらか見えてくる。

🔵1　外資によるミャンマーへの投資概況

　ミャンマーへの直接投資を国別にみると、中国およびシンガポールが投資件数で21.6％、投資額で33.2％を占めて優位な地位にある。DICA（Directorate of Investment and Company Administration）発表の数値を参照して、2015年度の国別に投資状況（許可額）を見たグラフが図表11-1である[1]。同じく投資件数は図表11-2の通りである。

1　DICA ウェブサイト（Yearly Approved Amount of Foreign Investment（by Country）参照。なお、本章において参照したインターネットのウェブサイトの最終閲覧日は、特に断りのない場合は2017年1月6日である。
（http://www.dica.gov.mm/sites/dica.gov.mm/files/document-files/2016_march_fdi_by_country_yearly_approved.pdf）

図表11-1：ミャンマーへの国別投資額（2016年12月末）（100万ドル）

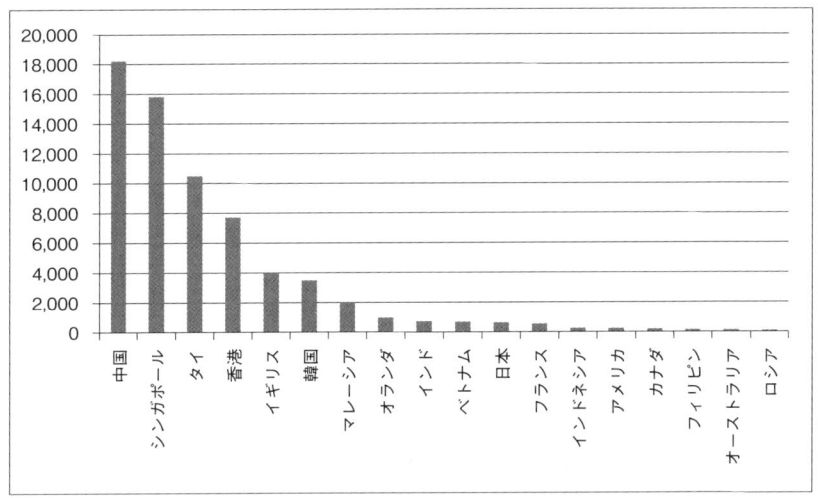

（出所） DICA 資料「Yearly Approved Amount of Foreign Investment（by Country）」より作成。

図表11-2：ミャンマーへの国別投資件数（2016年12月末）

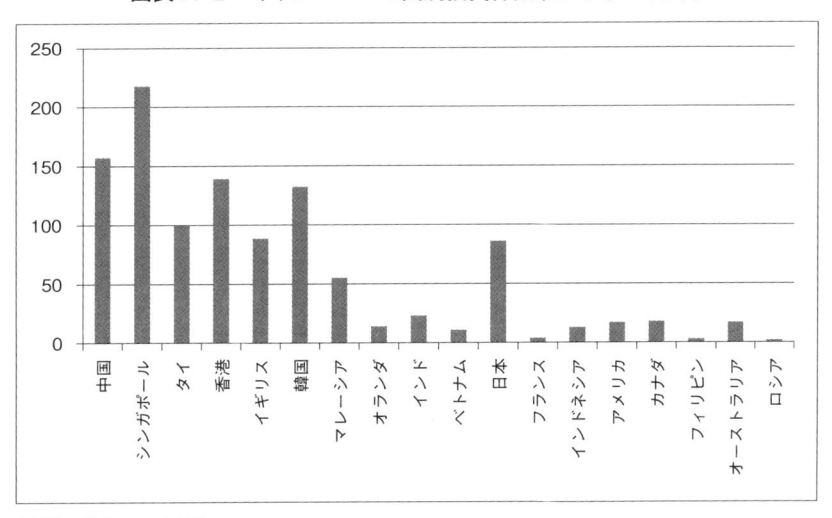

（出所） 図表11-1 と同じ。

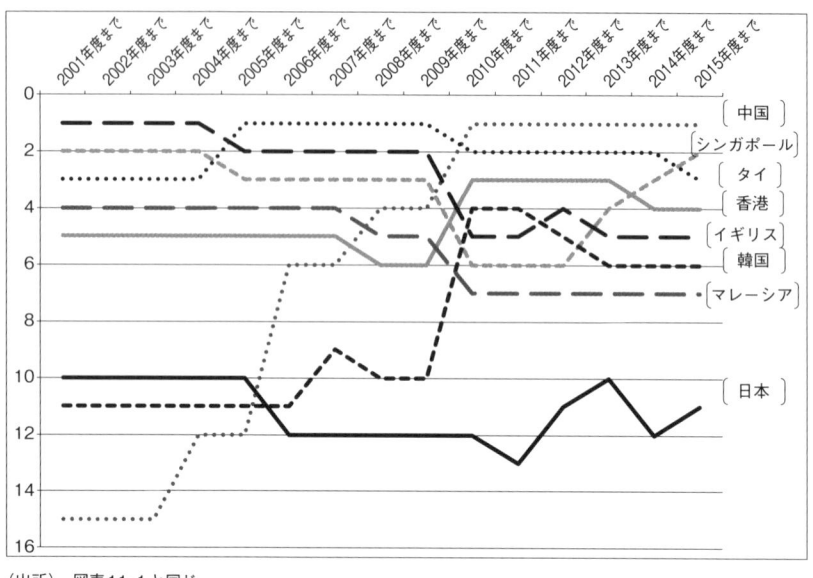

図表11-3：ミャンマーへの投資額国別順位の推移

（出所）　図表11-1と同じ。
（注）　8位から10位までは略。

　日本は投資額で11位、投資件数では6位、1件当たりの投資規模では17位となっている。図表11-3は、2002年以降の推移と累計投資額の順位を示した図表である。

◯2　日系企業の進出概況

　ミャンマー日本商工会議所（前ヤンゴン日本人商工会議所）の会員企業数の増加は、テインセイン政権が誕生してから顕著であり、2014年末には220社に、2015年末には290社、2016年末には330社に達した（図表11-4参照）。

　同商工会議所には、「貿易部会」「金融・保険部会」「工業部会」「建設部会」「流通・サービス部会」「運輸部会」などの七つの部会があるが、大幅な伸びをみせているのが建設部会である。同商工会議所は1996年に発足したが、当初は「貿易」「金融・保険」「工業」「建設」「流通・サービス」の5部会で構成され

ていたが、サービス分野の企業数の急増を背景に、2014年度に運輸部会が
流通・サービス部会から独立した[2]。

図表11-4：ミャンマー商工会議所会員数の推移

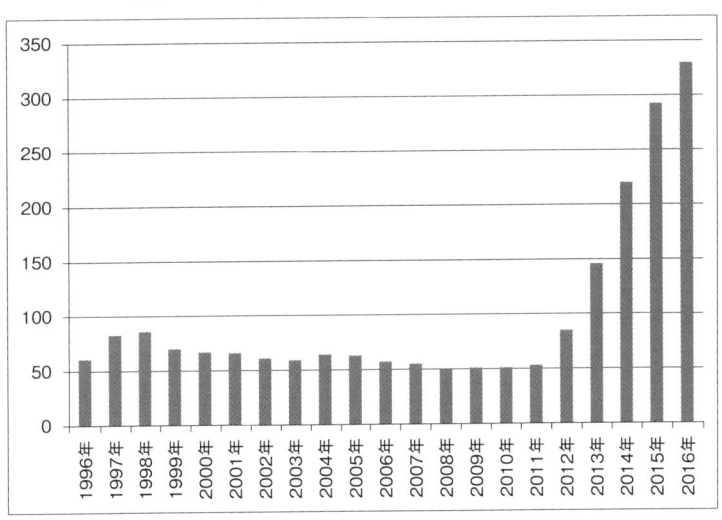

（出所）　日本アセアンセンター「投資データ」「在ASEANと中国の日本人商工会議所等会員企業
　　　　　数」[3]等参照。
（注）　2016年は12月末現在。

2　瀬川藍子(2014)「ヤンゴン日本人商工会議所の会員企業が200社に」『通商弘報』2014
　　年12月5日参照。
3　日本アセアンセンターのウェブサイト「在ASEANと中国の日本人商工会議所等会員
　　企業数」参照。
　　（http://www.asean.or.jp/ja/asean/know/statistics/5/pdf/4-4.pdf/at_download/file）

●3　日系進出企業の人事労務管理（動向）

　本節では、現地での調査結果および既存の調査研究を参照し、ミャンマー進出日系企業の人事労務管理に関する特徴についてまとめる。

（1）採用

　加藤（2014）によれば、ある企業では当初は現地のエージェントを利用して募集していたが、調査時点では口コミで労働者を募集して選抜するかたちをとっていた。募集を待っている労働者が常にいるという状態であるという[4]。

　Dews（1997）は、外資系企業がミャンマー人を採用して賃金を決定する際の留意点として以下のことを挙げている。ミャンマー人には、外資系企業の方が地場の企業よりも高い給与を支払うという認識がある。しかも、ミャンマー人どうしでは自分たちの給与水準を自由に話し合っているために、お互いの給与水準が周知されている。そのため、高い給与を技能や職務遂行能力に適した水準で支払っていれば問題がないが、不相応な高額の給与を支払っている従業員がいる場合に、企業全体の給与水準が割高になってしまう。それは、有能だが適切な水準の給与が支払われていない従業員が不満を感じて辞めていってしまう可能性があるため、留意すべきであるとしている[5]。

　根本（1998）は、少々古い事例であるが、ミャンマーの日系企業における採用方針を記述している。ある建設関係の企業の事例であるが、縁故や紹介による採用は行わない方針をとっていた。縁故による採用によって、本人の勤務査定あるいは解雇の際に生ずるトラブルを未然に防止するためであるという。ただ、プロジェクトごとの現場の労働者の採用は口コミで募集するということである[6]。

4　加藤志津子（2014）「日本企業のグルーバル人的資源管理戦略：ミャンマーに進出したフレックスジャパン株式会社を例として」『グローバリゼーション研究』第11巻、第1号、62ページ参照。

5　Dews, Philip, 1997, *Starting & Operating a Business in Myanmar*, McGraw-Hill Book, p.48.

6　根本敬編著（1998）『ミャンマー：技術指導から生活・異文化体験まで』海外職業訓

　採用の際の留意点について、第4章でも既に触れたことであるが、ミャンマー人は基礎教育を修了した者であっても、四則演算を理解していなかったり、算用数字が読めなかったりといったケースもあるため、工場の単純労働者の採用であっても、履歴書上の学歴だけで判断せず、最低限の知識や能力を確認するための試験を実施する企業もあるという[7]。

　また、小島(2014)によれば、採用の際に年齢確認を怠るべきではないという[8]。ミャンマー人は年齢よりも若く見えることが多いため、児童労働違反の問題に巻き込まれないようにするため、採用する際には国民登録証などで年齢を確認する必要があるとしている。

　われわれが現地で聞き取り調査をした企業の中には、ミャンマー人労働者の教育水準は、率直に言えば決して高くないと証言する者があった。それは、ミャンマー人の持っている技術、つまり履歴書に記載された経歴・学歴は信用できないという実感を持っているということである。

　また、大卒者を採用する際に留意していることとして、Long Distance University（通信制大学）の卒業生を大卒者として認めない方針をとっている企業もあった。通信制大学の学生は、年に1カ月ほど通学してレポートを提出するだけで単位取得ができて、4年生大学の卒業資格を取得してしまうため、一般的な大卒者とは区別する必要があるという。

　なお、採用する人材の特徴として、指先が器用であるという意味で、ワーカーは全員女性を採用しているという企業があった。

(2) 雇用契約書の締結

　現地調査での聞き取りによって、ミャンマーでは従業員個々人との雇用契

　練協会（海外・人づくりハンドブック；3）、181ページ参照。

7　安藤智洋(2005)「第6章 ミャンマーの人的資源」石田正美編『メコン地域開発：残された東アジアのフロンティア』(アジ研選書)アジア経済研究所(2005/12)所収、160ページ参照。

8　小島英太郎(2014)「第9章　ミャンマー」若松勇・小島英太郎編著『ASEAN・南西アジアのビジネス環境』日本貿易振興機構160ページ参照。なお、第4節の事例A社でも、同様の指摘が見られる(339ページ参照)。

約書に労使それぞれの署名とともに、労働事務所の担当官が内容を確認した上で署名がなされる必要があることがわかった。

　企業における面接等の選考後に採用者が決定すれば、採用者それぞれ個別に、契約内容、労働条件を承認したことを確認した上で雇用契約を締結する。雇用契約書の文面は、労働事務所が作成した契約書のサンプルをベースにして、従業員の人数分の契約書を作成し、顧問弁護士に確認してもらっている企業が多い。各採用者と雇用主がサインした契約書を労働事務所に提出し、労働事務所の担当官が最終確認した上でサインすることによって雇用契約書が完成する。こうした煩雑な手続きを、労働条件が変更される度に行っている。

（3）技能形成

　日系企業における技能形成に関する調査結果はそれほど多くはない。縫製業を対象とした調査結果である加藤（2014）によれば、一人前になるまでに1年程度はかかるとのことである[9]。

　現地で聞き取り調査をした企業には、工場内にトレーニングセンターが設置されており、研修内容として「Class Training」「Site Training」「Group Discussion」「Presentation」「Examination」といった項目を設けて実施しているところもあった。工場設立当初は、アセアン内にあるグループ企業からベテラン従業員を派遣してもらって指導するかたちをとっていたが、調査時点では勤続経験のあるミャンマー人従業員が育成されてきており、勤務経験が長いミャンマー人従業員が新入社員を指導する体制をとっていた。これは教えられる立場から教える立場になるという意味で、仕事に対する意識づけにもなる効果があるという。新入社員が受ける新人研修も操業当初は2週間行っていたが、期間を1週間に短縮して、OJTで育成する体制が整いつつあるという。

9　加藤（2014）前掲注4、62ページ参照。

(4) 賃金

　叶(2014)が調査した企業の例では、ワーカー・レベルの賃金は7万200チャットから8万9,376チャット、マネジャー・クラスで15万チャット、リーダークラスで16万チャット、スーパーバイザー・クラスで17万チャット(2012年9月現在の額)という[10]。

　諸手当について、われわれの現地調査の結果では、基本給以外に手当として「役職手当(能力給)」「食事手当」「通勤手当」「皆勤手当」「生活手当」「食事補助」「住宅費補助(地方から出てきている者が対象)」などが支給されていることがわかった。

(5) 離職

　縫製業を対象とした調査結果である加藤(2014)によれば、月に2名から3名が離職するという。従業員規模が427名(調査時)であるので、年5%から8%程度の離職率であることがわかる。離職率は下がる傾向にあるという[11]。

　叶(2014)によれば、縫製関係の工場の話として、月20%は離職する例が挙げられている[12]。第6章でも触れたが、安藤(2005)によれば、地場の縫製関係の工場の離職率は、おおよそ1カ月に2%から3%であるのに対して、外資系企業の縫製業工場では1カ月当たり10%程度が入れ替わること状況が珍しくないという[13]。つまり、1年間に入れ替わる延べ人数が、全従業員の数を上回る計算になる。地場の企業に比べて給与水準が低いわけではない外資系企業で離職率が高い要因について、次のように分析している。まず、単純に少しでも高い給与を得られる職場に転職する傾向が強いのではないかということである。外資系企業での勤務経験はキャリア形成上、経歴に箔をつける意味

10　叶芳和(2014)「ミャンマーの人的資源の展望」『日本経済大学大学院紀要』第2巻、第2号、59～73ページのうち、65ページ参照。

11　加藤(2014)前掲注4、、63ページ参照。

12　叶(2014)前掲注10、60ページ参照。

13　安藤智洋(2005)「第6章 ミャンマーの人的資源」石田正美 編『メコン地域開発：残された東アジアのフロンティア』(アジ研選書)アジア経済研究所(2005/12)、160ページ参照。

があるからでもある。外資系企業の企業内の規律は、地場の企業に比べて厳しいということも要因の一つとして挙げている。また、外資系企業の文化や風土、習慣に馴染むことが難しいという点もある。外資系企業は経営環境の悪化に伴って撤退してしまう可能性があるため、決して安定的な職場とは考えられていないという要因も指摘している。

(6) 福利厚生

　縫製業を対象とした調査結果である加藤(2014)によれば、工場の敷地内に従業員寮が設置されており、原則として全寮制であった。優秀な従業員に限って結婚を機に寮を出て自宅から通うことを認めており数名いるということである。また、月に1回の誕生会を開催しているほか、年に1回社員旅行を実施している。

　現地調査で聞き取りした企業では、食事補助として昼食を提供する取り組みをしている。かつて、食事手当を給与に上乗せして支給するかたちにしていたが、従業員たちは出費を抑えようとして、食事に使おうとしない傾向があり、栄養失調になってしまう例があったという。そこで、会社側は食事を提供することにしたが、主食を会社側で用意して、おかずを自分自身で持参させるようにしているという。おかずも会社側で提供することを考えたが、好みがあって、食べられるもの、食べられないものがあるため不評だった。500チャットを支給して自分でおかずを持参できるようにしたという。

(7) 職場の規律

　現地調査で聞き取りをした企業の中には、職場の規律を維持することに苦労しているところが少なくない。例えば、工場内では靴を履く規則になっているが、ミャンマー人は靴を履く習慣がない者が多いため、徹底させることに苦労したという。ミャンマー人はロンジン（下半身に着用する筒状の衣類。ミャンマーで日常的に着用されている伝統的な衣装。）を着用するため、自分の靴やズボンのサイズさえも知らず苦労したという企業もあった。

(8) 労使関係

　現地調査で聞き取りした企業の中には、労使紛争で苦労しているところもあった。特に2013年には、工業団地内に立地する工場で、次々にストライキが発生していったという。予告無しのストは、法律では禁止されているが、実際に予告無しでストは起こるという。非常識なストをゲリラ的に受けて苦しむ経験をした企業もあった。法律に基づけば、違法ストに関わった従業員を解雇できるはずなのだが、労働事務所が実際に罰することはないという。労働条件は、採用のときに明確に決めて雇用契約書を締結しているが、従業員はアウトサイダーにけしかけられて労働条件に対する不満が露になりストが発生するという。

🔴4　日系進出企業の人事労務管理（事例）

　2015年9月に2週間の現地調査を実施した。その際、関係省庁や労働組合、国際機関での聞き取りにより、労働法制や労働市場の動向に関する情報収集を行ったほかに、日系進出企業を訪問してヒアリング調査を行った。そのうち、事例の掲載の許諾が得られた2社（図表11-5参照）について、人事労務管理の事例について、聞き取り内容を紹介する。

図表11-5：事例企業のプロフィール

	A社	B社
業種	縫製	鉄鋼
設立年	2001年	2013年
従業員数	1,720人	事務所：14人 工場：350人
事業内容	紳士服（スーツ）製造	橋梁等の鉄鋼部材製造

（1）A社（業界：縫製業）

（a）組織概要

（設立年月、資本形態等）

　A社は、縫製業を主要事業とする、2001年から操業している企業であり、調査時点で設立14年から15年になる。資本金は5億チャットで、敷地内に二つの工場があり、1日の生産量は、実績値として紳士服1,200着を目標としている。

（事業概要、製品・サービス等）

　A社は、CMP（Cutting, Making and Packing）というビジネス・モデルで、紳士服（スーツ）を生産する企業である。原材料の生地は、発注側からの仕様書に基づき、外国（日本あるいは中国、欧州）から輸入している。

（従業員）

　従業員数は、1,720人であり、そのうち150名が男性、その他は女性である。間接部門の従業員は133人、その他は製造部門である。

　従業員は、ほぼ全員、地方出身者であり、ヤンゴンに仕事を求めて出てきた労働者である。平均年齢は25歳で、中高卒が中心だが大卒もいる（ちなみに、日本と教育制度が異なるため、16歳で高卒となる）。

　工場には日本人の駐在員が、工場長（Factory Manager）、技術2人、検査1人、機械メンテナンス1人で計5人、その他に中国人技術者3人に、パターン（裁断用型紙）等でフィリピン技術者3人、合計11人の外国人が在籍している。

（b）採用・募集・選考

（採用方法）

　従業員を採用する際、職業紹介所や新聞広告を通じた募集ではなく、既に雇っている従業員の紹介による募集を行っている。つまり、従業員が知り合いに電話をかけて、働く意向があるか確認してもらい、採用候補者を募る形

をとっている。ただ、候補者を募集する際には労働事務所で決められている条件に則って募集している。

　一般的な広告を出す等の求人をしていないのは、法律で認められた年齢以下の労働者を誤って採用してしまわないようにするためである。従業員からの紹介であれば、心配なく採用できる（偽装 ID CARD が非常に多い為）。

　50人を採用する場合に、2〜3倍、つまり100人から150人が応募してくる。それだけ多くの応募者が殺到するのは、地方には仕事がないことが関係している。ミャンマーでは雇用機会が決して多くない。つまり、ヤンゴン周辺しか仕事がないと言える。地方にはインフラが整備されていないため、工場をつくっても物を搬出できない。つまり、内陸部に工場を建てれば、製品を飛行機で港まで出すか、陸路で運搬ということになる。その分、輸送コストが高くなるため、ミャンマー北部の地方に工場をつくることはできない。そういったインフラの面での問題もあり、工場はヤンゴンに集中してしまう。

（採用条件：学歴・経験等）

　従業員を選考する際には、「健康であること」「犯罪歴がないこと」「学歴（高卒）」「体重」「ID カードの提示」を書類で確認した上で、面接する。

　採用試験では、数字に関するテストを行っている。例えば、数字の列の1番目の数字と2番目の数字を足して答えを出させて、その答えの数字に3番目の数字を足すといくつになるか、といった問題である。

（従業員の特徴：出身地、性格等）

　従業員の出身地は、地域的にはエヤワディー川の向こう側、ミャンマー南西部の地域からの者が多い。その多くは農業に従事している家族の子どもたちで、いわゆる小作農の子である。野菜をつくっている地域では、雨季には仕事ができない。その間の生活費は、野菜の卸問屋からお金を借りて賄い、返済は物納である。お金を借りて、収穫された農産物で納品するという。利子を取られるため、半分くらいの値段に叩かれるというのが実状で、そういった家族の子どもたちがA社の働き手となっている。

（雇用契約書の締結）

　雇用契約については労働事務所が監督している。今回、最低賃金が3,600チャットになるので、全面的に雇用契約を改定しなければならない。それに伴って、工場内の規則、罰則規定を厳格にした（罰則の厳格化の詳細については「職場の規律」において後述する）。契約書のベースになるのは、労働事務所が作成したモデルであり、A社として個別に規則を追記したい場合には、その旨を労働事務所に打診して、その条項の追加が問題ないのか確認をしてもらう。承認されれば、労働事務所の担当官のサインがある契約書に、従業員一人ひとりがサインをするという流れになる。

(c) 労働条件と人材育成

（就業時間）

　就業時間は、7：30 ～ 11：15、45分間の昼休み、12：00 ～ 16：15で、8時間労働だが、定時の就業時間内に1日当たりの目標生産量1,200着ができていない場合には残業となる。

（残業時間）

　縫製業には閑散期と繁忙期がある。オーダーに対応し、納期が決められるといったことが避けられないので、繁忙期になると、平日2時間から3時間程度の残業は必須である。ミャンマーの法律では、残業が平日で3時間、土曜日で5時間が認められている。だから、土曜は5時間程度の残業が一般的であり、週当たりの法定残業時間の上限は週20時間になる。オフィスワークのように平均的な作業にすることはできないので、どうしても閑散期と繁忙期ができてしまう。縫製業は、残業があってはじめて成り立つ産業である。

（賃金・諸手当・賞与）

　賃金は、生産作業をしている従業員の新人は月額6万8,240チャット、ベテランになると月額18万6,790チャットである（調査時点）。

（最賃決定と諸手当の改編）

　最低賃金が決定されたことに伴って、現在、検討を進めているのは、給与明細の記載すべき項目の統一である。従来は、企業ごとに、工場ごとに給与内容が様々であったが、2015年9月1日から賃金は、政府発行のフォーマットに基づいて支払うことになった。

　従来は、給与項目として「基本給」「精勤手当」「ターゲット・ボーナス」があった。この「ターゲット・ボーナス」というのは、本来の意味からすると「ターゲット」つまり目標を達成したことによって支払われるボーナスだが、実際は業績目標を達成しなくても支払うというやり方であった。この他に「ポジション手当(職務給)」「職能給」「年功給」「生活給」といったものがあった。

　これらの手当は従来、給与項目として基本給以外の手当として支払ってきたが、今回の最賃決定で決まったことは、基本的に1日3,600チャットを払うことを政府が義務づけるものであり、つまり、諸手当を廃止して基本給に統一した形でも1日3,600チャット支払えばいいということになった。

　だが、そうは言っても、基本給のみにして全員一律の賃金というわけにはいかないために検討している。基本給以外の追加の諸手当としてあった「職務給」「職能給」「年功給」の三つを廃止してしまうと、新人とベテランが同じ賃金水準になってしまうということもあるため、廃止するわけにはいかないということになった。

　労働事務所の説明では、ベテランと新人の差が問題となるのであれば、いったん解雇して新人として雇用すればいいという。しかし、そのようなことを実際にしてしまったら、品質や生産性は確実に落ちる。できるだけ現状の体制を維持しながら、どれだけコストを抑えながら生産を維持することができるかということを考えるしかない。それを模索している。

（ボーナス）

　賞与はない。基本給と手当だけである。「賞与」といえるものではないが、4月の水祭りの休みのとき、そして、A社は地方出身者が多いので10月の休暇、ダディンジュ祭りのとき（8日間休み）の交通費の支給をしていた。つまり、

年に2回の祭事に関連して支給してきた。10月の休暇には、生産量が半分あるいは、減少幅が大きければ3分の1程度になってしまうこともあるので、ダディンジュの特別支給（休暇）はなくした。その代わりに目標製造着数を達成した場合、プラスアルファのボーナス支給することにした。

（能力評価給）

　勤続年数を重ねていくことによって年功給があがり、さらにスキルアップしていると判断できれば、「スキル・サラリー」が加算される。勤続年数が短くても、能力アップが認められれば少しずつだが上げるようにしている。

（残業手当）

　残業時間のところでも触れたように、縫製業は残業をしなければ成り立たない業種である。日系企業であっても、業種によって経営環境が異なる。縫製業は労働集約型であるからコストが最も低い、つまり賃金が最も低い業種である。平均賃金という点でみても、縫製業で今回の最賃の3,600チャットという水準を払っている企業は1件もないであろう。おおよそ平均では基本給が1,000チャット〜1,500チャット＋諸手当という水準である。ただ、基本給に追加して、「ターゲット・ボーナス」や「生活手当」などを払っているというのが実状である。

　つまり、基本給が上がると残業代が跳ね上がってしまう。現在のミャンマーの法律では、残業代は基本給の2倍の割増になる。今回決定した最賃額で計算すると、従来の日額1,000チャットから1,500チャットから考えれば、残業代が一気に3倍になってしまうことになる。それは、賃金支払い総額自体が倍以上になることを意味する。A社では、廃止可能な手当は廃止し、生活手当や精勤手当も廃止して対応する。

（賃金の支払い）

　月給制であり、月に1回月末に支払う。毎月30日か31日である。その月が終わる日、31日が日曜日であれば30日である（現在は毎月5日支払いに変更）。

　ミャンマーでは、13年ほど前に銀行が倒産した経緯があり、銀行が信用されていない。そのため、賃金の支払いは、現金払いが基本であり、銀行振込みは少数である。

　A社は月末が賃金支払い日であるが、その際、大量の紙幣が必要である。最近は1,000チャット紙幣が最も多いので、軽トラックいっぱいの紙幣が運ばれてくる。給与支給日には、約1,800人の従業員の関係者が玄関に集まる。働く娘のところにやって来る親や借金取りなどである。ミャンマーで銀行の支店が広がり、銀行振り込みが一般的になるのは、まだ何十年も先のことだろう。

（福利厚生：寮）

　従業員は、工場内にある寮に居住している。創業時から寮を工場内に併設している。寮があることで、地方からヤンゴンに出て来る労働者が集まるだろうという考えがあったからである。工場の管理下で生活するという趣旨であり、通いの者は採用しない。地方から来た者を採用して、ヤンゴンに住むところがない者に寮を提供する。基本的に地方から来た者を採用するかたちをとっている。

　寮は女性用として2棟、男性用として1棟、敷地内に合計3棟がある。寮では、食事が1日3食が提供され、寮費はとっていない。

　寮があることで働きやすい環境ができている。地方からヤンゴンに出てきた者にとって住居にかかる費用は高額である。食事付きだから従業員にとってメリットも大きい。女性であれば香水など化粧品にもお金がかかるため、寮に入っていれば余計なお金をつかうことなく、化粧品などにもお金をかけられる。寮があることが従業員にとって、A社で働きたいという理由の一つとなっていると考えられている。ヤンゴンという大都会で住む場所に不安を感じて、親が働きに出さないという場合が多い。そのため、寮のあるA社には、家族が安心して娘を出稼ぎに出すことができるという話も聞く。

　ヤンゴンにきてA社で働く者の7割〜8割は、親に仕送りをしている。寮に居住することによって、食・住に関しては楽に暮らせる。お金がなくても

生活ができる。極端な話、受け取った賃金の100％を仕送りしても生活できる。そういう意味でＡ社は仕事しやすい。親も子供を送り出してくれる。

　ただ、寮を持っている企業は、ミャンマーでは一般的ではない。多くの工場には寮はなく、車で送迎する企業の方が一般的である。Ａ社の考えでは、従業員が寮に入っていることによって、朝の出勤時に遅刻することがないため管理しやすい。門限も決まっている。

　従業員が通勤する体制になっている企業では、オペレーターが転職しやすい。つまり、他社の賃金水準に惹かれて転職していく。Ａ社ではそれを避けるために寮に住まわせている。

　従業員約1,750人のうち1,300人が寮生活をしている。約500人が通いであり、その500人のうち半数が以前、寮生活をしていて社内結婚等で世帯をもつことになり、寮から出て行った者である。

(d) 職場の規律
（就業規則）
　就業規則は、労働事務所が作成したモデルをベースとして、Ａ社独自に法的に問題のない範囲内でアレンジするかたちで作成している。

（罰則規定）
　最低賃金が決定したことによって、社内の規則の罰則を厳しくした。これは、労働生産性を上げるということが関わっている。労働事務所側も3,600チャットを最賃として支払うのが厳しい企業があるということは理解している。その上で、政府が主導して、各タウンシップの労働事務所に対して、各工場に最賃を順守させるように指導しているのである。使用者に順守させるための方策として、まず労働生産性を上げる必要があるが、そのために、態度の悪い従業員、要するに労働生産性を上げることに妨げとなる従業員や、真摯に勤務しない従業員、遅刻、欠勤、早退の多い従業員は解雇しても構わないという説明をしている。工場側がみて従業員が仕事しない、生産性を上げることの妨げとなっていると判断した場合には、解雇してもいいという。

以前は、労働事務所はほとんど労働者の側に立つ姿勢であったが、最賃決定後に労働事務所のスタンスが変わってきている。

　具体的には、工場内で酒を飲んだり、タバコを吸って仕事を怠けるような行為があった場合に、解雇しても構わないという方針が示されている[14]。これを踏まえて、A社の社内規定も改定した。従来にない厳しい罰則を加えた。ただ、即、解雇というわけではなく、基本的には社内規定に違反すれば、始末書を書かせ、3回までは許容するが、それでも是正されない場合に、4回目は解雇ということにしている。その場合は、退職金は支払わないこととしている。会社都合であれば、解雇にした場合には退職金（賠償金）を払わなければならないが、罰則による解雇者は、退職金を放棄する旨が規定されている。労働事務所からは、小さなことでも構わないので、必ず資料を作成して、証拠として持って置くようにと指導されている。従業員を解雇するにあたって妥当だと思われるような証拠をつくっておけというのである。証拠があるならば、労働事務所としても解雇を認めるという姿勢になっている。

　以前の労働事務所は、明らかに従業員に非がある場合でも従業員を擁護するような姿勢をとっていた。外資企業に対して厳格に制度を適用する方針で、市民生活の向上を重要視していた。しかし、今回の最賃の3,600チャット決定を契機として、スタンスが変化して、工場側の立場に近寄って中立的な立場になっている。

（離職率）

　A社が操業を開始した2001年当初から勤務している従業員は、約20人程度である。当時の従業員は200人であったから、そのうちの10％程度が現在も勤務していることになる。

　離職率は月当たり2％、つまりおよそ35人から36人が辞める。ミャンマーの企業の離職率は平均的にみて、7〜8％と言われているので、2％は低い方であると考えている。

14　労働事務所の方針については、第6章章末の（資料）職員の遵守するべき規則（ミャンマー政府によるモデル）を参照されたい。

　そうした離職者とともに、ミャンマーでは10月、11月は通信制大学への入学を希望する従業員がいるため、入学の時期にはまとまって30人〜40人が離職する。入社して3年間は、通信制大学に行くことを禁止している。入社する際に交わす雇用契約に規定されている。だが、それでも、大学に進学希望する者はいる。大卒資格を得ることによって昇給が期待できるのである。通信制の大学は、通年で通学するのではなく、試験のときだけ大学に通い、試験に受かれば卒業できる大学である。

　ある程度会社に貢献した者という意味で入社3年後からは許可している。勤続が3年に満たない者について通信制大学に通うために休むことを認めていては、工場が動かなくなるので、退職してもらうことにしている。9月の採用募集では、予定としては80人くらい募集するが、200人くらいの応募が見込まれる。

(e) 労使コミュニケーション

（職場内コミュニケーション）

　従業員との話し合いには二つのルートがある。後述の労組との労使間の話し合いとともに、工程を管理しているチームリーダークラスや管理職との話し合いである。作業員と管理職の両方と話し合いをするときは、両方を集めて対話をする。その方がスムーズにいく。

　仕事が終わればプライベートの時間ではあるが、寮生が多いので、上司・部下の関係をひきずってしまいがちである。そういうことも踏まえて、労働組合と管理職のネットワークの両方のルートを使いながら、情報を流していくようにしている。

　現在、A社には労働組合があるが、労組が設立される以前にも従業員代表のような存在はいた。労働者の要求があったときに、リーダーが従業員全員の意見を集約できる者だった。そのリーダーは女性だが、いわゆる姉御肌で世話焼きする人である。現在、その女性が組合代表になっている。つまり、インフォーマルなかたちであるが、従業員と経営者が対話するようなチャネルは、労組設立の以前からあったのである。

（労働組合）

　労組は（調査時点の）2年前に、200〜300人以上の規模の工場では結成するようにという労働事務所の指導を受けて設立した。ある日、労働事務所の担当官がA社を訪れ、従業員全員を集めるように指示された。就業時間中であったが、従業員の前で1時間ほど演説をした。その内容は、A社では労働組合の結成が必要であるということであった。

　労働事務所がこのように労働組合の設立を指導してきた背景には、以下のような出来事があった。労使との間で対立が起きて、その紛争はいったん妥結したものの、交渉の場にいた労働者が納得しただけで、その場にいなかった他の労働者が不満を露にし、勝手に行動して労働事務所に押しかける騒ぎとなった。労働事務所は、既に話し合いで決着がついたはずだと説明したところ、彼らは自分たちの代表ではないという主張をしたらしい。つまり、交渉をした者は我々の意向とは違った立場で交渉したと主張し、改めて交渉を求めてきたため、収拾がつかなくなった。

　工場側も不満の意を唱え、労働事務所側に対して、既に決着したはずにもかかわらず、なぜこのような事態になるのかと抗議した。その上で、労働事務所が労働者側の言い分を受け入れるならば、工場を閉鎖すると抗議したのである。しかも、もし工場を閉鎖した場合に、労働者によって機材などに被害が出るようなことになれば、労働事務所側に責任をとってもらうと主張したため、警察が関与する事態になり、工場に労働者が立ち入れないようにする措置をとった。

　この事例が発端となって、なぜこのような労使対立が起きるのかが検討された結果、既存の従業員組織が適切な組織ではないからという結論に達した。そこで、労働事務所として指導しやすいかたちとして企業内に労働組合をつくらせようということになったのである。つまり、自然発生的に労働組合の組織化が進んだのではなく、労働事務所の指導として組織化されたのである。

　労働組合といっても従業員全員が加入しているというわけではない。A社では組合員は、40〜50人で、執行委員が6〜7人である。組合費は賃金総額の3％程度を徴収するということが、労働組合規約の条項に入っている。

ただ、組合加入に積極的な従業員は多くない。仕事に従事して給料を得るために地方から出てきたのであって、組合に入って組合費を徴収されるのは面倒なことと映るようである。

（労使紛争）

　毎年4月に省庁（公務員）の給与が引き上げられるが、それに伴って、民間企業が5月に給与引き上げを行う。2012年の賃上げの際には、A社でも従業員代表と話し合いが行われ、管理職は同意したものの、その他大勢の従業員の同意が得られず、数日間ストとなった。労使で数日間、話し合いが続けられたが合意には至らず、労働事務所が仲介に入って、金額や条件を話し合うことになった。A社ではその後、数日で合意に至ることができたが、紛争が長引いた工場では1カ月程度続いたところもあった。特に2012年5月〜6月は激しかった。シュエピタ地区では伝染病のようにストが広がり、そこら中の工場でストが起きた。工業団地の7〜8割の工場でストが起きたと言われている。

　A社には、外部労組による労使紛争に巻き込まれた直接の経験はない。ただ、2015年2月から3月頃、韓国系企業イーランド社[15]の労働組合委員長が、かなり過激な発言をして、他社の労働者に対して紛争に加わるように呼びかけ、ハンジェン、コステック、フォード・グローリー、レッドストーンなどの、5社程度の労働者が呼応して、ストを行ったことがあった。その際には、イーランド社からA社の労働者に対してストを実施しようと声がかかったそうだ。だが、A社労働組合は、参加しないと拒絶した。日中韓国系企業の約5社のストでは、800〜1,000人がヤンゴン市内まで行進し、示威行動を行った[16]。

　このストで要求されたのは主に賃上げだが、実際には賃金以外にも要求が

15　韓国最大のライフスタイル・アパレルグループ。
16　このデモについては、インドシナニュース（アパレル・イン・インドシナ）（2015年2月26日）やミャンマー株式ニュース（2015年2月12日）で報じられている。
　〈http://apparelresource.asia/news/item_1608.html〉
　〈http://myanmar-shares.com/news/social/9594/〉

あがっていたようである。工場の待遇、ライン長が部下に圧力をかけること等への不満があるようだった。A社では、外部からのスト参加への誘いに同調しなかったのは、A社の従業員が待遇面や職場環境に関して、不満を持っていなかったためだと判断している。他社の工場によっては、残業代を支払わない企業もあると聞いている。1日仕事を休んだだけで給与がカットされる企業もあるようで、そういった企業では従業員の不満が大きいと言われている。

(f) 経営上の課題
（最賃決定に対する見解）

　賃金が年々上がることは止むを得ないという。しかし、政府の決定で強制的に引上げなければならないところに問題がある。仮に3,600チャットという額が、3〜5年後に実施される目標という趣旨での決定であれば、企業としてその間に段階的に体力をつけることができる。しかし、今回は否応無しに短期間で実施された。体力のない企業では対応できなく、工場閉鎖や撤退に追い込まれるところも出るだろう。

　最低賃金が3,600チャットに決まったのは、生活賃金として世帯が暮らしていける最低水準というよりも、総選挙があることが関係しており、政治的な問題である。最賃はここ2年から3年間、引き続き話し合いが行われてきたが、労働者の意見を取り入れて額を決定するといった手続きで決められた。つまり、政策的にではなく、要するに選挙のために決められたことである。

　外資が投資する場合、ミャンマーは発展途上国であり、初期投資を少なくできるため、参入しやすい国である。しかも、進出した企業の多くが、工場の操業年数がまだ短い企業である。ただ、単純な作業による生産であるため、価格競争に陥る一面がある。バイヤーは基本的にミャンマーで生産すれば安く作れるだろうと見込んで投資している。だが、最賃が決定されれば、実際、カンボジア、バングラデシュ、ラオスと比べて、投資先として有望なのか検討が必要になる。韓国は、現在（調査時点）、ウォン高で経済が停滞している。日本も消費増税の後、衣料品の市場がなかなか回復できていない。最近、衣

料品の売れ行きがよくないが、ローカル系や韓国系は10月くらいから厳しい状況になるだろうと言われている。それは、10月がシーズンの冬物から春物への切り替えの時期で、前期の春物の売上げが不振な時はオーダーの早期発注がない為、10月に次期のオーダーがつながらないことがある。知り合いの話では、10月以降は注文が減少するという企業が多い。採算がとれないということになると、一層のこと、撤退ということを視野にいれて操業することになる。

　日系企業は本社が日本にあって、海外つまりミャンマーは生産基地という意味あいがあるのだが、ローカル系や韓国系は独立採算であることが多い。韓国人は資金をもってきて自分で工場を立ち上げて、その資金や工場の利益で全てを賄わなければならないというやり方である。そのため、撤退の決断ははやい。

　今回、最賃が3,600チャットになったが、毎年4月に公務員給与が上がる。それに伴って民間企業の賃金も値上がり、一般の労働者の賃金が上がる。2017年の9月になれば、また最賃が上がる可能性がある。

（韓国系企業での労使紛争事例）
　月末締めの9月末に多くの企業でかなり動きが出る可能性がある。極端な場合には、中国や韓国系の企業の夜逃げも多いという。従業員が出勤してきたら工場はもぬけの殻ということが実際にあった。夜逃げしてしまったある韓国企業の靴工場では、従業員が約550人のうち、幹部（管理職）クラス50人だけに給与が支払われていたが、一般の工員500人分には給与が支払われていなかった。労働者たちは不満を露にして、工場内の設備、機材を売却すると言い出したそうだ。買い手を見つけて売り出そうとしたときに、幹部マネジャーが労働事務所へ訴えたという。労働事務所が介入しようとすると、労働事務所の担当者が労働者によって事務所に監禁される事態になってしまった。労働者は「俺たちの問題だ（労働事務所は口出しするな！）」と主張したため、労働事務所は警察に通報する対応に出て、警察が強硬な手段に訴える事態に発展し、怪我人や逮捕者が出る事態にまでなった。結局、話合いが持たれ、

労働事務所が裁定を下し、機材を売却して従業員の給与にあてたという。これは、（調査時の）1年くらい前の話だが、今回の最低賃金決定で、韓国企業では同じようなことがあり得るのではないか。

（縫製業界団体）

　ミャンマー縫製業組合がある。日系企業が30 ～ 40社、韓国系が200社、中国系が70 ～ 80社ほど加盟している。

　しかし、これに含まれない企業、名目上はミャンマー人がオーナーの企業だが、実際には外国企業が工場を運営している企業、つまり実態としては外資の企業もある。こうした企業は、登録上はミャンマー系ということになり、縫製業の企業では表立って外資といっているところは実際には少ない。ミャンマー人の名義を借りて、実質的な経営は外国企業が行っているが、会社所有はミャンマー人という企業も縫製業では多い。

（インフラ、物価等ビジネス環境に関する課題：停電）

　停電は頻繁に起こるため、ジェネレーターが必要である。A社の敷地内の第1工場と第2工場は違う送電元になっているが、1カ月で半分の日数くらい停電が起きることもある。そのときはジェネレーターで対応している。乾季は特に電力が途切れることが多かった。それは、ヤンゴン近郊で、エアコン保有台数が飛躍的に増加しており、エアコンが動き出すと電力消費量が急激に増加するため停電が起きるといった具合である。電力供給が増えない一方で、需要が増えていることが問題である。

(2) B社(業界：鉄鋼業)

(a) 組織概要

(設立年月、資本形態等)

　組織形態は特殊な会社で、ミャンマー建設省とB社の合弁としてB社の現地法人を設立した。出資比率は建設省が4、B社が6の割合である。建設省という政府が出資しており、国と外資の合弁会社だが、完全な民間会社である。MIC(Myanmar Investment Commission)の認可を受けた外国企業投資法に基づく特別会社であり、会社法に基づく企業ではない。

　2013年に会社設立、2014年工場が完成して操業した。調査時点で、操業開始から1年と少し経過したところであった。ボードメンバーに建設省から2人、B社から2人が参画している。

(事業概要、製品・サービス等)

　B社の主要事業は、鋼板を購入し、橋梁を建設するための橋桁等の製造である。橋梁を建設するために必要な部材を鋼板から加工する工場を運営している。ミャンマー建設省が道路を敷設する工事にともなって、河川に橋をかける事業を行っている(後述する通り、建設作業そのものは建設省が担っており、B社は建設に必要な部材の納品、設計や計測に必要なノウハウの提供を行っている)。

　ミャンマーでB社が担っている橋梁建設に用いる鋼材は、B社のグループ会社から100%輸入して仕入れている。

(ミャンマー進出のきっかけ、経緯)

　以前は、ミャンマー建設省の橋梁建設の事業を請け負う企業は、事業ごとに入札していたが、中国企業が受注することが多かった。だが、中国企業は納期や品質が一定せず、ミャンマー建設省は問題視していた。建設省は、中国以外の外資による橋梁建設を要望するようになり、日本企業の品質の良い製品を購入したいという意向を持つようになっていた。だが、日本から部材を輸入して建設していては、予算に見合わない金額になってしまうので、検

討を重ねた結果、日系企業との合弁が最良であるということになったという。

　B社の建設した橋梁は、ミャンマー全国各地にある。調査時点では、事業は橋の建設に限られていたが、将来的には橋梁以外にも事業を拡大していきたい意向をもっていた。実際、2015年には桟橋建設工事を受注し、2016年に完成させた。

　橋梁の建設は、ミャンマー政府（建設省）の予算で行っており、円借款による橋の建設は調査時点ではなかったが、2016年になって円借款による橋梁建設工事が決まった。

（従業員）

　B社のミャンマーの拠点には、ヤンゴン支店とB社の現地法人の生産工場の2カ所がある。部材の生産工場の従業員は約350人で、そのうちおよそ100人が女性である。エンジニア、人事、経理といったホワイトカラーの70〜80人のほとんどが女性、それ以外は男性である。事務所は女性、工場は男性という構成である。ワーカーは、鋼板を切断したり、溶接したり、重いモノを持ち上げたりする作業をしているので、ほとんど男性である。ただ、工場内でも品質管理や製品の寸法を測る工程には女性もいる。

　従業員の年齢層は、25歳、26歳の従業員が最も多い。ただ、50代や60歳を超えている者も若干名いる。ミャンマーの国としての年齢構成とほぼ同じである。ミャンマーの平均年齢が27〜28歳だが、B社もそれとほぼ同じである。

　支店（事務所）には、日本人が4名、ローカルスタッフが10名いる。現地法人には、B社の日本本社から駐在している日本人が9人おり、人事、調達、経理部門に配置されている[17]。

17　2016年8月現在、支店には5名の日本人、現地法人には、10名の日本人がそれぞれ常駐している

(b) 採用・募集・選考

（採用方法）

　工場の従業員の募集方法は幾つかあり、第1に、ミャンマーでは新聞広告＝求人欄に掲載する方法である。ミャンマーでは新聞での求人が多い。第2に、労働事務所が公共職業紹介所の役割を担っており、労働事務所に推薦をお願いすれば、大勢の応募者が集まる。応募は募集数の2倍から3倍、つまり50人募集すれば100人、30人募集すれば、70人〜80人くる。労働事務所を通じた募集は、地元の労働者を採用することになり、地域貢献という意味合いからはこの募集方法が求められている。

（採用条件：学歴・経験等）

　工場のワーカーについては、ミャンマー人の人事担当部長による書類選考、日本人の総務部長・工場長による面接というステップで採用の可否を判断する。特に高学歴の者は求めてはいないが、全員が中卒、高卒というわけではなく、ミャンマーの大学や高専を卒業している者も大勢いる。

　支店の事務所スタッフの採用は、英語ができること、大卒であることを基準としている。本社の支店という位置づけであるので、本社の許可を得なければ採用できない。

　ミャンマーでワーカーに語学能力を求めるのは、かなり難しい要望である。エンジニアであっても、英語ができる者は限られている。

　ちなみに、B社は橋の建設に携わっているが、建設現場での労働者の採用は行っていない。現地工事は、建設省直用に限られている。B社は、橋梁建設に必要な製品・部材を納めて、建設のノウハウに関する指導、アドバイス、設計計算を行うといった業務範囲を請け負っており、現場工事に関しては、建設省が自ら労働者を雇って橋を建設する体制となっている。

（従業員の特徴：出身地、性格等）

　建設現場での作業効率は、日本と比較して悪い。ミャンマー人労働者の作業能率は、例えば、ヤンゴン市内のレストランでのウェイターやウェイトレ

スの数を想像すればいい。日本であれば店員2人で十分なフロアに、ミャンマーでは8人、10人と大勢いるのが一般的である。ミャンマーでは、一つのテーブルに1人くらいの割合で店員がいる。それと同じ程度の効率が、ミャンマーの建設現場でもある。

　B社現地法人では日本人を入れて訓練しているので、一般的なミャンマーの職場よりも少ない人員で回っているかもしれないが、それでも、なかなか多能工の生産体制にすることはできない状況にある。

　一つの仕事に1人の労働者というような形で配置する必要を考えなければならないこともある。日本では、ワーカーが自分1人で部品や用具をもってきて、作業自体も自身でするという体制が一般的だが、ミャンマーでは、部品を運搬する者、組み付ける者、それぞれの全ての作業が分業という状況である。

（雇用契約書の締結）

　雇用契約書は、従業員ごとに個別の契約書にサインをして、労働事務所への提出することが義務づけられており、かなりの負担となる作業量である。しかも、従業員同士が給与明細を見せ合うことが習慣化しているため、1人の賃金を変えると全員変える必要がある。1人だけ特別扱いをすると、次の日に全員が知っている状態で、不満が噴出する。

　雇用契約書の手続きは、弁護士と相談しながら進めている。

（c）労働条件と人材育成

（就業時間）

　支店のオフィスは8：30～5：00であり、工場は8：00～4：20となっている。

（残業時間）

　残業については2時間程度である。会社側としても、できればやってほしいという意向であるし、従業員も給料が少しでも多い方がいいという志向の

者が多い。

（賃金・諸手当・賞与）

　ワーカーの賃金は、初任給は他の企業と比較しても高い水準にある。それ
は、高い水準でなければ、定着してくれないためである。B社現地法人の工
場の作業は、溶接というマスクやヘルメットを着用しての重労働である。例
えば、清掃労働者と比較して、同じ賃金水準であったら、楽な清掃の仕事の
方がいいということになってしまう。そのため、清掃労働者との賃金面で違
いを明確にしなければ定着しないという考えがある。

　B社の業界では、今回決定された最低賃金の水準は、問題にならない程度
の高さの水準にある。最賃の決定が影響受けるのは、縫製系の業種であろう。

（能力評価給）

　後述するように、日本で技能実習を受けて帰国した者に関しては、多能工
が可能になってきているので、能力評価給を加味して、待遇を良くしていく
方向にある。調査時は操業2年目であるので、あまり差は出てきていないが、
能力評価をして差をつけていくようにしている。そういう対応をしなければ、
有能な者がやらなくなる。できない者がやらないのはともかく、できる者が
やらなくなるのが一番困るからである。

（諸手当）

　基本給に加えて、役職手当(能力給)、通勤費補助、食事補助、地方から出
てきている者を対象とした住宅費補助というように、基本給と諸手当の2本
立てになっている。

（残業手当）

　上記の諸手当の他に残業代が支払われるが、その時間当たりの単価は、基
本給のそれの2倍というのが、法律の規定になっている。

（賃金の支払い）

　賃金の支給方法は、ミャンマーでは、現金で支給している企業が多いようだが、B社では原則銀行振込みにしている。従業員がミャンマーの地場銀行に口座をつくり、その口座にチャットで振込む。ミャンマーでは、一般的に銀行はあまり使われないが、ようやく普及してきた。しかしまだ、信用されているとは言えない。銀行が潰れたらどうするんだという考えを持つ者が多い。

（福利厚生）

［寮］

　従業員は、労働事務所からの推薦によって応募してきた者が多いので、工場近辺から通ってくる者が多い。地方から出てきた者は寮に入る。その寮は工場内にある。寮は無償で提供している。つまり、寮費を差し引くことはしていない。寮での食事は自炊である。

［食事・食堂］

　ヤンゴン支店の事務所には社員食堂はないが、工場にはある。食堂を利用するかどうかは、自由に選択できるようにしている。1食70円程度のものを提供している。食堂利用時に現金で払って食事する食堂である。これとは別に小額であるが、1カ月定額の食事補助がある。

［催し物］

　レクリエーションとして、年に2、3回、くじ引き大会のような催し物（イベント）を実施している。ミャンマー人にはそのようなイベントが好まれる。その他、社員旅行を実施しており、職場の士気が上がることに期待している。

［社会保険］

　これまで、重大な労災事故は起こっていないが、労災に見舞われた場合、年間30日の医療休暇が制度としてある。B社としては、労働災害が起きた場合には、基本的に医療費は全額支給することとしている。近年、ようやくミャンマーでも、社会保障に類するものが認知されはじめているが、定着はしていないのが実状である。僅かだが、自分の給料から保険料が天引きされると

いうことになっているが、加入しない場合が多い。保険料を僅かな額にして、会社側が上乗せする代わりに強制的に加入するようにしているが、ワーカーの場合はそれも難しいのが現状である。

　ミャンマーの現状では労災保険制度が整っていない。日系企業関係者としては労働安全衛生法が完備して、法的な枠組みが明確になった方が好ましい。

（職場内職業訓練）

　採用後に職場内でトレーニングを行っているが、操業当初は、工場以外の場所を借りて2〜3カ月間の溶接のトレーニングを実施していた。だが、（調査時点では）勤続経験が1年を経過した者もおり、経験者として新人を指導できる立場になっている。そのため、OFF-JTではなく、ラインで作業をしながらOJTで技能を修得するようになっている。新人がラインに入っても、特段の事前のトレーニングをすることなく作業をこなせるようになっている。ただ、安全教育などの座学はもちろん行っている。

　職場での技能形成も徐々に進んでおり、多能工と言えるワーカーも増えつつある。数名は多能工と言える水準になっている。ただ、決して多くはない。リーダーになっていくことが期待できる人材は200人のうち5人程度、10人には届かないという程度である。

［技能実習制度の活用と職場のリーダー］

　ミャンマー人の技能工を一部政府の基金からの支援を受けて、B社の日本の工場で実習するという取り組みを10年以上前から続けている。日本の工場で3年間の実習をうけ、給料をもらうプログラムを実施している。その修了者が、合計で300人強という数になっている。

　彼らは、日本で3年間の実習を受けているので、ほぼ日本人を同じ様々なレベルの技能を身につけている。そうした者がB社の工場でグループリーダーの役割を担っている。そのリーダーの下にミャンマー人ワーカーがついているという体制である。そのため非常に整った体制ができている。

　工場を立ち上げることになった2年前には、帰国者に声をかけて募集した。現在では、日本から帰国したときに働きたいと本人から連絡がくることもあ

る。

(d) 職場の規律

（就業規則）

　ミャンマーの法律では、就業について、個別の雇用契約書が文書化された唯一のものであり、就業規則を制定しなければならない義務はない。職場内のルールとして、就業時間は何時から何時までといった事項については職場内に掲示したり、また、職場内の禁止事項などについては、例えば「就業時間中に個人的な目的でインターネットを閲覧することの禁止」「就業時間内に、スマホを利用することの禁止」等、ルールを決めたりしている。

　禁止事項といっても、それほど多くを規定しているわけではない。靴を全員が着用することはできているし、ヘルメットの着用を従業員が全員遵守しているので、比較的きちんとした職場になっていると考えている。

（職場内の服装）

　ミャンマー人労働者に工場内での服装を徹底することには、ある程度の留意が必要である。ミャンマーではロンジーを着用する者が一般的だが、工場内では、裾が機械設備に巻き込まれる危険性があるため、ロンジーを着用しての作業は禁止している。操業当初は、ズボンを履くように指導するところから始めた。ヤンゴン支店の事務所で人事や経理といった部署に所属する女性が、スカートをはいて仕事をすることは問題ないかもしれないが、工場では事務所勤務の者であっても、工場の現場に入る可能性のある者は、ロンジー着用を禁止している。

　工場内の服装を徹底させるために、着替えるためのロッカーを設置して、ユニフォーム着用を義務づけている。また、工場では靴の着用が義務づけられており、スリッパは厳禁というルールにしている。操業当初には問題があったが、そのように徹底していけば、徐々に服を着る、ズボンを履くという習慣化を実現できる。

（欠勤・遅刻）

　欠勤はあまりないが、遅刻は多い。ミャンマー人は、一般的に時間を厳守する感覚がないのかもしれない。あまりにひどい遅刻や、頻度が多い場合には不就業扱いとなり減給する。

（罰則規定）

　罰則については、雇用契約書に明記されている。労働契約上の規定では、雇用終了の場合、1カ月分の賃金を支払わなければならないが、従業員側に解雇に当たるような非がある場合には、即時解雇することも可能である。

（離職率）

　ミャンマーの現状を鑑みれば、全員が定着することを期待できない。年に20〜30％は辞めてしまう。B社の事業である橋桁などを製造するための溶接作業は、かなり高度な技能が必要な仕事内容であるので、徹底的に教える必要がある。このような高度な技能を習得した者は、他社に転職すればB社よりも高い賃金をもらえる場合もあり得る。だが、高品質な製品を作り続けるためには、定着率を上げる必要がある。そのためには、働く意義を持ってもらう、企業として福利厚生を充実させる、プロジェクトが完工した際にはリクリエーションなどを実施するなど、あらゆる面からの対策を講じている。
［支店の定着率］

　支店の従業員は、約10人だが、この1年の間に2人辞めた。これを踏まえれば、離職率は20％である。

(e) 労使コミュニケーション
（職場内委員会）

　大規模な工場については、職場内委員会を設置することが義務づけられている。管理者と労働者の双方が出席する。グループリーダー以上が参加する対話の場である。従業員側の意見に対して工場長が応えたり、工場側の意見を伝えるような場である。例えば、工場内の水飲み場に関する苦情への対応

や、今月は猛暑のため残業を少なくして欲しいという訴えへの対応などである。委員会から月1回レポートが提出される。その議事録を労働事務所に提出している。

（職場内グループ活動：生産管理のための集団活動）

　品質管理活動やQCサークルなど日本的な活動については、（調査時点で）操業から1年経過して、近いうちに小集団活動とQCを始めようかという段階である。「5S」など標語を用いて特に活動しているわけではない。日本で使われているような標語そのものが使われているわけではないが、実態として清潔な工場で、「整理」「整頓」するというそのこと自体を従業員が身に着けて仕事している。

　ミャンマーでは、工具を整頓すること自体を従業員に教えこむことに苦労する企業もあるようだが、B社では30人程度の日本で技能実習を受けて帰国した者が職場に入っており、彼らが中心となって、ミャンマー人を指導しながら、実態として5Sが実践できている。

（労使関係・労働組合）

　B社現地法人に労働組合はない。職場全体の問題については、職場内委員会が設置されており、双方の意見はここで調整される。また、各人の個別事案については、雇用契約交渉で調整される。

(f) 経営上の課題

（ビジネス環境に関する課題：不明確な法制度）

　ミャンマーでは、工場に関する法制度は多くはないという認識である。しかし、適用される法律にはいろいろな規定があって、古いものと新しいものが混在している。業種によって適用が異なるようであり、判断がむずかしい。B社の属する鉄鋼業には、どの法律が適用されるのか、不明確なところがある。

　労働事務所に問い合わせたところ、B社は週当たり就業時間が44時間とい

うことだった。44時間を週6日で割ることで工場の勤務時間が決まっている。だが、週48時間労働の工場もある。事務職と労働者とでは、労働時間が異なるという見解もある。不思議だが、その違いがよくわからない。こういったミャンマーの労働法制を明確に理解するための研究は必要である。

　労働事務所も、法律の適用をわかっていない場合がある。法律事務所に照会をかけても、はっきりしたことがわからないことも多い。「こうすべきだ」ということは言えなく、「このように運用していれば問題は起こらないのではないか」といった程度のところでかなりの物事が動いているのが実状なのではないか。

（g）ミャンマー事業展開に関する姿勢

　確かに、ミャンマーは「最後のフロンティア」だと思う。現状のインフラの状態をビジネス・チャンスと捉えるか否かは、会社や個々人の感覚の問題である。例えば、ミャンマーに来て、電力事情の問題や、水や道路の問題を指摘して、ネガティブな見解をもっている者もいれば、丁度これくらいのインフラで十分だと考える者もいる。後者であれば工場の建設に着手といった実際の行動に出るが、それに対して前者のように、「あれがないから駄目だ」「これが問題だ」と考えている人は、いつまでたっても何も行動をおこさない。B社現地法人の工場の操業のときには、送電線が敷設されていなかったので、電気が使える状態にはなかった。変電所から電柱を立てて電気を引くところから始めた。無いものねだりをしても、実際にないのだから行動を起こすしかない。ミャンマー投資には、そういう考えが必要だ。

🔍 小括

　2011年3月のテインセイン政権成立による民政移管後、「アジア最後のフロンティア」とも称され、チャイナ・プラス・ワンの有力候補としても、投資熱が高まったミャンマー。だが、実際の投資の決断となると、日系企業は二の足を踏んで意思決定しない。そんな議論が少し前まで盛んに交わされていた。われわれが現地調査した2015年9月は、日本企業関係者が大挙してミャ

ンマー訪れた「視察団の波」はおさまり、いわゆる「投資ブーム」がひと段落過ぎた頃でもあった。そうしたミャンマーの不確実性に眼を向けるのか、それともフロンティアとしての魅力に着目するのか。その見方次第で、実際に投資するか否かの判断がわかれる。現地調査でわれわれが実際にお会いした方々、すなわち結果として投資決断を下した方々であるわけだが、そこには共通する「何か」があるように感じられた。

　現地での日系進出企業での聞き取り調査の中で盛んに議論されたのは、ちょうど施行されたばかりの最低賃金であった。2017年現在、施行当初の時給3,600チャットであるが、この額が決定されたのは選挙前の時期と重なったこともあり、票集めのために経済状況を踏まえない高い水準で設定されたとの批判があった。労働者の最低生活保障という観点に偏重して高水準に決められ、企業経営上の支払い能力を必ずしも踏まえない額を強制されたことや、短い猶予期間で施行されたことに対して、不満を露にする企業は多かった。

　労使関係に眼を移せば、労働組合が正式な組織として承認されはじめた時期でもあり、労使対話の枠組みの構築は、まだ過渡期的な状況にあった。手続きが守られずストが起こり、工業団地内の工場で順番にストが発生していく光景は珍しくなく、「ミャンマーはスト天国」と言われた。そのほか、日系進出企業がミャンマーでの企業経営の課題と考えていることは、季節依存して電力や水の供給の不安定であること、輸送路が未舗装で悪路が多いこと等のインフラの未整備など多岐にわたる。それでも投資を決断させたものは何だろうか。われわれが現地でお話をお伺いしたのは、無いモノねだりをして不安を募らせるのではなく、無いモノは自分で工夫して創り出していく人々であったように思う。

　厳しい経営環境中でも、日系企業の中にはミャンマー人を人材として育成していく経営方針を掲げている企業がある。自社で3年間勤務した人材がミャンマーの労働市場に輩出されていって、ミャンマー人材の底上げと、延いては、産業が育っていくことまでを見据えた企業もあった。最低賃金が決定さ

れて採算がとれないと判断するや事業所を閉鎖する一部外資系企業と、不安定な条件下でも中長期的な視点で企業経営を模索する日系企業の姿は対照的でさえある。社会的役割を果たすことを経営理念に据えて、日々の企業経営に取り組んでいる日系企業が、ミャンマー社会に定着し、成長していくことを願わずにはいられない。

おわりに

2011年の民政移管後、ミャンマーは確実にそして刻々と変化を続けている。そうした変化は、整備途上にある法制度についても例外ではなく、その中には労働・雇用に関する法制度も含まれる。

ミャンマーの労働関係の法令には、イギリスの植民地時代にインド経由で入ってきた法令がいまだに存在する。ただ、民政移管後、法律が改正されたり、新しく制定されはじめている。その経過や現状については、第5章において詳述されている。ビルマ法典（The Burma Code）第5巻に編まれた労働関係法令を抜本的に改革する予定になっているが、改正作業が終わるまでには相当の時間がかかると予想される。

東南アジア諸国でありがちな法律と実態の大きな乖離は、ミャンマーも例外ではない。労働行政の組織としての見解や方針が定まっておらず、法律の解釈や手続きが行政担当官によって異なることに、苦労しているとの日系企業関係者の声も耳にした。現状が不明確である上に、現在進行中の法整備状況の先行き不確実であることも課題として映る。

本書をお読み頂いて、ミャンマーをどう捉えるかは、読者の立場によって様々異なるだろう。投資先として有望と考えるのか、あるいは不安や不満を募らせるのか、将来性を見据えて前向きに検討するか、リスク要因に着目して様子見するか、あるいはそこにチャンスを見出すのか、その判断材料に本書をご活用頂けたら幸いである。

急速な変化は、本書の編集作業の途中にも進んでおり、改稿を余儀なくされた章もあった。今回上梓するこの文献も、瞬く間に古くなっていくことは想像に難くない。だが、『ビルマの労働事情』（アジ研）が出版された1962年以来、55年ぶりに、ミャンマーの労働事情を網羅的に扱った書籍を世に送り出すことには一定の意義があるだろう。

 索 引

参考文献

（日本語文献）

ILO駐日事務所編「ミャンマーとILO」。

安藤智洋（2005）「第6章 ミャンマーの人的資源」石田正美編『メコン地域開発：残された東アジアのフロンティア』（アジ研選書）アジア経済研究所（2005／12）所収。

飯岡有佳子（2016）「ジェンダーをめぐる問題」阿曽村邦昭・奥平龍二編著『ミャンマー国家と民族』古今書院、2016年3月。

石田正美 編『メコン地域開発：残された東アジアのフロンティア』（アジ研選書）アジア経済研究所所収（2005年12月）、138-165ページ。

ウイン・トゥ・ミャッカラヤ（2014）「ミャンマーにおける保健医療の現状と今後の可能性」『日本経済大学大学院紀要』2巻2号、2014年3月、189-207ページ。

江橋正彦（2015）「ミャンマーにおける国際労働移動の実態と課題」トラン・ヴァン・トゥ・松本邦愛、ド・マン・ホーン編『東アジア経済と労働移動』文眞堂、2015年6月。

大久保暁子（2001）「ビルマ問題について」『連合国際レポート』8号、2001年4月、2-8ページ。

外務省国際協力局・財務省国際局（2013）「ミャンマーの延滞債務の解消について」在ミャンマー日本大使館HP。

香川孝三（1986）『インドの労使関係と法』成文堂、1986年9月。

―――（2000）『アジアの労働と法』信山社、2000年1月。

―――（2008）「アジア労働法・労働問題の最新情報」『季刊労働法』221号、2008年6月。

―――（2012）「2011年ミャンマー（ビルマ）労働組合法の意義」『季刊労働法』238号、2012年9月、148-158ページ。

―――（2013）「ミャンマーの労働組合への支援活動」『労働法律旬報』1791号、2013年5月、4-5ページ。

―――（2014）「ミャンマー労働争議解決法の意義」『季刊労働法』244号、2014

年3月、150-161ページ。

―― (2015)「ミャンマー最低賃金制度」『季刊労働法』251号、2015年9月、189-197ページ。

―― (2015)「ASEAN経済統合が各国労働法制に与える影響」『Business Labour trend』489号、2015年12月、4-11ページ。

―― (2016)「ミャンマーの政権交代と労働法」『労働法律旬報』1857号、2016年2月、4-5ページ。

加藤志津子(2014)「日本企業のグルーバル人的資源管理戦略：ミャンマーに進出したフレックスジャパン株式会社を例として」『グローバリゼーション研究』第11巻、第1号。

加藤徳道・丸紅広報部(1995)『ミャンマーは、いま。―アジア最後のビジネスフロンティア(商社マンの目)』ダイヤモンド社。

叶芳和(2014)「ミャンマーの人的資源の展望」『日本経済大学大学院紀要』掲載巻第2巻、第2号、59-73ページ。

川田寿(1962)「労働組合運動と労使関係」高橋武編『ビルマの労働事情』アジア経済研究所、1962年6月、167-182ページ。

川辺純子(2011)「移行経済国における日本人商工会議所の活動―ヤンゴン日本人商工会議所(JCCY)の事例」『城西大学経営紀要』7号、1-30ページ。

Khin Soe Thu(1998)「ミャンマー」『その国の専門家による海外調査報告＜No. 11＞―職業訓練・教育制度などの情報―』海外職業訓練協会、198ページ。

工藤年博(2010)『ミャンマーの軍事政権の行方』調査研究報告書、アジア経済研究所、2010年補足資料。

――編(2012)『ミャンマー政治の実像―軍政23年の功罪と新政権のゆくえ』アジア経済研究所、2012年3月。

藏本龍介(2011)「ミャンマー都市部の僧院経営」富士ゼロックス株式会社小林節太郎記念基金研究報告論文、17-19ページ。

栗田充治(2002)「ミャンマーの社会福祉の現状とNGOの活動」『亜細亜大学学術文化紀要』創刊号。

経済産業省『通商白書2013』。

国際協力機構（JICA）（2012）『アジア地域カンボジア、ラオス、ミャンマー国民間連携による産業人材育成基礎調査』最終報告書。

――（2013）『ミャンマー国教育セクター情報収集・確認調査　ファイナルレポート』2013年2月。

――（2013）『国別ジェンダー情報整備調査 ミャンマー国報告書』2013年12月。

――編（2014）『ミャンマー国ミャンマー法令にかかわる情報収集業務　ファイナルレポート』2014年8月。

国際鉱物資源開発協力協会編（2003）『平成14年度アジア産業基盤強化等事業 法制度整備支援調査：ミャンマーおよびヴィトナムにおける鉱業関連法制度支援調査・ミャンマー編報告書（平成14年度アジア産業基盤強化等事業法制度整備支援調査）』2003年3月。

国際労働機関編集、日本労働協会翻訳（1964）『ビルマにおける労働組合の地位』日本ILO協会。

小島英太郎（2014）「第9章　ミャンマー」若松勇・小島英太郎編著『ASEAN・南西アジアのビジネス環境』日本貿易振興機構。

SAGA国際法律事務所ミャンマーオフィス（2015）「ミャンマーの公務員の定年年齢の引き上げに対して議員が反対を述べ混乱する」8 September, 2015。

SAGA国際法律事務所ミャンマーオフィス（2015）「最低賃金の施行により、何千ものミャンマーの労働者が職を失う」28th November, 2015。

JEEテクノリサーチ株式会社編（2013）『平成24年度アジア産業基盤強化等作業（持続的資源開発のための鉱業関係法制度）調査報告書』。

自治体国際化協会シンガポール事務所（2014）『ミャンマーの地方行政　Clair Report』No.403、2014年10月。

菅谷広宣（2013）『ASEAN諸国の社会保障』日本評論社。

杉田浩一・行方國雄（2016）『実践ミャンマー進出戦略立案マニュアル』ダイヤモンド社。

世界銀行・白鳥正喜監訳・海外経済協力基金開発問題研究会訳（1994）『東ア

ジアの奇跡』東洋経済新報社。

瀬川藍子(2014)「ヤンゴン日本人商工会議所の会員企業が200社に」『通商弘報』2014年12月5日。

関志雄(2016)「中国の周辺外交の軸としての一帯一路構想」『世界経済評論』通巻683号。

大和総研・アジアンインサイト(2013)「ミャンマー女性をめぐるトレンド(1)」

高橋昭雄(2012)『ミャンマーの国と民―日緬比較村落社会論の試み』明石書店、2012年11月。

谷勝英(2002)「ミャンマーの児童労働と社会福祉(その4)」『東北福祉大学研究紀要』26巻、2002年3月。

堤雄史・藤井俊亮(2013)『ミャンマー・ビジネスの法務・会計・税務』中央経済社2013年12月。

津守滋著(2014)『ミャンマーの黎明』彩流社、178-180ページ。

劔陽子(2001)「ミャンマーの保険医療事情―特に女性の健康に着目して」『アジア女性研究』10号、2001年3月、40-47ページ。

TMI法律事務所ヤンゴンオフィス(2014)『ミャンマー連邦共和国法制度調査報告書』2014年3月。

土佐桂子(1997)「社会の中の女性、精神世界の中の女性」田村克己・根本敬編『ビルマ(暮らしがわかるアジア読本)』河出書房新社。

中嶋滋(2014)「憲法改正署名300万筆を突破」「ミャンマー通信(17)」(一人ひとりが声をあげて平和を創る　メールマガジン「オルタ」第127号、2014.7.20)

――(2014)「多彩な催しで盛り上がったメーデー」(ミャンマー便り11)、『労働調査』2014年5月号、45ページ。

――(2014)「厳しい書記長と包容力のある委員長VS悪辣日本人経営陣―UAゼンセン・ワークショップで模擬団交」(ミャンマー便り12)『労働調査』、2014年6月号、56ページ。

――(2014)「初の民主的労働組合ナショナルセンター」(ミャンマー通信22)(メールマガジン「オルタ」)。

──（2015）「ミャンマー社会の過酷な一面──ヤンゴンの清掃労働者の暮らしと仕事」（ミャンマー通信27）（メールマガジン「オルタ」）。

──（2015）「終盤戦に至り激しさを増す選挙戦──あわや選挙延長の事態」（ミャンマー通信32）（メールマガジン「オルタ」）。

──（2015）「ミャンマーに民主的ナショナルセンター誕生──政府登録組合の過半数が結集」（ミャンマー便り18）『労働調査』2015年1月、48-49ページ。

──（2015）「縫製業中心に賃上げ闘争激化の中の活動家養成講座」（ミャンマー便り20）『労働調査』2015年3月号、59ページ。

──（2015）「ミャンマーにおける政治と労働の現状」『Work & Life　世界の労働』、2015年4号、15ページ。

──（2015）「後を絶たない組合攻撃──広がる被解雇者支援への連帯支援の輪」（ミャンマー便り22）『労働調査』2015年5月、52ページ。

──（2015）「ミャンマーの労働組合運動と労働法制の実態」『労働法律旬報』1844号、2015年7月、66-75ページ。

Nang Mya Kay Khaing（2004）「ミャンマーの首都ヤンゴンへの労働移動と就労実態──縫製工場の調査より──」『立命館国際地域研究』 第22号、2004年3月。

ナンミャケーカイン（2016）「ミャンマーの労働者派遣システム──タイとマレーシアへの派遣を事例に」『アジ研ワールド・トレンド』245号、2016年3月、39-42ページ。

西澤信善（2000）『ミャンマーの経済改革と開放政策──軍政10年の総括──』勁草書房。

──（2015）「ミャンマー：ODAで整備の進む投資環境」（独立行政法人労働政策研究・研修機構『Business Labor Trend ビジネス・レーバー・トレンド』2015年12月号）。

──（2016）「新政権に期待する少数民族との歴史的和解〜分権制国家の実現を〜」（MNB　2016年1月号）。

西堀由里子（2013）「家族・親族と子育て」田村克己・松田正彦編 『ミャンマーを知るための60章』明石書店、2013年10月。

ニーニーミン・伊野憲治訳(2003)『ミャンマーにおける女性の地位』アジア
　女性交流・研究フォーラム、2003年3月。

日本アセアンセンター主催『ミャンマー投資セミナー』2015年7月19日。

日本外務省・省内資料(2015)「ミャンマー：民主化に向けた改革努力を後押
　し」。

日本工営株式会社(2015)『経済産業省資源エネルギー庁　平成26年度インフ
　ラ・システム輸出促進調査等事業(ミャンマー連邦共和国における鉱山周
　辺インフラ等調査)』2015年2月。

日本社会事業大学社会事業研究所(2007)『ミャンマーにおける社会福祉サー
　ビスの現状』日本社会事業大学、2007年3月。

日本貿易振興機構(JETRO)(SAGA国際法律事務所が作成)「ミャンマー労務
　ガイドブック」2015年10月。

日本貿易振興機構(JETRO)海外事業部(2016)「第26回　アジア・オセアニ
　ア主要都市・地域の投資関連コスト比較」。

根本敬編著(1998)『ミャンマー：技術指導から生活・異文化体験まで』海外
　職業訓練協会(海外・人づくりハンドブック；3)。

範宏偉(2014)「ミャンマーへの中国人移住P105」西口清勝・西澤信善編著『メ
　コン地域開発とASEAN共同体』第8章。

馬場洋子(2011)「ミャンマー連邦共和国における保健医療の現状」2011年10
　月。

光成歩(2015)「ミャンマー仏教徒女性特別婚姻法の成立」『外国の立法』国立
　国会図書館、265－1号、26-27ページ、2015年10月。

日垣俊一(1997)『ビジネス情報　ミャンマー　1997-1998』海外情報サービス。

久野康成公認会計士事務所・株式会社東京コンサルティングファーム・KS
　International・久野康成(監修)(2012)『ミャンマー・カンボジア・ラオス
　の投資・会社法・会計税務・労務』出版文化社。

ビルマ連邦連合政府編(ビルマ国際議連・日本、菅原秀、箱田徹訳)(1999)『ビ
　ルマの人権』明石書店、143-156ページ。

ピークスグローバルパートナーズ株式会社編集発行 *Myanmar News Brief*、

2013年12月号、2014年3月号、2015年3、4、5、7、8、9、10、11月号。

藤田幸一(2005)「ミャンマーにおける市場経済化と農業労働者層」藤田幸一編『ミャンマー移行経済の変容―市場と統制のはざまで』アジア経済研究所、273-307ページ。

本多美樹(2011)「ミャンマー人権侵害とアジア地域協力の可能性」勝間靖『アジアの人権ガバナンス』勁草書房。

本間徹(2015)「"ラスト・フロンティア" ミャンマーの投資環境」JICA新興国投資セミナー資料(2015年3月11日、東京)。

増田知子(2010)「ミャンマー軍事政権の教育政策」工藤年博編『ミャンマー軍事政権の行方』アジア経済研究所調査研究報告書、第5章所収。

松田正彦(2013)「ナルギスが奪ったもの、連れてきたもの」田村克己・松田正彦編『ミャンマーを知るための60章』明石書店。

ミャンマー日本商工会議所・日本貿易振興機構ヤンゴン事務所(2015)『ミャンマービジネスガイドブック(2014-2015)』。

山田美和(2012)「ミャンマー人移民の問題―越境する人的資源のゆくえ」工藤年博編『ミャンマー政治の実像―軍政23年の功罪と新政権のゆくえ』アジア経済研究所、2012年3月、271-308ページ。

――(2015)「ミャンマーにおける『法の支配』―人権保護と憲法裁判所に焦点をあてて」工藤年博編『ポスト軍政のミャンマー―改革の群像』アジア経済研究所、53-76ページ。

――(2015)「ASEAN域内の労働者移動の現状」、浦田秀次郎・牛山隆一・可部繁三郎編『ASEAN経済統合の実態』文眞堂、2015年9月、121-144ページ。

ヤンゴン日本人商工会議所(JCCY)・日本貿易振興機構ヤンゴン事務所(2014)『ミャンマービジネスガイドブック(2013-2014)』。

吉田実(2013)「麻薬問題とその統制」田村克己・松田正彦編『ミャンマーを知るための60章』明石書店。

渡辺利夫編(2009)『アジア経済読本』東洋経済新報社。

（英語文献）

Amnesty International, 2015, "Myanmar: Letpadaung mine protesters still denied justice," 27 November 2015, 12:16 UTC.

Asian Development Bank, 2015, *Myanmar: Unlocking the Potential— A Strategy for High, Sustained, and Inclusive Growth*, ADB Economics Working Paper Series No. 437.

Bureau of International Labor Affairs, U. S. Department of Labor, 2014, *List of Goods Produced by Child or Forced Labour*, U. S. Department of Labor.

Central Statistical Organization (CSO) , *Statistical Yearbook 2011*

Central Statistical Organization(CSO) , *Statistical Yearbook 2015*.

Central Statistical Organization, 2015, *Selected Monthly Economic Indicators*, May 2015.

Conference Board, 2015, Total Economy Database™.

Daw Tin Moe Moe, 2009, "Human Resourc e Management Strategies in the Central Bank of Myanmar" in Romeo V. Suarez, *Comparative Strategies of Human Resource Management in Selected Seacen Central Banks And Monetary Authorities*, the South East Asian Central Banks (SEACEN) Research and Training Centre, pp. 117-136.

Department of Population, Ministry of Immigration and Population, The Republic of The Union of Myanmar, 2015a,b, *The 2014 Myanmar Population and Housing Census, The Union Report, Census Report Volume 1, Volume 2*, May 2015.

Dews, Philip, 1997, *Starting & Operating a Business in Myanmar*, McGraw-Hill Book.

Factories and General Labour Laws Inspection Department, Ministry of Labour, Myanmar, *National Profile on Occupational Safety and Health*, Ministry of Labour.

"Framework for Economic and Social Reforms (FESR: 2012) ～ Policy Priorities for 2012-15 towards the Long-Term Goals of the National

Comprehensive Development Plan " (November 22, 2012).

Government of Myanmar, 1995, *Economic Development of Myanmar.*

Hla Tun Aung, 2003, *Myanmar: The Study of Processes and Patterns,* National Centre for Human Resource Development, Publishing Committee, Ministry of Education.

Htin Aung, 1996, "Human Resource Management," in Tan Teck Meng, Low Aik Meng, John J. Williams, Ivan P. Polunin, *Business Opportunity in Myanmar,* Nanyang Technological University, Chapter 21.

Human Rights Watch, 2015, Human Rights and Business Country Guide, Myanmar.

ILO ASEAN TRIANGLE Project, 2015, *Establishing Migrant Welfare Funds in Canbodia, Lao PDR and Myanmar,* Policy Brief Issue No. 3, November 2015.

ILO Better Factories Cambodia ed., 2014, *Cambodia Labour Law Guide,* ILO.

ILO, 2013, *Update on the operation of the complaint mechanism in Myanmar,* (GB.322 /INS/INF/2).

ILO, 2014, *Report on ILO Activities in Myanmar,* (GB.320/NS/6 (Rev.)), February, 2014.

ILO, 2015, *Social Protection Assessment Based National Dialogue: Towards a Nationally Defined Social Protection Floor in Myanmar.*

ILO Official Bulletin, vol. 77, 1994, 295th report, para 87-119.

ILO Official Bulletin, vol. 87, 2004, Series B, No. 1, 333rd Report, para 642-770.

ILO Official Bulletin, vol. 88, 2005, Series B, No. 2, 337th Report, para 1058-1112.

ILO Official Bulletin, vol. 89, 2006, Series B, No.1, 340th Report, para 1064-1112.

ILO Official Bulletin, vol. 111, 2008, Series B, No.1, para1062-1093.

International Trade Union Confederation, 2015, *Foreign Direct Investment in Myanmar: What Impact on Human Rights?* , 2015 October, p. 16.

International Union of Food, 2015, "Agricultural workers and farmers federation secures national recognition in Myanmar," 24 May 2015 News.

JICA, 2002, *Country Profile on Disability—Union of Myanma.*

Kyaw Min San, "Critical Issues for the Rule of Law in Myanmar" , Nick Cheesman, Monique Skidmore, Trevor Wilson ed., 2012, *Myanmar's Transition, Institute of Southeast Asian Studies,* pp. 217-230.

Kyaw Soe Lwin, 2014, "Legal Perspectives on Industrial Disputes in Myanmar," in Melissa Crouch and Tim Lindsey eds., *Law, Society and Transition in Myanmar,* Hart Publishing, pp. 289-304.

Kyaw Soe Lwin, 2014, "Understanding Recent Labour Protests in Myanmar," Nick Cheesman, Nicholas Farrelly and Trevor Wilson eds., *Debating Democratization,* Institute of Southeast Asian Studies, Singapore, pp. 137-156.

Labour Rights Clinic, Cooperation Program of Independent Workers, Construction-based Labor Union and Workers Support Group, 2013, *Modern Slavery: A Study on Labour Conditions in the Yangon's Industrial Zone,* Labour Rights Clinic, Cooperation Program of Independent Laborers, Construction-based Labor Union and Workers Support Group, November 15, 2013.

Lou Tessier, 2015, *Social Protection within the Framework of Labour Legislation in Myanmar-Background Research Summary,* ILO, 2015 April.

Mi Mi Khaing, 1984, *The World of Burmese Women,* Zed Books、Win May, 1995, *Status of Women in Myanmar,* Yangon.

Ministry of Education, The Government of the Republic of the Union of Myanmar, 2012, *Education for All: Access to and Quality of Education in Myanmar,* Conference on Development Policy Options with Special Reference to Education and Health in Myanmar (13-16 February, 2012,

Nay Pyi Taw, Myanmar).

Ministry of Information, 2002, *MYANMAR Facts and Figures*.

Ministry of Labour, Department of Labour, 1990, *General Labour Practices in Brief, Ministry of Labour*.

Ministry of Labour, Department of Labour, 1997, *An Overview of Labour Services and Aspects of Labour Laws Enforcement in the Union of Myanmar*.

Ministry of Labour, Employment and Social Security, 2012, *The Settlement of Labour Dispute Law*.

M. Ismael Khin Maung, 1985, *The Myanmar Labour Force-Growth and Change 1973–83*, Institute of Southeast Asian Studies.

M. Ismael Khin Maung, 1986, *The Population of Burma: An Analysis of the 1973 Census*.

Modern Slavery ed., 2013, *A Study of Labour Conditions in Yangon's Industrial Zone, 2012–2013*. Modern Slavery.

Myanmar Centre for Responsible Business ed., 2016, Indigenous Peoples' Rights and Business in Myanmar.

Myanmar Information Management Unit, "Mine Action Sector."

Myanmar Survey Research, 2015, *Salary Survey 2015*, 198 Issue, 13 May, 2015.

Ni Ni Myint, 2002, *The Status of Myanmar Women*, Kitakyushu Forum on Asian Women, Japan、Mi Mi Khaing, 1984, *The World of Burmese Women*, Zed Books、Win May, 1995, *Status of Women in Myanmar*, Yangon.

Noah Bevatsky and Frank Chalk, 2015, *Genocide & Restruction, Burma*, Greenhouse Press.

OECD, 2013, *Multi-dimensional Review of Myanmar, Volume 1, Initial Assessment*, OECD Development Pathways, pp. 26-27 (邦訳文献：OECD 開発センター(2015)『ミャンマーの多角的分析——OECD第一次診断評価報告書』門田 清(翻訳)、明石書店、39ページ)。

OECD, 2014, *OECD Investment Policy Review: Myanmar 2014*, OECD Publishing.

Office of Policy Planning and Public Diplomacy, in the Bureau of Democracy, Human Rights and Labor, of the U.S. Department of State, Responsible Investment Reporting Requirements,

Peter Hess & Clark Ross, 1997, "Economic Development," *Theories, Evidence and Polisies.* pp. 89-96, The Dryden Press Series in Economics.

Republic of the Union of Myanmar, Ministry of Commerce, 2014, *Union Minister's Office, Post-Hearing Brief Support of Myanmar as a BDC and LDBDC*, April 9, 2014.

Republic on the Union of Myanmar, 2014, *Myanmar National Social Protection Strategic Plan*, December 2014.

Republic of the Union of Myanmar, 2015, *Facts & Figures about Myanmar.*

Richard Horsey, 2011, *Ending Forced Labour in Myanmar*, Routledge.

Richard Vokes and Francesco Goletti, 2013, *Agricultural and Rural Development in Myanmar: Policy Issues and Challenges,* Agrifood Consulting International.

Simona Milio, Elitsa Garni zova and Alma Shkreli, 2014, *Assessment Study of Technical and Vocational Education and Training (TVET) in Myanmar,* ILO Asia- Pacific Working Paper Series.

TAN See Chen, T'NG Siew and YAP Say Jou, 1996, "Characteristics of Myanmar's Labour Force", Tan Teck Meng, Low Aik Meng, John J. Williams, Ivan P. Polunin, *Business Opportunity in Myanmar,* Nanyang Technological University.

Than Win, Director-General, Department of Labour Relations, Ministry of Labour, "The New Legal Framework (Labour Organization Law, Industrial Dispute Settlement and Collective Bargaining)."

Tin Aung Aye, 2015, *Constitutions and Constitutional Courts of the Nations*, Zayar Thukha Printing House.

U. S. Depatment of Labor, 2013, "TECHNICAL COOPERATION PROJECT SUMMARY," "My-PEC: Myanmar Program on the Elimination of Child Labor".

U. S. Department of State, Office to Monitor and Combat Trafficking in Persons, Burma, 2014 Trafficking in Persons Report.

U. S. Department of State, 2015, *2015 Investment Climate Statement in Myanmar,* May 2015.

WHO, *World Health Statistics 2015.*

Women's League of Burma ed., 2014, *Same Impunity, Same Patterns--- Sexual Abuses by the Burma Army will not stop until there is a genuine civilian government.*

著者略歴

香川 孝三（かがわ　こうぞう）［第2章第1節（4）、第5章、第7章、第8章、第9章］
1944年、香川県生まれ。1972年、東京大学大学院法学政治学研究科博士課程単位取得認定退学。1974年12月、文部省アジア諸国派遣留学生制度によりデリー大学法学部大学院比較法コースに留学（1976年3月まで）。同志社大学文学部社会学科教授、神戸大学大学院国際協力研究科教授を経て、2007年4月から大阪女学院大学教授（2017年3月まで）。神戸大学名誉教授。その間、2004年4月、在ベトナム日本国大使館公使（2005年9月まで）。専攻は、アジア法、労働法、労使関係論。主な著書として、『インドの労働・雇用・社会—日系進出企業の投資環境—』（木曽順子・北澤謙との共著）労働政策研究・研修機構（2016年）、『グローバル化の中のアジアの児童労働：国際競争にさらされる子どもの人権』明石書店（2010年）、『アジアの労働と法』信山社出版（2000年）、『インドの労使関係と法』成文堂（1986年）など。

西澤 信善（にしざわ　のぶよし）［第1章、第2章（第1節（4）、第4節を除く）、第3章］
1945年、大阪府生まれ。1974年、神戸大学大学院経済学研究科博士課程中途退学。同年、アジア経済研究所（現日本貿易振興機構アジア経済研究所）入所（1977〜79年の2年間在ビルマ日本大使館勤務）。広島大学総合科学部教員（在職中89年からは在シンガポール・南東アジア研究所（ISEAS）客員研究員を兼任）。神戸大学大学院国際協力研究科教授（1999年から2年、JICA専門家としてラオス国立大学に派遣）。2004年、近畿大学経済学部教授等を経て、現在、東亜大学人間科学部特任教授、同志社大学人文科学研究所嘱託研究員、神戸大学名誉教授。博士（経済学）。専攻は、アジア経済論及び地域開発論。主な著書として、『メコン地域開発とASEAN共同体：域内格差の是正を目指して』（西口清勝との共編著）晃洋書房（2014年）。『アジア経済論』（北原淳との共編著）ミネルヴァ書房、『現代世界経済叢書』第4巻（2004年）。『ミャンマーの経済改革と開放政策：軍政10年の総括』勁草書房（神戸大学経済学叢書）（2000年）。『ミャンマー経済入門：開放市場への胎動』（桐生稔との共著）日本評論社（1996年）など。

北澤　謙（きたざわ　けん）［第4章、第6章、第10章、第11章］
1968年、神奈川県生まれ。1994年、日本労働研究機構に入職。2013年、東京工業大学大学院イノベーションマネジメント研究科博士課程単位取得退学。現在、独立行政法人労働政策研究・研修機構調査部主任調査員補佐。専攻は、経営組織論、多国籍企業論。主な著書・論文に、『インドの労働・雇用・社会』（香川孝三・木曽順子との

共著）労働政策研究・研修機構（2016 年）、「インド：日系進出企業の投資環境としての労使関係」『Business Labor Trend』2015 年 12 月号、"An Empirical Study on Relation between Management Styles and Human Resource Development focusing on a Group Activity," *International Journal of Human Resource Management and Development*, Inderscience Publishers, Vol.12, No.3, 2012, pp. 187- 206、"Innovation by Small Group Activity and Organisational Learning — An Empirical Study on Quality Control Circle Activity," *International Journal of Innovation and Learning*, Inderscience Publishers, Vol. 11, No.3, 2012, pp. 233- 249 など。

堤　雄史（つつみ　ゆうじ）［第 2 章第 4 節］
1985 年、佐賀県生まれ。2009 年、東京大学法科大学院修了、2010 年、第二東京弁護士会登録。2011 年 1 月〜 2015 年 1 月、アンダーソン・毛利・友常法律事務所等の大手法律事務所、2013 年 9 月、ヤンゴン外国語大学ミャンマー語学科修了。2015 年 3 月、SAGA 国際法律事務所および SAGA ASIA Consulting Co.,Ltd.（SAGA 国際法律事務所ミャンマーオフィス）設立。2015 年、独立行政法人　中小企業基盤整備機構に平成27 年度国際化支援アドバイザー／海外販路開拓支援アドバイザーとして登録。2016 年、タイに TNY 国際法律事務所（TNY Legal Co., Ltd.）設立。主な著書に、『ミャンマー・ビジネスの法務・会計・税務』（藤井俊亮との共著）中央経済社（2013 年）『ミャンマービジネス　法務労務と会計税務』（中山さやかとの共著）（Kindle 版）

JILPT 海外調査シリーズ 2

ミャンマーの労働・雇用・社会—日系進出企業の投資環境—

2017 年 3 月 14 日　初版発行

編集・発行　独立行政法人　労働政策研究・研修機構
　　　　　　〒 177-8502　東京都練馬区上石神井 4 - 8 - 23
　　　　　　　　（編集）調査部
　　　　　　　　　　　　TEL 03-5991-5174　FAX 03-3594-1113
　　　　　　　　（販売）研究調整部成果普及課
　　　　　　　　　　　　TEL 03-5903-6263　FAX 03-5903-6115
印刷・製本　有限会社ボンズ企画